맥클랜던의 반기초주의 신학

맥클랜던의 반기초주의 신학

김 기 현 著

한국학술정보[주]

시 문

이 책은 나 자신의 신앙적 여정의 산물이자, 한 매듭이다. 남보다 조금 일찍 아버지를 잃은 나에게는 "기초가 바닥부터 흔들리는 이 마당에 의인인들 무엇을 할 수 있겠느냐?"(시 110:3, 새번역)는 시편의 탄식이 절로 나왔다. 그 이후 내 신앙과 삶은 아버지 부재가 무엇을 의미하는가를 그 의미를 찾아 헤매었다. 이것이 비단 나만의 경험에만 국한되지 않을 것이다. 보편적인 체험이다. 니체의 신 죽음의 선언은 종교적으로는 하나님 죽음의 문제였지만, 사회 문화적으로는 아버지 죽음과 맞물려 있었다. 곧 하나님을 아버지라고 고백하는 그리스도인에게 하나님과 아버지는 둘이 아니라 하나다.

돌아보건대, 아버지 상실과 부재가 내게 가르친 것은 거짓 아비의 부정이자, 참아비의 긍정이다. 로마서가 가르치는바, 인간의 마음은 주인이 있기 마련이다. 하나님을 아버지로 모시지 않으면, 돈과 섹스, 권력과 같은 허탄한 것들이 하나님 노릇을 하게 된다. 자신의 탐욕스러운 욕망을 부끄러운 줄 모르고 탐닉하고 숭배한다. 그 허망한 종말을 내심 외면하면서 말이다. 우리나라의 근·현대사도 별반 다르지 않다. 권위주의적 독재 정권과의 싸움은 아버지라 이름 할 수 없는 것에 대한 저항에 다름 아니었다. 그것은 곧 아버지 상실의 허허로운 공간을 채울 수 있는 진정한 아버지에 대한 몸부림이기도 하다. 나 역시 그 시대의 아들이다.

성경과 역사뿐만 아니라 이는 신학에서도 발견된다. 반기초주의

(nonfoundationalism)는 철학과 신학에서 아버지의 권위에 대한 도전이자 그 이후에 대한 모색이요 성찰이다. 삶의 모든 영역을 획일적으로 재단하고 아우르고자 하던 것이 이제 무너졌다. 우주 삼라만상에 존재하는 모든 것을 단 하나의 기초로 환원할 수 있다는 기초주의(foundationalism)의 과욕은 제 자신이 감당할 수 없는 무게로 인해 몰락할 수밖에 없는 운명을 애초에 지니고 있었던 것이다. 모든 것을 폭력적으로 지배하고, 이성이라는 미명하에 배제하고 배타했던 것들이 이제 소리치며 해방을 갈구한다. 우리는 요한 계시록의 천사가 외치는 힘찬 소리를 실제로 듣고 있다. "무너졌다. 무너졌다. 큰 도시 바빌론이 무너졌다. 바빌론은 자기 음행으로 빚은 진노의 포도주를 모든 민족에게 마시게 한 도시다."(계 14:8, 18:2, 새번역)

밧모 섬의 예언자는 이제 무너진 도성 위에 건축될 새 도성을 꿈꾼다. 우상의 파괴에서 멈추면 또 다시 우상이 몰려든다. 그리고 우상이 사라진 인간의 내면을 그냥 방치하면, 나중 형편이 전보다 더 비참하게 되는 법이다.(눅 11:26) 예전과는 판이하게 다른 새 도시를 건설하지 않으면 안 된다. "나는 새 하늘과 새 땅을 보았습니다. 이전의 하늘과 이전의 땅이 사라지고, 바다도 없어졌습니다. 나는 또 거룩한 도성 새 예루살렘이, 남편을 위하여 단장한 신부와 같이 차리고, 하나님께로부터 하늘에서 내려오는 것을 보았습니다."(계 21:1-2, 새번역) 이제 이전의 하늘과 땅이 사라진 다음의 새 하늘과 새 땅, 새 예루살렘을 노래할 때다.

나는 무너지는 터와 새롭게 도래할 새 땅에 대한 전망과 희망을 맥클랜던(James Wm. McClendon, Jr.)을 통해서 조금이나마 본 것

같다. 이 책은 맥클랜던이 반기초주의 신학에 관한 것이다. 그는 외적으로는 근대 이후, 내적으로는 기독교 이후 시대의 기독교와 신학의 정체성을 찾는 내게 너무나 적절한 선생이었다. 역으로 그 문제의식을 분명하게 심어준 것도 맥클랜던이었다. 신학은 교회 공동체의 삶의 이야기인 동시에 하나님 이야기며, 그 이야기는 이야기이기에 실천이고, 상대주의 없는 다원주의를 지향한다. 맥클랜던과 더불어 존 요더(John H. Yoder)와 스탠리 하우어와스(Stanley Hauerwas)는 내 학문과 신앙의 멘토들인데, 앞으로 이들의 신학과 저서가 보다 많이 국내 신학계와 교회에 소개되기를 기대한다.

현재의 기독교에 대해, 세상과의 분명한 경계선을 긋지 못하고, 세상의 일부가 되어버린 한국기독교에 대해 누구보다도 비판적인 시선을 갖게 된 것도 맥클랜던도 큰 몫을 차지한다. 한국 교회와 신학은 주일과 평일, 교회와 세상, 성과 속의 이원론에 사로잡힌 교회를 향해 맹폭을 가하지만, 실상은 양자 사이를 전혀 구분할 수 없을 정도로 혼합되어 있다. 교회가 선교의 대상이고, 교회가 예수를 믿지 못하는 실정에 전도와 세상 변혁은 공허하기 짝이 없는 말이지 않는가. 그러기에 "교회는 세상이 아니다"는 맥클랜던의 말은 우리 시대 기독교의 화두가 아닐 수 없다.

그럼에도 탈현대(postmodern)와 탈기독교(postchristendom) 시대 속에서도 기독교 신앙의 미래를 암울한 비관에 내 자신이 선뜻 동의하지 않은 것도 그의 덕택이다. 예수 이야기를 지금 여기서 살아내는 신실한 증인 공동체를 주목하라고 그는 가르친다. 지금도 곳곳에서 하나님 나라의 전령이자 시식으로서 교회 공동체, 예수가 원했던 공동체를 세우려는 소수의 무리들이 많다. 교회는 존 요더에 따르면 처음부터 주류(majority)가 아니라 소수(minority)였다. 참제자는 세상에 대해 주류의 책임을 지기 이전에 그리스도에 신실한 증인이며 세상에 대한 충성스러운 증언이어야 한다. 주변의 그런 교회와 증인들을 보면서 나는 한없는 부끄러움을 느끼지만, 아직 끝나지 않은 여정이기에 조금씩 용기를 얻는다.

나의 신앙적 여정과 학문적 이력, 목회적 실천 가운데 함께하는 귀한 동반자들이 참으로 많다. 먼저 가족들이다. 일찍 홀로 되셔서 둘째 아들을 사랑과 눈물로 양육하신 어머니의 은혜에 엎드려 감사한다. 그리고 아들 희림과 딸 서은이로 인해 늘 행복하다. 내 글이 발표되면 글을 쓰느라 제대로 놀아주지 못하는 아비에 대한 서운함을 잊어버리고 너무 좋아 팔딱팔딱 뛰는 아이들이 그렇게 좋을 수가 없다. 고단한 학자와 목사의 길을 가는 내게 최고의 비판자이자 따뜻한 조언자가 바로 아내 이선숙이다. 그 누구보다도 든든한 인생의 동반자요, 사역의 동역자다. 힘든 교회 일을 즐겁게 거뜬히 감당해 내는 아내가 미안하기 그지없고, 늘 고맙다.

다음은 수정로침례교회 식구들이다. 바울은 쉬지 않고 자신이 섬기는 교회와 성도를 위해 기도했다고 하는데, 이들은 내 영원한 기도 제목이면서도 동시에 나를 위해 언제까지나 기도해 주는 고마운 후원자들이다. 그러니까 우리 교회의 교우들은 로마와 데살로니가 교인들이 바울에게 그랬던 것처럼, 나의 쉬지 않는 감사요 기쁨이다. 특히 청년들과 새내기 부부들이 내게 큰 힘이요, 소망이다. 그들로 인해 모진 시련을 딛고 가야 할 길의 첫 일보를 이제사 내딛는다.

그리고 내게 새로운 신학적 지평을 열어 주신 배국원 교수님께

감사드린다. 그분은 맥클랜던을 소개해 주시고, 이 책의 토대가 되는 박사학위논문을 지도해 주셨다. 그분은 내게 맥클랜던을 학위논문 주제로 권하면서 침례교적이면서도 초교파적일 수 있다고 하셨는데, 정확하게 적중했다. 또 감사해야 할 사람이 둘이 있다. 한 사람은 지금 침신대 신대원에서 공부하는 박삼종 전도사다. 그는 읽고 문장과 함께 내용에 대해서도 많은 코멘트를 해 주었다. 다른 한 사람은 감신대 박사 과정에서 교회사로 공부하고 있는 김영명 목사다. 이 책을 어찌나 꼼꼼히 읽고 체크해서 보내 주었는지. 그로 인해 문장의 결함이 많이 사라졌고, 한결 읽기 좋게 되었다.

마지막으로 내 신앙과 삶의 아버지들이다. 내 육체의 아버지, 김, 용, 종, 이 석자는 아, 버, 지, 라는 말과 함께 지금도 내 가슴을 먹먹하게 한다. 종종 원망스럽기도 했지만, 그분이 지금도 몹시 그립다. 다음은 내 학문의 아버지인 고(故) 맥클랜던이다. 그는 친절하게 인터뷰에 응해 주셨고, 귀중한 정보를 제공해 주었다. 그를 통해서 이 땅에서 '침례교도'(baptist)로 어떻게 살고 신학 해야 하는지를 배웠다. 그리고 내 신앙의 아버지인 전(前) 침례신학대학교 총장이신 이정희 교수님이시다. 개인적으로 여러 가지 어려운 형편에 처해 있을 때, 필요한 물질적 도움도 아끼지 않으셨고, 어찌해야 할지 몰라 판단을 유보하고 있을 때면 언제나 의논드릴 수 있고, 적절한 가르침을 주신다. 목회의 스승이자 인생 선배이시다. 이 졸렬한 책을 하늘의 하나님 아버지께서 당신을 대신해서 주신 세 분의 아버지, 김용종, 맥클랜던, 이정희 교수님에게 감히 드린다.

목 차

약어표

Biography   James Wm. McClendon, Jr. *Biography as Theology: How Life Stories Can Remake Today's Theology.* new edition. Philadelphia: Trinity Press International. 1990.

Ethics   James Wm. McClendon, Jr. *Ethics: Systematic Theology I.* Nashville: Abingdon, 1986.

Doctrine   James Wm. McClendon, Jr. *Doctrine: Systematic Theology II.* Nashville: Abingdon, 1994.

Witness   James Wm. McClendon, Jr. *Witness: Systematic Theology III.* Nashville: Abingdon, 2000.

Convictions   James Wm. McClendon, Jr. & James M. Smith. *Convictions: Defusing Religious Relativism.* revised edition. Valley Forge: Trinity Press International, 1994.

TWF   Stanley Hauerwas, Nancey Murphy & Mark Nation. eds. *Theology Without Foundations: Religious Practice and the Future of Theological Truth.* Nashville: Abingdon Press, 1994.

제1장 서 론

I. 연구 목적

"신학은 투쟁을 의미한다. 신학은 본회퍼가 말한 것처럼 침묵 속에서 시작할 수도 있지만, 그 침묵이 깨어질 때, 전투는 시작된다."[1] 제임스 윌리엄 맥클랜던 2세(James Wm. McClendon, Jr., 1924-2000)의 이 말은 신학은 기존의 신학체계가 더 이상 해명할 수 없는 온갖 문제들이 발생해서 이제는 그냥 덮어두기에는 한계에 봉착했다는 것이고, 새로운 해결책은 기존의 체계에 대한 비판적 대결을 통해서 제시될 수 있다는 것을 의미한다. 그 과정에서 격렬한 갈등이 수반되는 것이 불가피하다. 신학은 그 전투를 회피해서는 안 된다. 따라서 신학은 고요한 관상과 내면의 침묵 속으로 침잠할 것이 아니라, 위기를 타개할 대안을 위한 전투에 나서야 한다.

그 전투의 핵심 강령은 "교회는 세상이 아니다"는 것이다.[2] 이

---

1) *Ethics*, 17.
2) *Ethics*, 17.

테제가 성립하기 위해서는 먼저 전제되어야 할 것은 교회가 세상이 었다는 현실이다. 달리 말하면, 교회와 세상을 동일시하거나 혼합하려는 신학적 사조와 흐름에 대한 거부가 맥클랜던이 벌이고자 하는 전투의 요체인 것이다. 그가 보기에 지금까지 신학은 교회의 고유한 정체를 자신의 내부로부터 끌어내지 못했고, 자신의 밖, 또는 자신과 다른 외부의 어떤 것에 의존했다. 우리가 경축해야 할 하나님은 한국인의 하나님이지 한국적 하나님이 아니다.[3] 그것이 초래한 위기와 모순이 신학으로 하여금 침묵을 떨치고 일어나 치열한 전투 상황에 돌입하게 만든 것이다.

맥클랜던은 자신의 삼부작(trilogy)인 조직신학을 설명해 주고, 자신이 전개하는 전투의 성격을 보여주는 한 은유를 제시한다. 요점은 보편적 기초의 거부이다.

> 이 과제를 위한 은유로서, 세 권의 책은 보편적 기초에 의존하는 건물 이미지를 거부한다. 그리스도인들이 관심을 두는 건물은 사도가 우리에게 말하듯이 예수 그리스도 자신 외에는 다른 어떠한 기초도 존재하지 않는다.(고전 3:11) 그리고 그것은 철학자들이 요구하는 기초의 종류가 아니다.[4]

신학은 하나님의 유일한 계시인 예수 그리스도 외의 어떠한 것이라도 신학 함과 방법의 토대로 설정해서는 안 되며, 동시에 그리스도라는 유일 규범에 기초한 새로운 신학을 정립하기 위해 노력해야 한다. 여기서 특별히 그가 거부하는 것은 철학적 기초이고, 세우고자

---

3) *Biography*, 140.
4) *Witness*, 309.

하는 것은 성서적인 기초임을 간파해야 한다. 맥클랜던의 신학적 두 쟁은 교회 내적으로는 예수만을 신학의 기초로 삼고자 하는 것이며, 교회 외적으로는 철학적 기초를 거부하는 움직임인 셈이다. 이렇게 과거의 보편적 기초 또는 철학자들이 요구하는 기초를 거부하고 그 리스도라는 기초의 요구를 새롭게 명명하기 위한 용어가 바로 '반기 초주의'(nonfoundationalism)이다.

먼저 반기초주의에 대한 용어의 이해와 그에 따른 번역 용어에 대 한 정의를 해야겠다. 역자에 따라 'nonfoundationalism'을 반정초주의, 반토대주의, 반기초주의라고 번역한다. 여기서 가장 문제가 되는 것 은 foundationalism을 어떻게 번역할 것인가가 아니라 접두어인 'non' 의 번역 문제이다. 정초, 토대, 그리고 기초라는 용어는 그 의미가 지 시하는 것이 그렇게 상이하지 않는 것으로 보인다. 반대한다는 뜻에 서 반(反)기초주의, 기초주의가 아니라는 점에서 비(非)기초주의, 기 초가 없다는 점에서 무(無)기초주의로 번역할 수도 있다. 본 연구에 서는 '반기초주의'라는 용어를 사용할 것이다. nonfoundationalism은 기초주의를 비판하고 반대하는 상이한 입장들의 총칭이라는 점에서 '반기초주의'라고 번역하는 것이 적절한 것으로 보인다.

맥클랜던의 반기초주의는 첫째, 교회와 신학을 자신의 내적인 성 찰이 아니라 외부의 세속적인 관점으로 설명하려는 시도를 거부한 다. 즉, 교회와 세상은 분명하게 구별되는 다른 실재이다. 그의 반기 초주의는 교회를 교회 자신의 관점으로 설명하려는 것이다. 둘째, 맥 클랜던의 반기초주의는 다원성을 인정하고, 그 속에서 자신의 신학 을 정당화하려는 작업이다.

작금의 신학은 다양한 신념들 속에서 자신의 신념이 존재한다는

사실을 수긍해야 하지만, 타인들에게 신앙의 정당성을 입증해야 한
다. 첫째가 교회와 세상을 분리하려는 탈콘스탄틴적이며, 둘째는 신
념의 다원성을 긍정적인 것으로 받아들이는 탈현대적(postmodern)
이다.5) 테렌스 틸리(Terrence W. Tilley)는 교회가 세상이 아니라는
것과 교회와 확신의 다양성을 인정하려는 맥클랜던의 투쟁을 정치적
으로는 탈콘스탄틴적이고, 학문적으로는 탈현대적이라고 평가하였
다.6)

그동안 우리 역사적 상황은 다양한 견해를 허용하지 않았고, 교회
공동체의 신앙과 실천을 앞으로 살펴보게 될 세속적인 신학에 의존
하였다. 따라서 맥클랜던의 반기초주의를 연구하는 것은 교회 공동
체가 한편으로는 다양한 확신들을 인정하고, 다른 한편으로는 확신
의 다양성 속에서도 기독교 신앙의 정당성을 입증하는 방법을 발견
하도록 도울 것이다. 그리고 교회가 취해야 할 실천은 성서 이야기
와 예수 그리스도의 모범을 따르는 삶이라는 것을 보여줄 것이다.

철학적 기초의 거부와 예수의 권위의 인정을 하는 데 장애가 되
는 문제(matter)와 해결 방법(method)에 관해 맥클랜던은 다음과
같이 설명한다.

우리는 신학의 다원주의적 성격(신학은 본질적으로 수많은 경쟁

---

5) 탈현대로 번역되기도 하는 'Postmodernism'이라는 서양 철학의 용어가
   포괄하는 다양한 입장들의 공통분모는 근대(Modern)에 대한 반대라는
   점이다. 근대의 사상과 문화, 세계관과 다르다는 것을 제외하고는 거의
   공통점이 없을 정도로 다양한 것이 탈현대주의이다.
6) Terrence W. Tilley, *Postmodern Theologies: The Challenge of
   Religious Diversity*(Maryknoll: Orbis, 1995), 149.

적 진영 속에서 이루어진다), 신학의 이야기와 역사적 기능(계속되
는 공동체 이야기를 그들의 상황에서 공동체의 실제적인 확신을 발
견하는 것이다.), 신학의 합리적 혹은 이미 과학적 본질(있는 그대
로의 확신들의 관계와 논리적 관련에 관심을 가진다), 그리고 실천
과 연결된 혹은 자기 참여적인 성격을 강조한다는 것을 주목해야
한다.[7]

위에서 언급한 것처럼 신학이 직면한 문제들은 다원주의
(pluralism), 이야기(narrative), 합리성(rationality), 실천(practice)을
어떻게 이해할 것인가에 관한 것이다. 맥클랜던이 제시한 네 가지 신
학의 문제는 앞으로 신학이 해결해야 할 네 가지 문제 상황일 뿐 아
니라 새로운 신학으로 나아가는 문을 열 수 있는 열쇠와 방법이기도
하다. 과거의 신학의 문제점을 지적한 것이며, 또한 이 문제점들을
해결하는 대안이기도 하다.

따라서 앞으로의 신학은 이야기, 실천, 다원성, 합리성을 지닌 활
동이 되어야 한다. 나는 맥클랜던이 제시한 신학의 네 가지 문제와
방법을 중심으로 그의 전 신학체계를 정리하고, 더 나아가 네 가지
방법이 반기초주의 신학의 규준(criteria)이 될 수 있다는 것을 설명
하려고 한다. 반기초주의 신학은 다원적 성격, 이야기적 기능, 합리
적 본질, 실천적 성격을 가질 때에 타당하고 적절한 반기초주의 신
학이 될 수 있다.

맥클랜던의 신학적 의의는 탈현대적 상황을 신학적으로 숙고하
고, 교회의 정체성을 회복하려는 것과 함께 위의 두 가지 문제를
분리하지 않고 함께 사유하였다는 점이다. 일반적으로 반기초주의

---

7) *Ethics*, 24.

자들은 확신의 다양성을 옹호하는 탈현대주의 입장을 견지한다. 반면 그의 독특성은 탈현대적이면서도 국가 이데올로기와 분리된 교회 공동체를 추구한다는 점이다. 또한 맥클랜던의 중요성은 탈현대 사회에서 신학의 좌표를 설정할 수 있는 네 가지 규준을 제시한 데 있다. 이야기, 실천, 다원성, 합리성은 신학의 정당성을 판단할 수 있는 지표와 판단 기준들이다. 즉, 이 네 가지 규준을 충족해야 탈현대적 상황에서 교회와 신학은 올바른 정체성을 가질 수 있게 될 것이다.

　이 목적을 달성하기 위한 이 연구의 과제는 첫째, 신학의 문제와 방법으로써 이야기는 명제적 지식과 분리되지 않으며, 삶의 이야기를 벗어나서 신학이 정당화될 수 없다는 것을 밝히고자 한다. 둘째, 반기초주의 신학은 이론과 실천이 분리되지 않는 실천 활동이며, 자기 자신을 깊숙이 개입시키는 자기 참여적 활동으로, 실천으로 이해해야 할 침례와 오해받고 있는 평화주의(pacifism)에 입각한 실천을 통해 교회 외적인 이야기에 입각한 실천의 문제점을 지적하고자 한다. 셋째, 반기초주의 신학의 정당성은 다원적이어야 하는데, 다른 확신을 인정하면서도 복음의 유일회성을 증언하고 선교할 수 있어야 한다. 마지막으로 반기초주의 신학을 판단하는 규준은 합리성이다. 신학은 비합리적인 맹신과 맹목이 아니다. 다만 근대와 단리 신앙의 합리성은 공동체적인 것이다. 확신의 정당성은 공동체 의존적임을 설명할 것이다.

II. 연구 배경

맥클랜던을 반기초주의 신학으로 이해하고 설명하려는 이유는 무엇보다도 맥클랜던 연구가 지금까지 반기초주의 관점으로 이해한 것이 거의 없다는 현실이다. 그의 신학을 이해하는 몇 가지 중요한 핵심 개념이 있지만, 가장 유효한 열쇠 말은 반기초주의이다. 그럼에도 맥클랜던의 신학을 반기초주의로 이해한 연구가 없었다는 것은 놀라운 일이다. 사람에 따라, 이야기, 침례교 신학, 혹은 윤리 등을 거론하며 그의 신학을 설명한다. 하지만 그의 신학 전체를 아우를 수 있는 용어는 반기초주의이다.

무엇보다도 그의 대표적인 삼부작인 「조직신학」의 체계가 반기초주의적이다. 종래의 조직신학의 순서와 반대로 윤리에서 교리, 그리고 이론 또는 철학으로 나아가는 것은 완전히 새로운 시도이며 기획이다.[8] 전통적인 조직신학은 철학적 신학이나 기초 신학 또는 변증학을 다루는 서론으로서 '기초'(foundations)에서 신학의 고유한 기능이라고 오해하는 기독교 교리(doctrine) 그리고 '윤리'(Ethics)로 나아간다. 이것은 철학적 토대에 기초해서 신학을 구성하려는 것으로 근대의 환상에 불과하다. 즉 철학은 궁극적인 지성의 심문관이 되어 종교와 윤리학이 제대로 믿고 있는지를 판정할 수 있다는 것은 잘못된 생각이다.[9] 맥클랜던의 70세 기념 논문집(Festschrift)의 제

---

8) Nancey Murphy, "Introduction", in *TWF*, 22.
9) *Ethics*, 41-45.

목을 「기초 없는 신학」(*Theology Without Foundations*)이라고 그의 신학을 기념하고 있다는 점에서 그의 신학은 반기초주의 신학이라고 명명하는 것은 당연한 일일 것이다.

게다가 맥클랜던은 자신의 신학을 반기초주의라고 명명하는 것에 흔쾌히 동의한다. 더 나아가 자신의 신학 작업이 반기초주의의 선구자적 역할을 수행하였다고 한다.[10] 현재의 반기초주의적 신학적 경향이 자신을 뒤늦게 따라온 것이라고 말한다. "우리의 용어는 변하였지만 우리의 논제는 변하지 않았다. 우리는 우리가 시대를 따라잡은 것이 아니라 시대가 뒤늦게 우리를 따라온 것이라고 믿는다." 그 스스로도 "기초 없는 신학"이 자신의 삼부작인 「조직신학」의 방향을 정확하게 지시하고 있다고 말한다.[11]

그러나 지금까지의 연구 결과들은 기초주의의 대안으로 제기된 반기초주의 신학자로서의 맥클랜던의 진면목을 파악하지 못한 것으로 보인다. 마이클 골드버그(Michael Goldberg)의 「신학과 이야기」(*Theology & Narrative*)의 경우 이야기 신학의 정당화를 추구하고 있다.[12] 그는 맥클랜던과 존 스미스(John Smith)가 공저한 「확신」(*Convictions: Defusing Religious Relativism*)을 근거로 하여 이야기 신학의 정당화를 시도한다. 골드버그는 정당화는 세 가지 조건이 필요하다고 본다. 첫째는 우선적 조건(primary conditions), 둘째는 지

---

10) *Biography as Theology*, viii: *Convictions*, ix-x. 이 책은 다음 책의 개정판이다. *Understanding Religious Convictions*(Notre Dame: University of Notre Dame Press, 1975).

11) *Witness*, 7.

12) Michael Goldberg, *Theology & Narrative: A Critical Introduction* (Philadelphia, PA: Trinity Press International, 1991).

시적 조건(representative conditions), 셋째는 정시직 조건(affective conditions)이다. 우선적 조건은 의미의 정당화로 공동체적 관습을, 지시적 조건은 진리의 정당화를, 정서적 조건은 합리성의 조건을 논구하고 있다. 골드버그의 논의는 맥클랜던의 방법론을 이야기 신학의 정당화에 적절하게 활용한 것으로 평가할 수 있다. 그러나 그는 맥클랜던의 대표적인 삼부작 중에서 첫 번째 책인 「윤리」만 출판되었을 때였으므로 그의 전 체계를 아우르지 못하고 있다는 것과, 이야기 신학에만 한정한다는 한계를 지니고 있다.

그리고 에드워드 얼윈(Edward Hamilton Erwin)은 그의 박사학위논문에서 맥클랜던 신학의 출발점과 그 발전을 침례교회의 교회론 안에서 '침례적 윤리'(baptismal ethics)라고 명명한다.[13] 맥클랜던의 이야기 윤리는 신학적으로나 역사적으로 신자의 침례는 '침례교도의 비전'(baptist vision)[14]이라는 교회론과 윤리에서 영감을 받는 것이라고 주장한다. 얼윈의 초점은 맥클랜던의 신학을 이야기 윤리로 규정하고 그 맥락을 침례교회의 교회론 안에서 설명하고자 한다. 따라서 이 연구가 주장하는 것과 같이 맥클랜던 신학의 반기초주의적 성격에 대해서는 주목하지 않는다는 아쉬움이 있다.

그리고 다음 연구들은 침례교 신학 속에서 맥클랜던의 의의와 가치를 발견하고자 한다. 휴스턴 침례대학교(Houston Baptist University)에 재직 중인 커티스 프리먼(Curtis W. Freeman)은 침례교 신학의

---

13) Erwin, Edward Hamilton. *Baptismal Ethics in a Baptist Ecclesiology: Developments and Departures from the Theology of James McClendon, Jr.* Unpublished Ph.D. dissertation, Duke University, 1992.

14) 맥클랜던의 침례교도의 비전의 정의는 *Ethics*, 27-35를 보라. "침례교도의 비전"에 관해서는 3장에서 검토할 것이다.

정체성 위기를 극복할 수 있는 신학의 가능성을 맥클랜던에게서 찾고
있다.15) 프리먼과 유사한 관점으로 접근한 것이 코니어(A. J.
Conyers)의 논문이다.16) 침례교 신학의 근대적 성격을 극복하고 탈현
대적 침례교 신학의 모델을 맥클랜던에게서 구하는 논문들이다. 맥클
랜던이 침례교회의 배경을 지닌 신학자요, 21세기 신학을 선도할 것
이라는 점에 이의가 없다. 하지만, 그를 침례교회 내부로만 제한해서
는 안 된다. 그의 신학을 통해 침례교 신학의 가능성을 모색하는 것은
타당하지만, 그의 신학 전체 기획은 탈현대 시대에 유효한 신학적 방
법론이 무엇인가 하는 데 있다.

　이와 달리 맥클랜던을 복음주의자로 분류하는 경우도 있다. 밀라
드 에릭슨(Millard J. Erickson)은 그의 책 「복음주의 좌파」에서 맥
클랜던을 탈현대에 대해 긍정적으로 접근하는 '복음주의 좌파'로 설
명한다.17) 이 역시 맥클랜던에 대한 부분적인 이해에 지나지 않는
다. 그가 탈현대 사상의 대표자인 장 프랑수아 리오타르(Jean F.
Lyotard)가 명제 없는 이야기로 이해하는 것을 비판하는 것을 3장,
"반기초주의 신학의 이야기"에서, 그리고 탈현대가 늘 비판에 직면
하는 문제점인 상대주의를 그가 어떻게 넘어서고 있는가를 5장에서
볼 것이다. 무엇보다도 맥클랜던을 '복음주의'라는 레테르가 적절한

---

15) Curtis W. Freeman, "Can Baptist Theology Be Revisioned?" *Perspectives in Religious Studies*, vol.24, no.3(1997 Fall): 273-310.
16) A. J. Conyers, "The Changing Face of Baptist Theology", *Review and Expositor*, vol.95, no.1(Winter 1998): 21-38.
17) Millard J. Erickson, *The Evangelical Left: Encountering Postconservative Evangelical Theology*(Grand Rapids, Michigan: Baker Books, 1997).

것인지 모르겠다. 단지 그가 복음주의 계열의 신학교인 풀러신학교에서 강의한다는 이유만으로 복음주의자라고 하는 것은 너무 편협한 것으로 보인다.

이상의 연구들은 맥클랜던 신학의 반기초주의적 성격을 제대로 간파하지 못하였다는 점에서 공통적이라 할 수 있다. 어떤 이들은 침례교라는 한 교파의 신학자로 이해하기도 한다. 이 연구는 맥클랜던의 신학을 현대 영미 종교 철학의 이슈인 근대적 기초주의를 넘어서는 탈현대적 반기초주의 신학을 정립하고 새로운 길을 제시하였다는 점을 부각시키고자 한다.

Ⅲ. 연구 방법

이 연구를 어렵게 한 것 중의 하나는 2차 자료의 부족 때문이다. 맥클랜던은 게리 콤스탁(Gary Comstock)이 "이야기 신학의 두 가지 유형"(Two Types of Narrative Theology)이라는 논문에서 자신이 이야기 신학에 공헌한 주요 저작과 논문들을 참고문헌에서조차도 적고 있지 않다고 불평한다.[18] 그래서인지 그의 학문적 업적에 대한 평가가 공헌에 비해 저조해 보인다. 이런 문제를 해결하기 위해서 논의의 주된 텍스트는 「신학으로서 전기」와 조직신학 삼부작

---

18) *Biography*, "Preface to the New Edition", f.n. 3.

이 될 것이다. 일반적으로 맥클랜던의 신학을 이해하기 위해 그리고 그의 신학의 기초가 될 만한 작품이 「확신」이지만, 자신 스스로 「확신」보다 「조직신학」에 더 많은 애정을 갖고 있다고 말한다. 그는 자신의 조직신학에 관해 다음과 같이 말한다. "조직신학 시리즈 세 권은 지난 20년 동안의 나의 노력, 나의 인생, 나의 강한 요구였다."[19]

1. 연구를 위한 개념

이 연구를 위해 설명이 필요한 중요한 전문 용어들이 있다. 먼저 중요한 용어로 언급될 탈현대는 반기초주의와 동일한 의미로 사용할 것이다. 탈현대를 근대(modern)에 대한 거부로 이해한다면, 반기초주의 역시 근대의 기초에 대한 근본적인 거부라는 점에서 넓은 의미에서 동일한 의미로 사용될 수 있을 것이다. 탈현대 논쟁의 핵심이 반기초주의라면 반기초주의와 탈현대는 상호 호환할 수 있는 용어가 된다. 스탠리 그렌즈(Stanley Grenz)와 존 프랑케(John R. Franke)는 "우리는 '근대 이후'(after modernity)에 놓여 있는 지적인 세계는 '기초주의를 넘어서'의 영역이라고 말할 수 있을 것이다"라고 말한다.[20] 따라서 이 연구에서는 '반기초주의'와 '탈현대'를 동일한 의미

---

19) James Wm. McClendon, Jr., "The Radical Road One Baptist Took", *The Mennonite Quarterly Review*, vol.74, no.4(October 2000): 509. 그럼에도 이 연구에서는 제임스 스미스(James M. Smith)와 함께 공저한 「확신」을 중요한 텍스트로 사용할 것이다.

로 사용할 것이다.

다음으로 이 연구에서 자주 사용되는 맥클랜던의 핵심 용어 중 하나가 "확신"(Convictions)이라는 개념이다. 맥클랜던은 확신을 다음과 같이 정의한다.

> (우리가 사용하는 용어인) 확신이란, 만약 X(한 사람이나 한 공동체)가 확신을 갖고 있다면, X를 이전과 다른 상이한 사람(혹은 공동체)으로 만드는 의미심장한 것으로 쉽게 포기하지 않을 것이며, 포기할 수 없는 그러한 일관된 신념을 의미한다.[21]
> 이 정의에 나타난 확신의 성격은 지속적이고 일관될 뿐 아니라, 의미 있는 신념이라는 점이다.[22] 확신은 의견과 달리 지속적이다. 의견은 변할 수 있고, 포기할 수 있다. 어떤 사물이나 사건에 대한 의견을 철회한다고 해서 그 자신의 정체성이 심각하게 도전받지는 않는다. 하지만 확신은 대상과 자기를 분리하는 의견과 달리 자신이 직접적으로 개입하는 것이다.[23] 만약 확신이 변한다면, 그는 이전과 다른 사람으로 변하게 된다.

예를 들면, 기독교 신앙에서 예수 그리스도의 십자가 사건과 부활은 그리스도인들에게 포기할 수 없는 지속적이고 일관된 신념일 뿐 아니라, 부정된다면 정체성 자체가 뒤흔들릴 수 있는 종류의 신념이다. 이것을 확신이라고 말할 수 있을 것이다. 의견은 십자가와 부활을 이해하는 방식이다. 부활을 역사적으로 입증 가능한 사건이

---

20) Stanley Grenz, & John R. Franke, *Beyond Foundationalism* (Louisville: Westminster/John Knox Press, 2001), 21-22 & 29.

21) *Convictions*, 5; *Ethics*, 23; *Doctrine*, 29.

22) *Convictions*, 86-91.

23) *Ethics*, 22.

라고 볼 수도 있지만, 역사적 사실 너머의 사건으로 해석할 수 있다. 이것은 하나의 의견이자 신념에 불과하다.

맥클랜던은 이러한 확신이 다원적 사회에서 어떻게 정당화될 수 있는가를 심각하게 고민한 신학자이다.[24] 각 공동체와 각 사람은 자신과 다른 사람과 공동체 사이에서 자신의 견해를 주장한다. 특별히 다종교적 상황에서 상이한 종교 간에 벌어지는 두 가지 상반된 태도는 개종과 순교이다. 개종은 자신의 신념을 포기하는 것이고, 순교는 신념을 끝까지 확고하게 고수하는 것이다. 개종은 자신을 의미 있는 다른 사람으로 만드는 다른 신념체계를 새롭게 수용하는 것이고, 순교는 다른 신념과의 만남 혹은 마찰 속에서 기존의 신념이 자신에게 의미를 부여하는 것이기에 새로운 신념을 받아들이기를 거부한 것이다. 순교의 측면에서 보면 확신은 쉽게 포기되는 것이 아니며, 개종의 측면에서 보자면 의미 있는 새로운 가치관을 주기 때문에 확신을 변경하는 것이다. "그래서 확신은 단순히 신념이나 의견이 아니고 철저히 자기 참여적인 것이다. 우리의 확신을 이해함으로써 우리는 참된 우리 자신을 알 수 있게 된다."[25]

셋째로 여기서 사용하는 규준이라는 용어는 루트비히 비트겐슈타인(Ludwig Wittgenstein)의 개념으로 사적 언어 불가능성 논변의 과정에서 제시된 개념이다.[26] 규준은 한마디로 어떤 것이 참이라는

---

24) *Convictions*, 6.

25) *Doctrine*, 29.

26) Anthony Kenny, "Criterion", Paul Edwards, ed, *The Encyclopedia of Philosophy*(New York: Macmillan, 1967), 2권, 258-61. 그리고 다음을 참조하라. 로날드 수터, "규준의 여러 특징들", 「비트겐슈타인과 철학」, 남기창 옮김(서울: 서광사, 1998), 239-62.

증거를 제공하는 것이다. 예를 들어 한 학생이 수열을 배울 때, 수열의 공식을 따라 정확하게 계속해서 문제를 풀어낸다면, 그 행동은 수열을 이해하고 있다고 교사가 판단할 수 있는 규준이 될 수 있다. 그리고 고통을 표현하는 외적인 행동이 없다면 내적인 고통에 대해서 전혀 알 수 없다. 내적인 경험, 예를 들어 내적인 고통 경험은 외적인 고통스러운 울부짖음에 의해서 판단될 수 있다. "'내적 과정'은 외적 규준을 필요로 한다."[27] 즉 규준은 어떤 것이 참인지를 판단할 수 있는 기준을 말한다. 그래서 "X가 Y의 규준이라면, X를 근거로 해서 Y가 참이라고 말할 수 있다."[28]

비트겐슈타인이 내적 경험의 정당성 여부를 판단하는 개념으로 제안한 '규준'을 나는 반기초주의 신학의 정당성을 판별하는 용어로 사용하고자 한다.[29] 수열을 제대로 이해하는지 여부를 판단하는 규

---

27) Ludwig Wittgenstein, 「철학적 탐구」, 이영철 옮김(서울: 서광사, 1994), §580.

28) Kenny, Ibid.

29) 낸시 머피는 규준 개념을 통해서 신학의 합리성을 설명한다. Nancey Murphy, *Theology in the Age of Scientific Reasoning*(Ithaca and London: Cornell University Press, 1990). 머피의 논의는 조나단 에드워즈에 의존해 있다. 에드워즈는 신자의 종교적 경험에서 참된 성령 체험과 거짓된 성령 체험인지를 여러 가지 표지를 통해서 판단할 수 있다고 말한다. 이 주장을 근거로 머피는 성령의 내주하심 자체는 관찰할 수 없는 사실이지만, 외적으로 관찰할 수 있는 표지가 나타나는데 이것이 과학에서의 관찰 자료와 같은 역할을 한다고 설명하는 것이다. 내가 보기에 성령이 관찰할 수 없으나 성령의 역사에 따른 현상을 통해서 참된 성령 체험인지를 판단할 수 있다는 것은 타당하다. 그러나 그렇다고 해서 신학이 과학과 같은 합리성을 가진다고 주장하는 것은 부적절해 보인다. 이것은 신앙을 과학적 사실로 환원하는 것에 불과하다.

준이 그 행동이듯이, 신학의 적절성을 평가하는 규준이 있으며, 그 규준은 이야기, 실천, 다원주의, 합리성이다. 이야기, 실천, 다원주의, 합리성 등 네 가지는 반기초주의 신학의 증거이기도 하지만, 반기초주의 신학이 참인지를 판단해 주는 기준이다. 즉, 반기초주의 신학은 이야기와 실천이며, 다원적이고 합리적일 뿐 아니라, 반기초주의 신학의 정당성을 제공해주는 규준 역시 이야기, 실천, 다원성, 합리성이다. 이러한 네 가지 규준이 없다면 반기초주의 신학의 성패 여부를 판단할 근거가 없다.

2. 전개 과정

그리고 이 연구의 전개는 위에서 제안한 네 가지 규준에 따라 그의 신학을 재구성하고자 한다. 먼저 2장에서는 맥클랜던의 신학을 이해하기 위해 그의 삶의 이야기를 간략히 검토할 것이다. 그리고 기초주의에서 반기초주의로의 역사적 전환을 중심으로 반기초주의 신학에 대해 개괄적으로 설명하고자 한다. 마지막으로는 반기초주의 신학에서 맥클랜던이 차지하는 독특한 위치와 의미를 살펴볼 것이다.

3장에서는 신학의 이야기적 특성을 검토할 것이다. 성서를 인간의 종교적 경험의 산물로 보거나 명제의 저장창고 정도로 간주하는 것은 성서 이야기의 오독이다. 또한 그런 방식으로는 성서의 역사성과 현재성을 설명하기에 역부족이다. 역사성에 관한 것은 이야기 신학과 명제 신학의 관계에서, 현재성에 관한 것은 맥클랜던의 독특한 개념인 "침례교도적 비전"을 다루면서 설명하고자 한다. 이를 위해 먼저 왜 이야기가 새롭게 주목받게 되었으며, 왜 윤리학에서 이야기로부터 논의를 시작하는지에 관해서 살펴보고자 한다.

4장은 실천의 의미를 논의한다. 성서 이야기는 문학적 이야기와 같이 정서적 감동과 감흥이 목적이 아니라 성서를 읽는 자의 변화와 순종을 요구한다는 점에서 뚜렷이 구별된다. 성서는 이야기이고, 성서 읽기는 순종과 실천 행위인 것이다. 그러므로 먼저 이론과 실천의 관계에서 이론과 실천은 분리되지 않으며, 이론은 실천을 통해서 정당화된다는 것을 보고, 그 다음에 기독교 신앙에서 실천으로 이해해야 하는 교회 공동체의 내적 실천으로서 침례와 잘못된 실천으로 받아들여진 평화주의의 정당성을 검토할 것이다. 이를 통해 교회의 실천이 교회 이야기에 근거해야 한다는 점을 강조하게 될 것이다.

5장에서는 우리가 살고 있는 현대 세계는 정치에서 사회 문화에 이르기까지 다원성을 특징으로 하고 있다. 특히 종교적 다원성은 신학에 대한 새로운 도전으로 제기되고 있다. 그렇다면 종교적 다원주의 시대에서 기독교 신앙의 정체성을 어떻게 이해해야 하는가? 다시 말하면 타자를 존중하면서도 기독교 신앙의 유일성을 증언하는 선교는 어떻게 가능할 수 있는지가 심각한 문제가 된다. 맥클랜던의 반기초주의 신학의 세 번째 규준으로서 다원성을 통해 한편으로 절대주의와 다른 한편으로 상대주의에 함몰하지 않으면서도 선교적 삶을 모색하고자 한다.

6장에서는 근대 기초주의의 도전에 의해 일반적으로 신학은 과학의 전 단계의 비합리적 단계라는 비판을 받거나, 아니면 근대적 기초주의의 틀에 부합하려는 시도를 거부하고 새로운 합리성을 제시한다. 기독교 신학의 합리성을 판단하는 전통적 신 존재 증명을 살펴보고, 합리성은 공동체에 기반을 둔 것임을 논구할 것이다. 후반부에서는 맥클랜던이 말하는 기독교 신학의 합리성 자리인 공동체가 어떤 공동체인가를 설명할 것이다. 그에게서 공동체는 아나뱁티스트들의 공동체인데, 흔히 비판하는 소종파(sect) 공동체라는 혐의를 벗기고, 도리어 보편적인 공동체이며, 역사적 기원을 갖고 있고, 또한 교회와 세상과의 관계에 있어서도 적절한 모델임을 보여줄 것이다.

이를 통해서 맥클랜던의 신학이 반기초주의 신학이며, 더 나아가 반기초주의 신학은 첫째, 역사적 사실성과 현재성을 지닌 삶의 이야기이며, 둘째 추상적 관념이 아니라 구체적인 실천 행위이며, 셋째, 경쟁적인 다원적 상황에서 타인에 대한 존중이 상대주의에 빠지지 않으면서도 기독교 신앙의 독특성을 증언할 수 있으며, 마지막으로 신학은 비합리적인 행위도 아니며, 그렇다고 근대적 합리성을 가진 것이 아니라, 기독교 신앙 공동체의 삶과 실천과 직접적으로 결부된 합리적인 행위임을 제시하고자 한다. 반기초주의적 신학은 다원주의적 상황에서 삶의 이야기에 근거하는 실천 행위로 합리적 활동임을 입증하고자 한다. 이를 통해 위의 네 가지가 탈현대적이고 탈기독교적 사회에서 신학함의 규준이 될 수 있다는 것을 설명할 것이다.

제2장 반기초주의 신학의 배경

이 장에서는 맥클랜던의 반기초주의 신학을 이해하기 위해 무엇보다도 먼저 맥클랜던의 전기를 간략히 소개하고, 기초주의에서 반기초주의로의 전환에 관해서 검토하고자 한다. 특별히 맥클랜던의 전기를 소개하는 것은 한국 교회에 처음 소개된다는 현실을 감안할 때, 그의 간략한 삶의 이야기를 설명하는 것이 필요하기 때문이다. 그는 이야기 신학의 고전적 텍스트인 「신학으로서 전기」(*Biography as Theology*)는 한 사람의 전기를 신학적으로 읽어내는 것이 신학 방법론의 새로운 각성에 기여를 하며, 전기는 성서와 신학적 진리를 삶 속에서 치열하게 구현한 것으로 그 진리를 예증하는 데 탁월하다고 하였다. 이런 점에서 그의 전기로 시작하는 것이 적절할 것이다.

I. '침례교인'(Baptist)에서 '침례교도'(baptist)로
: 맥클랜던의 삶의 이야기

맥클랜던은 1924년 루이지애나(Louisiana) 주(州)의 슈리브포트 (Shreveport)에서 감리교인 아버지와 침례교인 어머니 사이에서 태어 났다.[1] 그는 경건한 어머니의 영향으로 침례교인이 되었다. 그가 출 석한 침례교회는 비잔틴 양식의 아름다운 건물이었는데, 맥클랜던은 지금도 그 교회를 존경하는 담임목사와 인상적인 예배, 그리고 기억 에 강하게 남아있는 침례식을 통해 회상한다.[2] 이후 그는 사우스웨스 턴침례신학교(Southwestern Baptist Theological Seminary)에서 목회 학 석사(M.Div.)를, 그리고 프린스턴신학교에서 신학 석사(Th.M.) 과정을 이수(1952)한 다음에 다시 사우스웨스턴침례신학교로 돌아가 박사학위(Th.D. 1953)를 받았다.[3]

---

1) James Wm. McClendon, Jr., "The Radical Road One Baptist Took", *The Mennonite Quarterly Review*, vol.74, no.4(October 2000): 503.

2) 그의 담임목사는 교단 지도자일 뿐 아니라 에큐메니칼 운동의 지도자이 기도 하였다. 아마 맥클랜던이 에큐메니칼 운동에 참여한 것에 간접적인 영향을 주었던 것 같다. 그의 에큐메니칼 운동에 대한 입장은 다음을 보 라. James Wm. McClendon, Jr., "What is a Southern Baptist Ecumenism?" *Southwestern Journal of Theology*, vol.10, no.2(Spring, 1968): 73-78.

3) 맥클랜던이 프린스턴신학교에서 신학 석사 과정을 이수한 것은 학문적 으로 좀더 엄격한 훈련을 위한 것이었다. 그리고 그의 박사학위논문 제 목은 다음과 같다. James Wm. McClendon, Jr., The Doctrine of Sin and the First Epistle of John: A Comparison of Calvinist, Wesleyan,

루이지애나 침례교회에서 잠시 목회를 하고, 그는 샌프란시스코에 있는 골든게이트신학교(Golden Gate Baptist Seminary)로부터의 교수 초빙을 수락한다.(1954-66) 하지만 에큐메니칼(ecumenical) 운동의 참여와 베트남전쟁 반대로 인한 갈등으로 사직한다.[4] 그 이후 버클리대학교(1958-62)와 옥스퍼드대학교(1962-63)에서 연구 활동에 전념한다. 마침 맥클랜던이 버클리대학교에 있을 때에 존 오스틴(John L. Austin)이 강의하고 있었는데, 그로부터 많은 지적 도전과 영향을 받는다.[5] 1971년 버클리 연합신학대학원(Graduate Theological Union, Berkeley)의 성공회 계통의 신학교에서 은퇴하기까지 교수를 역임하였다. 그곳에서 강의하기 전에 잠시 가톨릭 대학인 샌프란시스코대학교 내의 가톨릭 계통의 대학에서 강의하기도 하였다.(1966-69) 버클리 연합신학대학원에서 은퇴한 후, 그의 아내 낸시 머피가 가르치고 있고, 맥클랜던을 존경하는 리처드 마우가 총장으로 있는 풀러 신학교에서 강의하였다.

가톨릭, 개신교, 비종교적 대학들을 거치는 맥클랜던의 학문 여정

---

and Biblical Thought. Unpublished Ph.D. dissertation, Southwestern Baptist Theological Seminary, Fort Worth, Texas. 1953. 이 논문의 내용은 요한 1서의 완전 교리와 근대 기독교에서의 그 반성을 다룬 것이다. 그리고 조직신학 삼부작을 완성한 시점에서 되돌아보면 박사학위논문의 '완전' 개념으로 되돌아 온 것이라고 말한다. McClendon, "The Radical Road One Baptist Took", 506 & 509.

4) McClendon, "The Radical Road One Baptist Took", 507.

5) Terrence W. Tilley, "Why American Catholic Theologians Should Read 'Baptist' Theology", *Horizons*, vol.14(Spring 1987): 131. 맥클랜던은 오스틴이 자신의 정신적 스승(mentor)이라고 고백한다. *Witness*, 224.

은 그 자신의 말처럼 투쟁 속에 전개된 신학이었고, 그 투쟁은 교
회 공동체가 단일한 집단이 아니며, 그 관계는 한편으로 에큐메니
칼 대화를 통한 타자의 확신의 존중과 다른 한편으로 자신이 속한
공동체의 확신을 정당화하는 노력이 필요하다는 것을 자각하게 하
였던 것으로 보인다. 틸리는 말하기를, 신학이 투쟁 속에서 태어난
다는 맥클랜던의 말은 그 자신의 이야기이며 에큐메니칼 운동에서
의 살아 있는 경험을 보여주는 표어를 제공해 준다.[6]

    침례교인이었던 맥클랜던이 침례교도로의 신앙적, 신학적 변화는
에큐메니칼 신학교에서의 경험과 전쟁 체험, 그리고 존 하워드 요
더(John Howard Yoder)와의 만남을 통해 이루어진다.[7] 맥클랜던
은 버클리 연합신학대학원의 성공회 신학교에서 성공회 교인들이
자신들을 개신교이자 가톨릭이라고 주장하는 데 반해 침례교회는
개신교와 가톨릭의 유산을 모두 거부한다는 것을 발견하였다. 침례
교회가 종교개혁의 산물인 개신교회도 아니고 가톨릭도 아니라면,
침례교회의 정체성과 역사적 뿌리는 아나뱁티스트들에게서 찾을 수
있을 것이다. 그렇다면 침례교회가 선택할 수 있는 길은 침례교회
가 거부했던 아나뱁티즘의 유산이 침례교회에 남아 있다는 것을 밝
히는 것이 된다. 맥클랜던은 자연스럽게 대안으로서 아나뱁티즘과
그 전통에 관심을 갖고 연구하게 되었던 것이다.

    다음으로 맥클랜던의 신학을 바꾼 사건은 전쟁 체험이었다. 그는 2
차세계대전의 종료와 함께 기술공으로 일본에 도착한다. 그는 일본
도쿄의 YMCA 지도자인 소이치 사이토(Soichi Saito)를 통해서 굶주

---

6) Tilley, Ibid., 130.
7) McClendon, "The Radical Road One Baptist Took", 507.

린 일본인과 폐허가 된 도시를 보면서 선생에 대한 회의를 품는다.[8]
그리고 베트남전쟁을 통해서 그는 기존의 종교와 민족주의, 하나님
과 조국을 함께 결부시키는 신학을 더 이상 받아들일 수 없었다. 동
남아시아에서 미국의 외교정책의 정의로움과 기존의 경건과 신학은
논리상으로 연결되지 않았던 것이다.[9]

　그 자신이 대학교수로서 베트남전쟁 반대 시위의 리더가 됨으로
써 전쟁을 지지하는 정당한 전쟁론(Just war theory) 신학자인 라
인홀드 니버(Reinhold Niebuhr)의 견해를 반박할 필요가 있었다.
마침 그는 평화주의자인 존 요더의 책, 「예수의 정치」를 읽게 된
다.[10] 이 책이 맥클랜던에게 남긴 영향력은 상당히 강력한 것이었
을 뿐 아니라 그의 신학과 삶 전체를 뒤바꾼 것임을 고백한다.

　　그 책이 내 인생을 바꾸었다. 은연중에 그 책에서 나는 지금까지
　　그렇게 힘들게 배우고 가르쳐 왔던 표준적인 설명들과 다른 기독교
　　의 일부가 된 오래된 자각을 발견하게 하였다. 그럼에도 그것들은
　　내가 젊은 날 알고 있었던 것들과 같이 침례교인으로 자라도록 해
　　주었다. 나는 「예수의 정치」를 밤낮으로 읽고 또 읽었다. 마침내 다
　　읽었을 때, 나는 예수를 따르기 위해 그냥 받았던 침례가 아니라,
　　이제는 예수가 이해한 그 길을 따르는 두 번째 회심을 하였다. (중
　　략) 그 당시까지만 해도 나는 위에서 말한 바와 같이 반전 기독교
　　인들 중의 한 사람이었다. 내 기억에 의하면, 내 친구인 스탠리 하
　　우어와스가 내게 전화 통화를 하면서 했던 말이 생각난다. 그는 사
　　우스 벤드에 있었고, 나는 버클리에 있었다. 그는 폭력은 그리스도

8) McClendon, "The Radical Road One Baptist Took", 504-06.

9) *Biography*, v.

10) John Howard Yoder, *The Politics of Jesus*, 2nd Rev. ed.(Grand
　　　Rapids: Eerdmans, 1994).

인의 선택이 될 수 없다는 존 요더의 생각이 자신을 설득하고 있다고 말하였다. 나는 생각하였다. "단지 그것만이 옳은가?" 나의 지속된 태도가 내 소년 시절에 형성된 것과 요더의 냉혹한 논리가 모든 것을 수렴하였다. 나는 회심하였다. 나는 비록 여전히 이 용어 자체를 사랑하지 않지만, '아나뱁티스트적' 침례교인이 되었다.11)

이상에서 보듯이 학문적 여정에 나타난 에큐메니칼 상황은 그로 하여금 다원적 사회에서 자신의 공동체의 확신을 어떻게 정당화할 것인가를 고민하게 하였다. 그리고 2차세계대전과 베트남전쟁의 경험, 그리고 요더의 영향은 그로 하여금 아나뱁티스트적 유산을 주목하도록 하였다. 이것이 서론에서 언급한 것과 같이 신학이 투쟁해야 할 두 가지 영역과 일치한다. 즉 교회는 세상이 아니라는 것과 교회는 단일한 집단이 아닌 다원적 공동체라는 것은 맥클랜던에게 중요한 신학적 문제가 된다.

맥클랜던은 지난 2000년 10월 30일에 사망하였다. 그리고 그의 장례는 고향인 루이지애나 주의 슈리브포트 근교에서 거행되었다. "침례교 신학자 맥클랜던(James Wm. McClendon, Jr.) 죽다"는 제목의 이 기사는 매우 정다운 성격의 소유자인 맥클랜던이 그의 평생의 대작인 조직신학 시리즈의 완성을 보았다는 점에서 행복한 사람이라는 부인 낸시 머피의 말을 적고 있다.12)

---

11) McClendon, "The Radical Road One Baptist Took", 507-08.
12) *Christian Century*, November 15, 2000. 1180.

II. 기초주의에서 반기초주의로

맥클랜던의 반기초주의 신학을 이해하기 위해서 먼저 근대의 기초주의가 어떻게 성립되었는가를 근대화의 과정을 통해서 설명하고, 근대적 기초주의가 어떻게 비판받고 부정되었는지를 검토하고자 한다. 그리고 비트겐슈타인을 통해서 인식론, 언어관, 그리고 형이상학의 영역에서의 변화를 설명하고자 한다.

1. 기초주의란 무엇인가?

기초주의는 지식의 확실성은 확고한 토대 위에 성립되어야 한다는 주장이다.[13] 즉, 인간의 앎의 정당화가 되지 않는 지식은 그 확실성을 갖지 않는다. 그러면 근대철학이 확신했던 기초는 무엇이고, 왜 문제가 되는가? 맥클랜던은 어떤 신념이 정당화되기 위해 충족

---

13) Ernest Sosa, "The Foundations of Foundationalism", *Nous*, vol.14(1980): 547. 철학적 기초주의에 관해서는 다음을 보라. William Alston, "Two Types of Foundationalism", *The Journal of Philosophy*, vol.73(April 1976): 165-85. 그리고 Ernest Sosa, "The Foundations of Foundationalism", *Nous*, vol.14(1980): 547-566. 신학적 기초주의와 반기초주의에 관해서는 다음을 보라. Thiel, *Nonfoundationalism*.: William C. Placher, *Unapologetic Theology: A Christian Voice in a Pluralistic Conversation*. Louisville, Kentucky: Westminster/John Knox Press, 1989). & Stanley Grenz & John R. Franke, Ibid.

해야 할 두 가지 조건을 밝힘으로써 기초주의를 정의한다.[14)]

　　진리를 발견하고 오류를 피하기 위한 방법은 (a) 논증이나 증거를
　　필요로 하지 않는 확실하고 자명하던지, (b) 아니면 엄격한 증명이나
　　논증으로 (a)와 같은 신념으로부터 추론하던지 해야 한다는 주장을
　　믿는 것이다.

여기에서 (a)는 정당화된 신념은 자명하여서 다른 어떤 것에도 의
존하지 않는 기본적 신념(basic belief) 혹은 어떠한 매개도 없이 자
기 스스로를 직접적으로 정당화하는 신념을 말한다. 반면에 (b)는
기본적 신념에 의존함으로써 자신의 정당성을 입증할 수 있는 것으
로 비기본적 신념(nonbasic belief), 혹은 간접적인 신념이라고 한
다.[15)]

　기본적 신념과 비기본적 신념의 구분 기준은 토대에 있다. 즉, 기
초주의란 인식론의 문제로 어떤 신념이나 인식 주장이 정당화되기

---

14) *Convictions*, 10. 여기서 (a), (b)는 맥클랜던의 구분이다. 그리고 케이스
　　 레러(Keith Lehrer)의 기초주의 정의도 참조하라. "첫 번째 조건은 기
　　 초 신념이 전적으로 다른 신념들과의 관계에 의해 정당화되는 게 아니
　　 라 스스로 정당화되는 신념이어야 한다는 것이다. 두 번째 조건은 정
　　 당화된 모든 신념의 정당화는 기초 신념들의 자기 정당성에 의존하고
　　 있어야 한다는 것이다. 이런 특징을 가진 정당화 이론은 스스로 정당
　　 화되는 기초 신념들이 있고, 이 기초 신념이 모든 비기초 신념을 정당
　　 화한다는 이론이다." 케이스 레러, 「현대지식론」, 한상기 옮김(서울:
　　 서광사, 1996), 92.

15) William Alston, "Two Types of Foundationalism", *The Journal of
　　 Philosophy*, vol.73(April, 1976): 166. 근대 철학사적으로 경험론은 인
　　 간의 지각 경험을, 관념론은 선험적인 관념에서 그 확실한 기초를 발
　　 견하고자 하였다.

위해서는 스스로가 자명한 기초이든지, 아니면 확실한 토대를 갖고
있어야 한다. 정당화될 수 있는 참된 신념은 자기 스스로를 정당화
하던지 아니면, 그 기본 신념으로부터 정당한 방식으로 추론될 수
있어야 한다. 그러므로 기초주의를 "지식은 모든 것이 의존하는 토
대가 되는 구조를 구성하지만 자신은 다른 지지를 필요로 하지 않
는다"는 것으로 정의할 수 있다.16) 더 간명히 정의한다면, 기초주
의는 정당화된 혹은 확실한 지식은 의심할 수 없는 기초가 존재해
야만 한다는 주장이다.

　여기서 주목해야 할 것은 기초주의는 정당성과 확실성을 보증할
수 있는 토대를 구축하려 한다는 점이다. 모든 것을 설명할 수 있
는 근본 원리가 있어야 하고, 또한 실제로 있다고 믿는 것이 기초
주의인 것이다. 지식은 그것이 지식으로 인정받기 위해서는 만인에
게 확실한 기초를 요청한다는 것이다. 혹여 그런 기반을 갖고 있지
못한 경우에, 그것은 정당한 지식으로 인정할 수 없다. 그저 주관적
이거나 정서적인 지식에 불과하다.

　에른스트 소사(Ernest Sosa)의 은유인 '뗏목'(raft)과 '피라미
드'(pyramid)는 기초주의의 특성을 정확하게 반영하고 있다.17) 피
라미드에서는 각 돌들이 아래의 기초에 의존해서 계층적이고 수직
적인 방식으로 존재한다. 반면에 뗏목은 각 통나무가 상호 유기적
으로 연결되는 수평적 구조를 지닌다. 피라미드는 튼튼한 기초에

---

16) Ibid., 165.
17) Ernest Sosa, "The Raft and the Pyramid: Coherence versus Foundations in the Theory of Knowledge", *Midwest Studies in Philosophy* 5(1980): 3-25. Thiel, *Nonfoundationalism*, 1에서 재인용.

의존하고, 뗏목은 상호간의 관계에 의존한다. 기초주의는 피라미드와 같이 결코 흔들리지 않아서 확고하게 고정된 비시간적인 진리만이 인식의 기초가 될 수 있다고 본다면, 반기초주의는 뗏목처럼 시간과 공간의 유동적인 흐름을 따르고 일관성을 가질 뿐이다.

데카르트는 기초주의의 초석을 제공한 철학자로, 그에게서 기초주의의 특성이 잘 나타난다.[18] 데카르트의 과제는 이중적이고 양면적이다. 한편으로는 중세의 전통적인 신념들을 재검토하고, 다른 한편으로 새로운 토대와 체계를 구축하는 것이다. 중세의 전통적인 신념들은 중세의 해체와 붕괴에 따른 새로운 시대의 요청을 감당할 수 없기 때문에 비판적으로 검토하고 제거하지 않으면 안 된다. 데카르트는 무비판적으로 참이라고 수용했던 기존의 권위들을 불확실한 것으로 의심하고, 의심할 수 없는 확고부동한 토대를 추구하였다. 그가 말하는 토대는 그것이 무너지면, 그 위에 세운 모든 것도 무너지는 기초를 가리킨다.

> 어릴 적부터 나는 많은 거짓된 것을 참된 것으로 받아들여 왔으며, 그 후 내가 그것들을 위해 세운 것은 극히 의심스러운 것이요, 따라서 내가 학문에 있어서 언젠가 확고부동한 것을 세우려고 할진대 일생에 한번은 전에 내가 받아들였던 모든 의견을 송두리째 무너뜨리고, 아주 처음부터 토대를 쌓기 시작해야 한다고. (중략) 토대가 무너지면 그 위에 세운 것이 온통 저절로 무너지므로, 나는, 전에

---

18) Thiel, 3. 데카르트와 현대 철학의 관계에 대해서는 다음을 보라. 강영안, "현대 철학의 반데카르트적 경향", 「철학과 현실」, 8권(1991 봄): 232-40. 그리고 기초주의와의 관계에 대해서는 다음을 보라. James Van Cleve, "Foundationalism, Epistemic Principles, and the Cartesian Circle", *The Philosophical Review*, vol.LXXXVIII, no.1(1979): 55-91.

내가 가졌던 모두 의견들이 의지하고 있던 원리들 자체를 파.져보려
고 한다.19)

중세적 세계관이 몰락하는 시점에서 그것을 대치할 만한 새로운
세계관이 요청되었다.20) 새로운 세계관이란 어떤 점에서 중세가 뒤
집어진 모양이다. 중세의 토대와 지향, 철학을 거부한다는 것은 그
것이 억압했던 것을 부각시키고, 그것이 지향했던 것을 다시 수면
아래로 내려 보내는 것을 말한다. 즉, 신 중심적 신앙 체계를 대신
할 인간 중심적 신앙, 보편교회인 가톨릭을 대체하는 민족교회인
개신교, 우리에 입각한 신성로마제국의 해체에 따른 민족국가의 건
설, 계시의 수납으로서의 신앙이 아니라, 회의를 통해서 도달하는
진리로의 이행이 그가 가야 할 길이었다.

피라미드와 같이 확고하고 안전한 토대는 중세 말에서 근대로의
진입 과정이 낳은 지적이고 정치적인 혼돈 상황을 배경으로 한다.
스테판 툴민(Stephen Toulmin)은 데카르트가 확고한 기초를 추구
하게 된 배경으로 30년 전쟁을 주목한다. 30년 전쟁의 혼돈과 유혈
은 데카르트로 하여금 인간의 자유에 봉사하는 새로운 토대여야 한
다는 보편적인 합의와 일치를 추구하도록 했다. 이 역사적 경험을
통해 데카르트는 하나는 혼돈을 극복하기 위한 보편적인 일치가 필

---

19) Rene Descartes, 「방법서설·성찰·데까르뜨 연구」, 최명관 역·저(서
    울: 서광사, 1983), 77.

20) Nancey Murphy, *Beyond Liberalism and Fundamentalism: How
    Modern and Postmodern Philosophy Set the Theological
    Agenda*(Valley Forge, Pennsylvania: Trinity Press International,
    1996), 12.

요하며, 다른 하나는 그 일치는 인간을 위한 것이어야 한다는 것을 절감하게 된다. 보편적인 일치를 위한 토대로 제시될 수 있는 것은 중세의 전통적 권위인 교회나 신앙은 아니었다. 새로운 지식은 지역적인 것이 아니라 일반적이어야 하며, 개별적인 것이 아니라 보편적이어야 하며, 시간적이 아니라 무시간적이어야 하며, 실천적이 아닌 이론적이어야 한다.21)

그가 제시한 의심할 수 없는 기초는 이성(reason)과 사유하는 주체(subject)였다. 모든 의심을 걷어내고도 의심할 수 없는 것은 의심이라는 사유를 하고 있다는 것이고, 그 의심을 하고 있는 주체인 자기 자신은 의심할 수 없다. 그의 결론은 "나는 생각한다, 그러므로 나는 존재한다"(cogito ergo sum)는 것이다.22) 이성을 통해서 중세의 신앙을 맹목적인 것으로 비판하고, 전통과 권위마저도 의심의 대상으로 간주함으로 중세를 비판하고 새로운 근대 세계로의 이행을 가능케 하였다. 또한 중세의 모든 기초가 된 신에서 이성적 인간이자 개인을 내세움으로써 대학의 지식인 계급과 시장의 부르주와 계급의 이해를 충족해 줌으로써 근대적 세계를 가속화할 수 있게 되었다.

하지만 근대 이전의 권위로부터 해방을 추구한 결과 탄생한 근대의 이성주의와 개인주의가 지금은 또 하나의 억압 전통이 되는 역사의 아이러니를 보게 된다.23) 감성적 여성에 대한 이성적 남성의

---

21) Stephen Toulmin, *Cosmopolis: The Hidden Agenda of Modernity*(Chicago: The University of Chicago Press, 1992), 5-44.
22) Descartes, Ibid., 30.
23) Jerry Gill, *On Knowing God: New Directions for The Future of Theology*(Philadelphia: The Westminster Press, 1981), 104.

우위와 그에 대한 반반로서이 페미니즘, 이성적 인간의 타자로서 노동을 통한 개발의 대상으로 전락한 자연과 그 자연이 인간에게 가하는 반격으로서의 환경과 생태학적 사유, 근대의 이성과 개인은 서구 자신에게만 적용되었고, 자신 외의 모든 민족과 종족은 식민화하려는 우악스러운 제국주의, 너와 우리를 자기 자신 안으로 편입시키려는 탐욕스러운 욕망이 빚어낸 타자의 부정 등은 그것을 굳이 해체주의라든가, 탈식민주의 등으로 명명하지 않아도, 근대의 문제에 관한 한 오늘날 광범위한 합의를 보여주고 있다. 이 모든 문제의 철학적이고 인식론적인 배후가 다름 아닌 기초주의인 셈이다.

2. 기초주의의 문제는 무엇인가?

기초주의가 초래한 문제를 살피기 위해서 서구 근대의 역사를 간략히 짚어보고자 한다. 맥클랜던은 근대에 대한 통속적인 견해로 암흑시대인 중세를 해방한 것이 근대라고 보는 것을 거부하고, 근대를 세 단계로 설명한다.[24] 첫 번째 근대의 물결은 고대의 황금시대로 되돌아가자는 르네상스 시대이다.[25] 맥클랜던은 아나뱁티스트의 정신의 근원이 르네상스에 있다고 본다. 에라스무스가 사제의 역할을 축소하고, 평화주의를 장려하고, 신약으로 되돌아가자는 것이 아나뱁티스트에게 강한 영향을 주었다. 그리스도의 복음을 회복

---

24) *Witness*, 200. 이것은 민족 국가와 과학적 합리주의의 직접적인 관련성이 있기 때문이다.

25) *Witness*, 201-06.

하기 위해 기독교의 근원이 성서와 신약 시대로 되돌아가자는 것은 맥클랜던 자신과 "16세기의 침례교도들이 르네상스의 자녀들이"라는 것을 여실히 보여준다.

근대의 두 번째 물결은 일반적으로 이해하는 17세기의 데카르트로 발원하는 기독교에 비우호적인 근대 세계이다.[26] 17세기의 근대가 오늘 우리들이 이해하는 근대 세계의 핵심이다. 하지만 맥클랜던은 기독교에 적대적이기까지 한 근대 또한 당시 시대적 정황에 대한 해결책이었다는 점에서 긍정적으로 보아야 한다고 말한다. 그럼에도 근대 철학의 핵심이 될 만한 세 가지 영역에서의 주장들을 기독교는 쉽게 받아들이기 어려운 것이었다. 인식론에서 확실성의 추구, 언어에서 사실적 재현을 주장하는 지시론(theory of reference), 형이상학에서 개인주의와 원자론(atomism)을 근대 신학은 한편으로 내재화하거나 다른 한편으로 거부하였어도 쉽게 건널 수 없는 장애물임에는 틀림없었다.

근대의 세 번째 물결은 낭만주의 시대이다.[27] 계몽주의의 반동으로 등장한 낭만주의는 헤겔이 말한 지양(Aufhebung)을 고스란히 보여준다. 근대는 데카르트에게서 보듯이 존재하는 모든 것을 이성과 사유를 통해서 특정한 하나의 체계로 포섭할 수 있다는 주장이다. 이성으로 사유할 수 없는 것, 언어로 말할 수 없는 것은 배제되고 배타되었다. 하지만 세계에는 이성만이 존재하는 것이 아니라 감성과 의지, 말할 수 있는 것과 함께 말할 수 없는 것이 공존한다. 이성이 자신의 지위를 지나치게 넘어서서 자신을 여타의 영역으로

---

26) *Witness*, 206-14.
27) *Witness*, 215-17.

학장하고자 할 때, 감성과 의지는 반발하게 된다. 그래서 칸트의 경우, 종교를 이성의 한계 안으로 가두려는 점에서 이성적이고 두 번째 물결의 영향하에 있지만, 이성의 한계를 도덕과 실천으로 극복하려고 한 점에서 두 번째 근대의 물결을 부정한다.

근대적 기초주의가 확신했던 주장들이 심각하게 도전을 받고 붕괴하기 시작한다.[28] 낸시 머피와 함께 작성한 논문 "근대와 탈현대 신학을 구별하기"(Distinguishing Modern and Postmodern Theologies)에서 맥클랜던은 인식론과 언어철학, 그리고 형이상학에서 근대에서 탈현대로의 변화의 과정을 살핀다.[29] 기초주의적 인식론이 추구한 객관적 기초로서의 사실이 윌라드 콰인(Willard Quine)에 의해서 사실은 전체 의미의 그물망(network) 안에서 의미를 가진다는 전체론(holism) 모델로 변화되고, 과학철학에서 칼 포퍼(Karl Popper)와 폴 핸슨(Paul Hanson), 그리고 토머스 쿤(Thomas Kuhn) 등에 의해서 과학적 사실이라는 것이 실상은 이론 의존적임이 밝혀짐으로써 변화가 이루어진다. 그리고 언어철학에서 기초주의의 붕괴는 언어가 단순

---

28) 붕괴의 역사적 과정에 관해서는 다음을 보라. Thiel, Ibid., 6-37. 틸은 반기초주의의 선구자로 미국의 실용주의자인 찰스 퍼스, 윌리엄 제임스, 존 듀이로부터 루트비히 비트겐슈타인, 윌프리드 셀라스, 윌라드 콰인, 리처드 로티의 철학을 제시한다. 하지만 틸의 설명에는 유럽 대륙의 반기초주의자 또는 탈현대 철학자들을 제외하고 있다. 그런 점에서 낸시 머피는 자신의 탈현대 철학이 영미 철학적 기반과 전통에 있음을 분명히 한다는 점에서 더 정직하다. Nancey Murphy, *Anglo-American Postmodernity: Philosophical Perspectives on Science, Religion, and Ethics*(Westview Press, 1997).

29) Nancey Murphy, & James Wm. McClendon, Jr. "Distinguishing Modern and Postmodern Theologies", *Modern Theology*, vol.5(1989): 191-214.

히 사실을 기술하거나 내적 경험을 표현한다는 것에서 오스틴과 비트
겐슈타인이 언어의 사회적 성격을 주목함으로써 언어의 의미는 사실
에 의해 결정되는 것이 아니라 사회적 연관 관계 속에서 이해되어야
한다는 것을 알게 되었다. 그리고 데카르트에게서 보았듯이 근대의
튼튼한 기둥은 이성적 개인이 가장 확고한 기초였는데, 그 개인 역시
공동체와 전통으로부터 자유롭지 못하다는 것을 알래스데어 매킨타
이어(Alasdair MacIntyre)가 제시함으로써 그 전제가 한순간에 와해
되었다.

맥클랜던과 머피는 이 논문의 결론에서 탈현대 신학이 융성하게
된다면, 오스트리아 사람들인 비트겐슈타인과 폴 파이어아벤트
(Paul Feyerabend)가 새로운 신학의 패러다임을 제공해 줄 수 있
을 것이라고 기대감을 감추지 않는다.[30] 머피가 파이어아벤트를 더
주목한 반면에 맥클랜던은 「증언: 조직신학」에서 비트겐슈타인을
진정으로 개종한 기독교 철학자의 전범으로 제시한다.[31] 그래서 그
는 비트겐슈타인을 통해서 인식론과 언어철학, 형이상학에서의 변
화를 설명한다. 맥클랜던이 보기에 비트겐슈타인은 형이상학, 언어
철학, 그리고 인식론의 제반 영역에서 근대 철학을 전복하고 새로

---

30) Murphy & McClendon, "Distinguishing Modern and Postmodern
Theologies", 212. 여기에 인식론적 무정부주의자로 상대주의자라는 비판
을 받고 있는 파이어아벤트가 제시된 것은 아마 머피의 생각인 듯싶다.
그는 버클리대학교에서 머피의 박사학위논문의 지도교수였다.

31) James Wm. McClendon, Jr., with Brad J. Kallenberg. "Ludwig
Wittgenstein: A Christian in Philosophy", *Scottish Journal of
Theology*, vol.51, no.2(1998): 131-61. 이 연구를 수정 보완한 것이 「
증인: 조직신학 Ⅲ」의 6장 "루트비히 비트겐슈타인: 철학에서 그리스
도인"이다. *Witness*, ch. 6.

운 길을 제시한다.

그 세 가지 요점은 다음과 같다. 먼저 형이상학의 영역에서는 개인에서 공동체로 전환된다.[32] 근대 형이상학의 기초는 데카르트의 사유하는 자아, 즉 개인이었다. 이 자아는 세계와 분리된 자아로 시간이 지나면서 데이비드 흄(David Hume)의 소멸된 자아가 되거나 칸트와 쇼펜하우어의 초월적 자아가 되었다. 그러나 문제는 육체를 상실한 자아는 유아론(solipsism)으로 빠진다는 것이다. 어떻게 언어가 세계를 재현하는가에 초점을 맞춘 「논리-철학 논고」(*Tractatus Logico-Philosophicus*)의 문제점은 말할 수 없는 것의 일부인 초월적인 자아를 언어가 가리킬 수 없다는 것이다. 그럼에도 불구하고 「논고」에서 '나'는 세계를 지시한다. 맥클랜던은 다음과 같이 질문한다. "어떻게 초월적 자아가 단지 듣기만 하는 자가 아니라 말의 행위자(약 1:22)가 될 수 있는가?"[33] 후기 비트겐슈타인의 해결책은 주체의 사회화라고 할 수 있을 것이다. 언어와 사유 자체보다도 언어와 사유의 주체인 인간을 주목한 것이다. 언어를 발화하는 주체는 사적인 개인도, 내면적 심리도 아니다. 사회적 관계 속에서 존재하는 자아이다. 그러므로 개인이 아니라 공동체가 형이상학의 토대가 될 수 있다.

두 번째 영역인 언어관은 사실의 재현과 지시에서 언어 놀이로 변한다.[34] 근대의 언어관의 전형은 버트란드 러셀(Bertrand Russell)의 언어 철학이다. 그가 보기에 언어의 의미는 언어가 세계를 지시하는

---

32) *Witness*, 245-49.
33) *Witness*, 246.
34) *Witness*, 249-55.

데 있으며, 이처럼 언어의 지시성은 주관적 경험에 기초하기 때문이
다. 예를 들어 '여기에 코끼리 한 마리가 있다'라는 객관적 진술은 '나
는 지금 여기에서 코끼리 한 마리의 감각 자료를 가지고 있다'는 주
관적 언어로 환원될 수 있다. 이러한 주장의 전제는 언어는 세계와
분리되어 있고, 순수 무구하다는 생각이다. 하지만 언어의 의미는 그
언어가 사용되는 맥락, 즉 '언어 놀이'(language game) 안에서 이해
될 수 있다. 놀이라는 개념은 언어가 사회적 활동이라는 것을 가리킨
다. 인간의 내적이고 주관적인 경험이 아니라 공적인 사회의 영역이
의미를 보장한다.

　세 번째로 인식론의 영역에서는 기초주의의 부정으로 나타난
다.[35] 맥클랜던은 비트겐슈타인의 인식론의 영역에서 변화는 종교
관의 변화에서 찾아낸다. 종교적 경험은 지각 자료(sense data)로
환원되지 않는다. 경험을 지각 자료로 번역하는 것을 콰인은 '환원
주의적 독단'(reductionist dogma)이라고 하였다.[36] 즉 "의미 있는
모든 담론은 직접적인 경험에 관한 언어로 번역될 수 있다." 그러
나 문장은 직접적인 경험이나 원자적으로 분석될 때에 의미를 가지
는 것이 아니라 신념의 전체 체계 안에서 주어진다. 죽음 이후의
삶을 생각하는 오스트리아의 장군의 발언을 어떤 사람들은 우스꽝
스러운 것으로 여기지만, 다른 이들은 의미 있는 것으로 받아들인
다. 왜냐하면 양자는 서로 다른 생활양식과 종교적 그림을 가지고
있기 때문이다.[37]

---

35) *Witness*, 255-60.
36) Murphy & McClendon, "Distinguishing Modern and Postmodern Theologies", 199-200.

비트겐슈타인에 따르면 종교적 신앙은 그 신앙이 내저인 문법에 의해서 이해된다. 인식의 정당화를 위한 확고한 기초는 우리가 소유하고 있는 전 체계 안에 존재한다. "우리는 이 밑바닥 벽에 관해, 그 것은 집 전체에 의해서 떠받쳐지고 있다고 거의 말할 수 있으리라.",38) "그래서 비트겐슈타인은 근대의 기초주의 인식론으로부터 명백하게 벗어나고, 상호 의존적인 이해의 망(web)으로 대체하고 그가 창안한 탈현대 세계의 표지인 실천을 공유한다."39)

이상에서 보는 바와 같이 근대 철학의 전 영역이 새로운 철학으로 전환하였다. 이것을 기초주의의 붕괴라고 할 수 있을 것이다. 근대적 기초주의의 붕괴를 신학계에서는 적극적으로 환영하는 분위기이다.40) 왜냐하면 신학의 정당한 기초를 묻는 철학의 도전에 신학 역시 기초주의적 사유 방식을 추종할 수밖에 없었고, 기독교 신학의 왜곡을 초래하였기 때문이다. 철학적 기초주의의 도전으로 기독교 신앙을 기초주의적 방식으로 해석하고 재구성하던지 아니면 맹목적인 비합리적인 행위로 전락하던지 양자 중 하나를 선택해야 했다. 이것은 결국 기독교로 하여금 근대의 도전에 자기 자신을 방어하도록 전력투구하도록 하였다. 반면에 새로운 위기와 함께 기회를 제공하는 탈현대나 반기초주의에서 긍정적인 면을 더 주목하는 것이다.41)

---

37) Ludwig Wittgenstein, "종교적 언어: 말할 수 없는 말", in 서광선 · 정대현 편역, 「비트겐슈타인」(서울: 이화여자대학교 출판부, 1980), 238-39.

38) Ludwig Wittgenstein, 「확실성에 관하여」(이영철 역. 서울: 서광사, 1990), §248.

39) Witness, 259.

40) 배국원, "반기초주의와 신학", 56-58.

신학의 기초주의 지향은 첫째, 기독교 신앙의 정체성을 철학적 기초로 번역하거나 변증하는 것이다. 변증 신학의 가장 대표적인 경우가 슐라이어마허(Friedrich Schleiermacher)이다. 그는 종교의 본질을 그 당시 지식인들의 이성에 납득할 수 있도록 설명하기 위해 인간의 보편적 경험과의 공통 근거를 통해 기독교 신앙을 변증하려고 하였다. 이렇게 해서 발표된 그의 최초의 작품이 그 유명한 「종교론」이다.42)

그 변증의 과정은 기독교 신앙의 독특성을 상실하는 우를 범하게 된다. 한스 프라이(Hans Frei)는 슐라이어마허와 같이 기독교를 일반적인 토대 위에서 설명하려고 하는 신학을 '중재 신학'(mediating theology)라고 정의하면서, 이들의 결정적인 과오는 기독교를 기독교 밖의 범주로 기독교를 변증하려는 것이라고 말한다. 그는 근대 신학들이 "성경 이야기를 다른 이야기와 더불어 다른 세계 속으로 맞추는 것이지, 그 세계를 성경 이야기 속으로 끌어들이는 것이 아니다"라고 지적한다.43)

---

41) *Witness*, 186.

42) Friedrich D. E. Schleiermacher, 「종교론: 종교를 멸시하는 교양인을 위한 강연」, 최신한 옮김(서울: 한들출판사, 1997). 그런 점에서 반기초주의 신학은 변증하지 않는 신학이다. 반기초주의 신학을 자유주의 신학과 달리 변증하지 않는 신학이 되어야 한다는 점을 역설한 것은 윌리엄 플래처이다. 그는 변명하지 않는 신학의 과제는 첫째, 종교와 과학의 관계, 둘째, 타 종교의 문제, 셋째, 수정주의(revisionist)와 탈자유주의(postliberal) 신학의 방법론의 문제를 대화의 관점으로 풀어낼 수 있다고 말한다. Placher, *Unapologetic Theology*.

43) Hans Frei, 「성경의 서사성 상실」, 이종록 옮김(서울: 한국장로교출판사, 1996), 153-185. 변증하려는 시도를 플래처는 초월의 길들여진 것이라고 말한다. William C. Placher, *The Domestication of Transcendence: How*

둘째, 근대의 기초주의는 신학의 이분법적 분열을 낳았다. 맥클랜던은 다음과 같이 말한다.

  기초주의를 수용한 신학자들은 대다수가 그랬듯이, 의미 있는 주장이 아니라는 것을 점차적으로 수용하던지 아니면 오로지 정서적이고 문화적인 의미에만 집중함으로써 지식의 영역에서 종교적 지식을 제거하였다.[44]

기초주의의 전제를 이미 수용하게 되면 종교적 진술은 객관적 사실에 대한 보도로서 가치가 있거나, 사실성이 없이 단지 인간의 내면적 경험을 표현하는 것으로서 의미가 있게 된다.

  머피는 이 점을 더 깊이 천착하여 근대 신학 전체를 기초주의 수용의 역사이며, 이 양자 사이의 피할 수 없는 선택으로 설명한다. 그녀는 「자유주의와 근본주의를 넘어서」에서 기독교 신학은 경험과 성서 중 하나를 신학의 기초로 택일하도록 강요당했다고 말한다.[45] 자유주의 신학은 종교 경험에서 신학의 기초를 찾고자 하였다. 비록 종교 경험이 전적으로 보편적인 경험이 아니기는 하지만, 신학의 확실성을 담보해 주는 길이라고 생각하였다. 독특한 예수 그리스도의 삶과 가르침은 인간의 보편적 추구와 종교적 열망의 완성으로 이해

Modern Thinking about God Went Wrong(Louisville: Westminster/ John Knox Press, 1996). 배국원, "반기초주의와 신학", 44에서 재인용. 그리고 기독교 윤리학의 영역에서 변증과 번역 신학의 문제점을 지적하고 기독교 윤리의 독특성에 기초한 윤리를 모색한 획기적인 작품은 존 요더의 책이다. Yoder, Ibid.

44) *Convictions*, 10.
45) Murphy, *Beyond Liberalism & Fundamentalism*, 11-35.

하였다. 반면에 보수주의 신학은 하나님의 말씀으로서의 성서에서 발견하고자 하였다. 인간 경험의 확실성을 받아들일 수 없는 보수주의는 하나님의 계시인 성서에서 신학의 토대를 구하였다. 성서는 계시를 오류 없이 담지하기 때문이다.

이렇듯 자유주의는 이성이 아닌 경험이나 윤리에서 기초를 찾았다는 점에서 근대에 저항한 점이 있기는 하지만, 결국 신학의 기초를 세우려고 하였다는 점에서 기초주의의 요구에 굴복한 셈이다. 반면에 보수주의는 성서가 역사적 산물이라는 근대의 역사적 방법에 저항은 하였지만, 성서가 이성과 같은 무오류한 기초가 된다고 주장한 면에서 자유주의와 마찬가지로 기초주의에 순응하였다. 이렇게 신학의 확실한 기초를 추구하는 것은 부적절한 태도일 뿐 아니라 대립과 갈등을 빚었다. 따라서 기초주의의 붕괴는 그동안 신학이 수용에 따른 불만족스러운 이분법적 선택과 갈등, 그리고 세속적 요구와 한계 안에 자신을 가두었던 바벨론 포로 생활로부터의 해방을 의미하는 것이다.

스탠리 그렌즈 역시 신학의 과제는 계몽주의 이전으로 되돌아가려는 근대주의를 옹호하는 것이 아니라 새로운 지적인 흐름을 기독교적 시각을 통해서 이해하려는 시도여야 한다고 주장한다. 즉, "그리스도의 제자로서 우리의 과제는 불변하는 기쁜 소식이 유용한 구원이라는 것을 새로운 모든 세대가 이해할 수 있는 방식으로 구현하고 명료하게 하는 것이다."[46] 그래서 머피는 반기초주의 신학이 "좌와 우의 기독교인들 사이의 고통스럽고 논쟁적인 균열을 치료할 것"

---

46) Stanley Grenz, *A Primer on Postmodernism*(Grand Rapids: Eerdmans, 1996), 174.

에 대한 소망을 피력한다.[47] 결론적으로 반기초주의는 근대 신학의
양자택일적 갈등을 해소할 수 있는 방법이 될 수 있을 것이다.

Ⅲ. 왜 반기초주의인가?

배국원에 따르면 20세기 말의 신학을 조감함으로써 현재 진행되
는 21세기의 신학적 상황을 예감할 수 있는 좋은 지표가 탈현대 논
쟁이라고 말한다.[48] 지난 1980년대부터 인문 사회과학 영역뿐 아니
라 미술, 음악, 사진 등의 거의 모든 영역에서 중요하게 다루어진
논의가 탈현대 논쟁이었다. 신학계 역시 탈현대 상황에 대한 다양
한 신학적 숙고와 반응으로 점철되었다. 탈현대 상황에 대한 신학
적 반성의 결과가 '탈현대 신학'(Postmodern Theology)이다. 그러
나 탈현대 신학이라는 이름표를 붙이기에 공통점이 없어 보일 정도
로 다양하고 상충하는 것이 사실이다. 하지만 이러한 신학적 경향
을 포괄할 수 있는 용어가 바로 반기초주의이다. 그러므로 지난 20
세기는 반기초주의라고 명명할 수 있는 철학적 경향이 점증하였던
시대라고 정의할 수 있다.[49]

---

47) Murphy, Ibid., 156. 머피의 소망을 스탠리 하우어와스는 맥클랜던이
　　성취했다고 평가한다. 즉, 하우어와스는 맥클랜던이 근본주의와 자유주
　　의 사이의 불행한 양자택일을 해야 하는 곤경을 탈피하는 대안을 제시
　　하였다고 말한다. *Christian Century*, November 15, 2000, 1180.
48) 배국원, "반기초주의와 신학", 「복음과 실천」, 28집(2001 가을): 33-35.

> '반기초주의'는 다양한 후기 근대 신학들이 공유하고 있는 특정한
> 학문적 정서를 지시함과 동시에 신학의 미래에 대한 희망을 함축하
> 고 있는 것으로 보인다. (중략) 반기초주의라는 단어가 현재 신학의
> 위치와 미래를 말해 줄 수 있는 훌륭한 기상도와 같은 역할을 할
> 수 있으리라는 기대감이다.[50]

반기초주의라는 용어는 기초주의에 대한 반대를 뜻하는 것으로
기초주의에 근거한 철학과 신학에 대한 거부를 의미한다. 기초주의
의 거부는 곧 '철학의 종말'을 지시한다.[51] 철학의 종말이라는 말에
서 철학은 근대 철학을 가리키고, 종말이라는 것은 근대가 추구하
던 토대의 붕괴를 의미한다. 더 나아가 확실한 "기초 따위는 아예
존재하지 않을지도 모른다는 허탈감의 확산"의 표현이 철학의 종말
인 것이다. 그러므로 철학의 종말이라는 용어는 근대 철학이 확신
했던 기초의 붕괴와 그 이후에 관한 논의이다. 즉, 철학의 종말은
근대 철학의 기초 붕괴 이후에 관한 것이다.

위에서 설명한 바대로 기초주의는 요약하면 어떤 신념이나 지식
이 정당화되기 위해서는 확고한 기초 위에 있어야 한다는 사고이
다. 데카르트 이후로 서양의 근대는 이성이 그 기초를 제공한다고
믿었다. 그런데 이 정의에서 주목해야 할 것은 어떤 지식이 정당화
되기 위해서는 기초를 필요로 한다는 요구한다는 사실이다. 이 요
구에 관심을 기울이는 것은 기초주의가 신학 또한 이성적 기초 위
에 서 있지 않으면 정당화될 수 없는 맹목적 신앙이라고 판정을 내

---

49) John Thiel, *Nonfoundationalism*(Minneapolis: Fortress Press, 1994). 1.
50) 배국원, Ibid., 35. 배국원은 postmodern을 후기 근대로 표기한다.
51) 배국원, 「현대 종교 철학의 이해」(서울: 동연, 2000), 10.

리기 때문이다. 그래서 신학은 자신의 정당성을 입증하기 위해서 한편으로 신학의 본성이 이성적임을 강하게 주장하거나 다른 한편으로는 합리적 요소가 사라진 신념이라고 주장하게 되었다.[52]

기초주의가 왜 문제가 되었는가? 그것은 기초주의의 요구가 부적절하기 때문이다. 기초주의의 요구가 부당한 까닭은 무엇보다도 신학의 본성과 반대된다는 점이다. 신학의 기초는 하나님의 유일한 계시인 그리스도 외에는 어떠한 것도 기초가 될 수 없다는 것이 기본 신념이다. 그리스도는 표적이나 이성이 아니라 오직 믿음에 의해서 인식된다. 그럼에도 불구하고 근대가 요구한 확고한 기초를 위해 역사적 예수의 삶의 확실성을 거부하거나, 또는 예수의 삶을 이성적 방식으로 재구성하려고 시도하였다. 그 결과 역사를 통한 예수의 이해가 예수의 진정성에 대한 의심만 초래할 뿐이다.[53]

이 작업이 문제가 되는 것은 신앙의 기초인 예수를 철학적 이성이나 역사적 사실에 의해서 판단하였다는 것이고, 이성과 사실로는 성서 안에 계시된 예수 그리스도를 온전히 파악할 수 없다는 데 있다. 바울이 말한 바와 같이 이성의 눈으로 보면 예수의 삶은 거리끼고 미련한 걸림돌에 불과하다. 기독교 신학의 기초주의적 출발점

52) *Convictions*, 10.
53) James Wm. McClendon, Jr., "Theology", William M. Pinson, Jr. & Clyde E. Fant, Jr., *Comtemporary Christian Trends: Perspectives on The Present*(Waco: Word Books, 1972), 174. 성서에 대한 역사적 예수의 탐구의 의의와 그 한계에 관해서는 다음을 보라. Van A. Harvey, *The Historian And The Believer: The Morality of Historical Knowledge And Christian Belief*(New York: The Macmillan Company, 1966). Allan. Culpepper, "Story and History in the Gospels", *Review and Expositor*, vol.81(1984): 467-78.

은 복음의 왜곡을 초래한다는 것을 스탠리 하우어와스는 다음과 같이 말한다. "그런 점에서 기독교 신학은 출발점을 가질 수 없다. 정확히 말해서 그러한 출발점은 안정성을 세상에 보증하려고 하고, 부활이 영원히 문젯거리가 되는 원인과 결과의 양식으로 역사를 굴복시키도록 노력할 것이기 때문이다."[54] 그렇다면 신학의 영역에서 벌어지는 전투는 기독교 신앙을 철학적 기초 위에 세우려는 것을 거부하는 것과 함께 예수 그리스도를 신학의 유일한 규범으로 삼는 것이어야 할 것이다.

신학의 출발점 자체에 대한 의문 제기는 반기초주의가 무조건 모든 기초를 부정하는 것이 아닌가 하는 우려를 낳기도 한다. 실제로 그의 말은 이러한 혼선을 불러일으킨다. "우리는 더 이상 근저를 발견할 수 없다."[55] 신학을 위한 토대를 찾을 수 없다는 것은 학문 자체의 부정이며, 상대주의로 치달을 위험을 안고 있다. 모든 학문이 그렇듯이 신학이 하나의 학문인 한에 있어서 나름대로의 토대와 방법을 갖추고 있다. 기초의 부정이 아니라면, 그는 무엇을 반대하는가?

맥클랜던의 반기초주의는 기초 자체의 부정은 아니다. 그는 신학

---

54) Stanley Hauerwas, "Reading James McClendon Takes Practice: Lessons in the Craft of Theology", *Wilderness Wanderings: Probing Twentieth-Century Theology and Philosophy*(Boulder: Westview Press, 1997), 177.

55) James Wm. McClendon, Jr., "How is Christian Morality Universalisable?" D. W. Hardy, & P. H. Sedgwick, ed, *The Weight of Glory: A Vision and Practice for Christian Faith: The Future of Liberal Theology: Essays for Peter Baelz*(Edinburgh: T & T Clark, 1991), 341.

함에 있어서 어떠한 기초두 부정하거나 불필요한 것으로 간주히지
않는다. 그의 반기초주의는 '기초'에 대한 반대가 아니라 '기초주의'
에 대한 반대이다. 즉, 맥클랜던의 반기초주의 신학은 기초주의가
전제하는 기초를 거부한다는 점에서 반기초주의 신학이다.[56] 예를
들어 기독교 철학이 하나님으로부터 소외된 세상에 의존하는 올바
른 주장을 펼치는 기독교의 진리를 의미한다면 그것은 불가능하다.
하지만 복음을 설명하기 위해 일시적이고 잠정적으로 철학적 내용
과 스타일을 받아들일 수는 있을 것이다:

> 그럼에도 이것은 여기서 거부하는 기초적 작업이 될 수 있다는
> 것이 결코 아니다. 철학은 다른 사람들 못지않게 기독교인들이 철학
> 을 하더라도 세속적인 지식의 빛으로 세속적인 작업을 수행하는 것
> 이다. 그리스도인이든 아니든 문화에 대한 자기 반성적인 작업인 철
> 학은 그리스도인의 삶과 신앙의 외적 토대를 제공하지 않는다.[57]

신학에 철학이 소용되지만, 궁극적으로 철학이 신학의 기초가 될
수 없다 맥클랜던의 반기초주의는 철학을 원천적으로 부정한다는

---

56) 물론 토마스 타이저(Thomas J. J. Altizer)와 마크 테일러(Mark C.
Taylor) 등과 같은 해체 신학자들은 모든 기초를 부정하는 것으로 보
인다. 그래서 데이비드 그리핀(David Griffin)은 테일러를 철거적 탈현
대 신학자라고 한다. David Griffin, William A. Beardslee, Joe Holland,
Varieties of Postmodern Theology(Albany: State University of New
York Press, 1989), 29-62. 그리고 틸리는 탈현대 신학을 그리핀과 데
이비드 트레이시의 건설적 탈현대주의, 알타이저, 테일러, 에디스 위쇼
그로드의 철거적 탈현대 신학, 린드벡의 탈자유주의 신학, 그리고 구티
에레즈, 샤론 웰치, 그리고 맥클랜던을 공동체적 실천의 신학으로 구분
한다. Tilley, *Postmodern Theologies*, 45-69.
57) *Witness*, 186.

점에서 모든 기초의 거부가 아니며, 철학자들이 제시하는 기초의 거부라는 것을 명백하게 보여준다. 이 점을 하우어와스는 "시작할 위치가 없을 때 시작하기"라고 말한다.[58] 그가 보기에 맥클랜던의 신학은 출발점을 근본적으로 부정하는 것이 아니라 근대적 방법과 다른 출발점을 갖고 있을 뿐이다. 근대와 다른 출발점을 가지는 까닭은 근대적 의미의 출발점은 부활의 역사를 원인과 결과의 형식에 종속시키며, 안정성을 부여하는 것은 세상이 되기 때문이다.

Ⅳ. 왜 맥클랜던인가?

배국원은 반기초주의가 새로운 신학적 흐름을 알려주는 지표라는 점에 동의하면서도 두 가지 문제점을 지적한다.[59] 하나는 신학자들이 반기초주의에 대해 흥분하는 것은 반기초주의에 대한 오해의 결과가 아닌가 하는 것이다. 대표적인 반기초주의자인 콰인의 경우 종교에 대해 철저히 무관심하고, 자유주의자인 리처드 로티가 보수주의자들의 반기초주의 전선에 참여하는 것을 달가워하겠는가 하는 것이다. 심지어 그들의 "눈에 비친 신학자들은 사실 기초주의 철학자들보다도 훨씬 더 근본적인 기초주의자들, 즉 성서와 교리의 기

---

58) Hauerwas, "Reading James McClendon", 176-77.
59) 배국원, "반기초주의와 신학", 59-64.

초를 절대로 포기할 수 없는 사람들인데 왜 반기초주의에 열광하는
지 전혀 이해가 되지 않을 것이다."

1. 기초주의를 반대하는 반기초주의자

여기서 다시 한번 반기초주의에 대한 개념 정의를 할 필요가 생
긴다. 철학자들이 신학은 본래적으로 기초주의적일 수밖에 없지 않
느냐는 지적은 반기초주의를 어떻게 이해하느냐에 달려 있다. 만약
에 반기초주의가 '기초'(foundation)에 반대하는 주의(ism)라면, 자
기모순에 빠지게 된다. 왜냐하면 기독교 신학은 철저히 기초주의일
수밖에 없기 때문이다. 기독교 신앙과 신학은 예수 그리스도의 십
자가와 부활 사건, 성서, 그리고 무엇보다도 삼위일체가 확고한 기
초이므로 기초에 반대하는 반기초주의라면 신학은 기초주의일 수밖
에 없다. 배국원의 지적처럼 기초주의일 수밖에 없는 신학이 기초
주의의 몰락을 환영하는 것은 무지나 오해일 것이다.

그러나 반기초주의가 '기초주의'에 반대하는 것이라면, 신학은 반
기초주의일 수 있다. 다시 말하면 반기초주의를 근대적 의미의 기
초주의를 거부하는 것이라고 본다면 가능하다. 근대에서 기초주의
는 절대적 확실성과 오로지 이성에 의한 정당성만을 주장하였다.
그러나 소사의 피라미드와 뗏목의 비유와 콰인의 의미의 전체론에
서 보듯이 반기초주의는 단 하나의 부동의 확고한 기초를 부정하
고, 다양한 기초들의 유기적 연관성으로 이해하고 있다는 점에서
신학은 반기초주의적일 수 있을 것이다.

실제로 포스트모더니즘의 대표적 사상가인 장 프랑스와 리오타르 (Jean-François Lyotard)는 근대적 의미의 정당화를 거부하면서도 불일치에 의한 정당화를 주장한다.[60] 그는 탈현대적 정당화의 전제는 각 언어 놀이들이 이질적이며, 대화의 목표가 합의가 아니라 도리어 불일치를 추구하는 것이라고 한다. 즉 근대적 정당화가 이성으로의 환원에 따른 다양성의 배제를 극복하기 위해서 환원될 수 없는 각 언어 놀이들의 이질성을 주장한다. 그러므로 반기초주의는 모든 기초를 거부한다는 의미에서 반기초주의가 아니라, 단 하나의 유일한 토대를 구축하려는 근대적 기초주의의 거부로 이해하는 것이 타당하리라 보인다.

2. 상대주의 없는 다원주의자

배국원의 두 번째 문제 제기는 반기초주의를 신학이 반기는 것이 신앙의 우선권을 확보하려는 것으로 보이는데, 그것은 결국 '비트겐슈타인적 신앙주의'(Wittgensteinian fideism)와 같이 맹목주의로 전락할 가능성이 있다는 것이다.[61] 실제로 반 후이스틴(J. Wentzel van Huyssteen)도 배국원과 마찬가지로 반기초주의의 문제점 중 하나는 반기초주의의 합리성은 결국 상대주의를 벗어나지 못한다는 것을 지적한다.[62] 그는 탈현대 상황에서 신학의 세 가지 고민

---

60) Jean F. Lyotard, 「포스트모던적 조건」, 이현복 옮김(서울: 서광사, 1992), 133-45.

61) 배국원, Ibid., 61-64.

(trilemma)을 제시하는데, 첫째는 전통과의 연속성을 유지하면서 신학을 의미 있게 보존할 수 있는가 하는 것과, 둘째는 다원주의를 존중하고 권장할 수 있는지, 그리고 마지막으로 권위적인 인식론의 억압에 저항할 수 있는가 하는 것이다.[63]

그렇다면 반기초주의가 맹목주의나 상대주의에 빠지는 원인은 무엇인가? 배국원이 보기에 반기초주의가 맹목적 신앙주의의 위험을 갖는 것은 다원주의에 대한 관심의 결핍이 원인이다. 그는 다음과 같이 말한다. "다원주의에 대한 관심이 결여되었다는 사실은 탈현대 상황에서 신학의 올바른 위상 정립을 위해 치명적인 약점이 될 수 있다." 이 지적은 타당한 것으로 보인다. 대표적인 반기초주의 신학자라 할 수 있는 조지 린드벡(George Lindbeck)의 경우에 진리를 '체제 내적 진리관'(intrasystematic truth)으로, 신앙은 '본문 내재성으로서의 신앙'(faithfulness as intratextuality)으로 이해하는 것은 다원적 상황에 대한 관심의 결여를 입증해주는 것이며, 더 나아가 상대주의로 귀결될 가능성이 있다.[64]

그렇다면 기초주의에서 반기초주의에로 전환하는 과정에서 반기초주의가 갖고 있는 문제점을 맥클랜던은 극복하고 있는가? 더 나아가

---

62) J. Wentzel van Huyssteen, *Essays in Postfoundationalist Theology* (Grand Rapids: Eerdmans, 1997), 73-90. 그리고 Idem., *The Shaping of Rationality*, (Grand Rapids: Eerdmans, 1999), 61-109 참조.

63) van Huyssteen, *Essays in Postfoundationalist Theology*, 75. 배국원, "반기초주의와 신학", 63에서 재인용.

64) George Lindbeck, *The Nature of Doctrine: Religion and Theology in a Postliberal Age*(Philadelphia: The Westminster Press, 1984). 린드벡에 관해서는 다음을 보라. 배국원, "교리의 본질", 「현대 종교철학의 이해」, 127-164.

문제를 해결할 수 있는 대안 능력을 갖고 있는가? 본 연구자는 맥클랜던의 반기초주의 신학은 대안이 된다고 생각한다. 이것은 '많은 반기초주의 신학자들 중에서 왜 맥클랜던인가?'라는 질문에 대한 대답이 되기도 한다.

　그 이유는 다음과 같다. 첫째, 맥클랜던의 가치는 누구보다도 먼저 반기초주의적 신학을 제안하고 전개한 학자라는 점이다. 틸리는 맥클랜던이 하버마스 이전에 오스틴의 가치를 신학에 적용하였고, 리처드 로티의 『철학 그리고 자연의 거울』(*Philosophy And the Mirror of Nature*)에서 반기초주의를 주장하기 전에 이미 제안하였다고 한다.[65] 실제로 맥클랜던 자신도 『확신』의 재판 서문에서 자신이 사용한 용어가 변경되었지만, 자신들의 주장은 변하지 않았다고 말하면서, 자신들이 반기초주의 신학으로의 변화 앞자리에 있었다고 당당히 말한다. "우리는 우리가 시대를 따라잡은 것이 아니라 시대가 드디어 우리를 따라잡은 것이라고 믿는다."[66]

　이런 점에서 맥클랜던은 앨빈 플란팅가(Alvin Plantinga)의 개혁주의 인식론(Reformed Epistemology)보다 더 타당성을 갖는다. 플란팅가의 인식론은 고전적 기초주의는 공격하지만, 기초주의의 외연을 확장하여 기독교 신앙 역시 정당한 기초를 갖고 있다고 주장한다. 위에서 보았듯이 더 이상 기초주의가 아니라, 어떤 반기초주의 신학인가를 논하고 있는 시점에서 부적절한 것으로 보인다. 종교를 배제하는 근대적 이성주의를 비판한다는 점에서 플란팅가는

---

65) Terrence W. Tilley, "Why American Catholic Theologians Should Read 'Baptist' Theology", *Horizons*, vol.14(Spring 1987): 131.

66) *Convictions*, x.

반기초주의자이고, 이성의 역할을 강하게 강조하므로 신앙주의는
아니다. 하지만 자기 자신만의 합리성에만 골몰하는 플란팅가는 타
자와의 대화가 부재하게 되고, 또한 타 종교의 합리성 역시 부정할
수 없게 되어 결국 새로운 상대주의로 나아갈 수 있는 여지를 갖고
있다.67)

반면에 맥클랜던은 기초주의를 거부하면서도 다원적 상황에서 기
독교 신학의 적절한 정당성을 제공한다. 그는 다원주의 사회에서
신학의 존재에 관해서 누구보다도 심각하게 고민을 하고 반응하였
다. 더 나아가 탈현대적 다원주의 상황에서 신학의 정당성을 제공
한다. 그는 1974년에 무신론자인 제임스 스미스(James M. Smith)
와 함께 공저한 「종교적 확신의 이해」에서 이 책의 목적을 다음과
같이 설명한다. "이 책에서 우리들의 목적은 우리들의 사회를 파편
적인 것으로 분열시키는 불일치의 요소들을 토론하고, 워즈워스가
불일치적 요소를 하나로 만들 수 있는 '비밀스러운 수수께끼 같은
장인'(dark inscrutable workmanship)이 무엇인지를 발견하는 것이
다."68) 이 목적을 이 책의 재판인 「확신」에서는 '정당화에 관한 우
리들의 다원주의적 접근 방법'을 제시하는 것이라고 말한다.69) 그

---

67) *Witness*, 276-78. 배국원 역시 맥클랜던과 같이 개혁주의 인식론이 상
　　대주의의 위험을 동반하고 있다고 지적한다. 배국원, 「현대 종교철학의
　　이해」, 126.

68) James Wm. McClendon, Jr, & James M. *Smith, Understanding
　　Religious Convictions*, vii. 틸리는 1987년 현재까지 무신론자와 함께 기
　　독교인이 쓴 책은 없는 것으로 본다고 말한다. Tilley, Ibid., 131.

69) *Convictions*, ix. 이 작품에서 그들은 다원주의 사회에서 기독교 신앙의
　　정당화는 어떻게 가능한가를 답하고 있다. 오스틴의 화행 이론(Speech
　　act theory)을 통해서 다원주의 사회에서 정당화의 세 가지 요소를 제

런 점에서 반기초주의자들 중에서 다원주의를 심각하게 고민하고
있다는 점에서 맥클랜던의 가치가 있을 것이다.

다원주의에서의 맥클랜던의 의의는 탈자유주의 신학(postliberal
theology)과 비교하면 더 분명해진다. 탈자유주의의 특성을 윌리엄
플래처는 다음과 같이 설명한다.[70] 첫째, 반기초주의자
(non-foundationalist)이다. 즉, 인식은 항상 이미 해석된 것이기 때
문에 비지시적(non-inferential)이고, 자명한 신념이라는 생각은 거부
되어야 한다고 믿는다. 둘째, 체계적인 변증학에 개입하지 않는다.
이들은 비기독교적인 철학이나 문화로 그리스도교 신앙을 체계적이
고 조직적으로 설명하려고 하지 않으며, 단지 간접적이고 임시적(ad
hoc) 관계를 형성하고자 한다.[71] 셋째, 종교들 간에 공통적인 것을
추구하기보다는 차이점을 모색한다. 종교들 간의 이해는 일치를 지

공한다. 첫째, 우선적 조건(Primary conditions)으로 그 공동체의 관습
을 전제로 해야 하고, 둘째, 지시적 차원(Representative conditions)으
로 언어나 확신과 사실 사이의 일치를 가져야 하고, 마지막으로 정서
적 차원(Affective conditions)으로 정당화는 단지 말이나 이론의 차원
에서 그치지 않고, 실천되어야 한다. 이에 관해서는 본 연구의 3장인
'반기초주의 신학의 정당화: 실천'과 4장인 '반기초주의 신학의 다원
성: 상대주의 없는 다원주의'에서 다루게 될 것이다.

70) William Placher, "Postliberal Theology", David Ford, ed. *The Modern
    Theologians: An Introduction to Christian Theology in the Twentieth
    Century*(Basil: Blackwell Publishers, 1991), 344-5.

71) 이러한 임시적 변증학에 관해서는 다음을 보라. Hans Frei, "Ad Hoc
    Correlation", in George Hunsinger & William C. Placher, ed. *Types
    of Christian Theology*, (New Haven: Yale University Press, 1992),
    70-91; William Werpehowski, "Ad hoc apologetics", *Journal of
    Religion*, 66(1986), 282-301.

향할 필요도 없고 일치에 의존하는 것이 아니기 때문이다. 마지막으로 그리스도인들은 하나님, 교회 공동체, 그리고 자신을 이해하는 데 있어서 성서의 이야기 혹은 이야기를 강조한다.[72] 이들은 성서 이야기 자체가 진리와 공동체의 정체성을 보존하는 방법이라고 생각하기 때문에 성서에서 교리나 도덕적 교훈을 이끌어 내려는 시도를 거부하는 것이다.

맥클랜던은 이상에서 설명한 탈자유주의 신학의 네 가지 특징을 고스란히 갖고 있다. 반기초주의적이고 변증하지 않으며, 종교 간의 관계에 있어서 공통점보다는 차이를 강조하는 것, 그리고 성서 이야기를 강조한다는 점은 맥클랜던을 탈자유주의 신학의 범주에 포함시켜도 될 것이다.

그럼에도 그는 탈자유주의의 위험성을 지적한다. 탈자유주의는 한마디로 기독교의 독특하고 고유한 정체성을 옹호하는 과정에서 다원 사회에서 고립될 위험을 안고 있다. 예를 들어 린드벡의 경우, 그의 체제—내적 진리관이나 본문 내재성으로서의 신앙은 객관적 실재와의 분리라는 위험 요소를 내포하고 있다.[73] 또한 플래처의

---

72) 이야기 신학과 탈자유주의 신학의 관계에 대해서 배국원은 다음과 같이 차이를 설명한다. "두 신학 모두 기독교가 근대 자유주의 신학의 위협에 의해 자기 정체성을 박탈당할지 모른다는 위기감에서 비롯되고 있다는 공통점을 가지고 있다. 단지 그 해답을 이야기 신학은 성서적 기사의 자율성에서 찾으려 하고, 탈자유주의 신학은 교리적 고백의 자율성에서 찾으려 하는 점이 틀리다고 할 수 있다." 덧붙여서 그는 탈자유주의 신학이 예일 학파와 밀접한 관계를 맺고 있어서 전유물이라 할 수 있지만, 이야기 신학은 더 광범위하다고 말한다. 배국원, "교리의 본질", 「현대 종교철학의 이해」, f.n. 7.

73) 맥클랜던은 기독교 신앙이 정당화되기 위해서는 지시적 조건이 필요하다

'변명이 필요 없는 신학'은 타자와의 관계 상실이라는 문제점을 안고 있다. 기독교 신앙의 본질은 교회와 신자의 신앙 문법을 기술하는 것뿐 아니라, 타 종교 공동체에게도 신앙의 정당성을 설명할 수 있어야 한다.[74] 그런 점에서 맥클랜던은 배국원이 우려했던바 린드벡과 달리 다원주의에 대한 적절한 태도를 제시할 수 있는 것으로 보인다.

3. 탈콘스탄틴적 반기초주의자

셋째, 맥클랜던의 반기초주의 신학은 다른 반기초주의자들과 달리 근대적 의미의 기초주의의 거부뿐 아니라 '콘스탄틴적 기초주의'를 거부한다는 점에서 독특하다. 맥클랜던이 다른 반기초주의 신학과 차별되는 특징은 두 가지이다. 먼저 그의 반기초주의 정의를 살펴보자.

> 이 과제를 위한 은유로서, 세 권의 이 책은 보편적 기초에 의존하는 건물 이미지를 거부한다. (1) 그리스도인들이 관심을 가지는 건물은 사도가 우리에게 말하듯이 예수 그리스도 자신 외에는 다른 어떤 기초도 없다.(고전 3:11) 그리고 (2) 그것은 철학자들이 요구하는 기초의 종류가 아니다."[75]

고 말한다. 신앙고백에 있어서 외적 실재가 존재하지 않고, 그 존재와 고백이 상응하지 않는다면 고백과 교리는 무의미하다. *Convictions*, 66 : Murphy, *Beyond Liberalism & Fundamentalism*, 120.

74) *Doctrine*, 430.

이 인용문에서 맥클랜딘은 분명하게 근대적 기초주의를 거부하면서 자신의 독특한 반기초주의를 설명하고 있다. 먼저 예수 그리스도 외의 어떠한 기초도 거부한다는 (1)은 콘스탄틴적(Constantinian) 기초주의의 거부이고, 철학자들이 요구하는 기초와 다른 종류의 것이라는 (2)는 근대적 기초주의 거부를 말한다.[76] 여기서 콘스탄틴주의(Constantinianism)란 교회와 국가의 동일시하는 것을 말한다.[77] 하나님 나라는 미래의 실재일 뿐 아니라 현재의 실재라는 점에서 단지 신자의 내적 상태만은 아니다. 우리의 사회적 관계 속에서 현존하는 실재이다. 그러나 그 실재를 구체적인 문화 이데올로기와 동일시하고, 그 이데올로기에 따라 복음을 해석하려는 시도를 가리킨다. 선교를 콘스탄틴 이후에는 로마의 확장과 동일시하는 것이 좋은 예가 될 것이다.[78] 따라서 그리스도 외에는 어떤 기초도 없다

---

75) *Witness*, 309. 일련번호는 본 연구자가 설명의 편의를 위해 붙인 것이다.

76) '콘스탄틴적(Constantinian) 기초주의'라는 용어는 나의 것이다. 교회의 타락의 시발점을 콘스탄틴 대제 이후라고 보고 콘스탄틴적 기초를 거부하는 아나뱁티스트적 사유 방식을 반기초주의적 관점에서 보며 콘스탄틴적 기초주의 거부라고 명명할 수 있을 것이다.

77) Jonathan R. Wilson, *Living Faithfully In a Fragmented World: Lessons for the Church from MacIntyre's After Virtue*(Harrisburg: Trinity Press International, 1997), 14-15. 침례교회의 종교의 자유에 따른 교회와 국가의 분리에 관해서는 다음을 보라. Walter Shurden, 「침례교의 정체성: 지켜져야 할 네 가지 자유들」, 김태식 옮김(서울: 서로사랑, 1999), 75-88. 그리고 William Tillman, "종교의 자유", Paul Basden, ed. 「침례교 신학의 흐름」, 침례교신학연구소 옮김(대전: 침례신학대학교출판부, 1999), 439-66.

78) John H. Yoder, *The Priestly Kingdom: Social Ethics as Gospel*(Notre Dame: University of Notre Dame Press, 1984), 137. 요더는 콘스탄틴 이전과 이후의 변화에서 국가와의 관계에서 평화주의에서 전쟁과 폭력

는, 즉 그리스도만이 유일한 규범이요 기초라고 주장하는 반기초주의이다.

기독교 신자의 삶과 생각은 복음에 의거해서 결정되고 실천되어야 하지 복음 밖의 다른 근거에 호소해서는 안 된다.[79] 이 말은 성서 외에 세속적인 이데올로기에 신앙의 기초를 두려는 것을 거부하는 반기초주의이다. 침례교인들이 정교분리 정책을 위하고 성서 외에는 어떠한 규범도 절대적 권위로 인정하기를 거부하는 것은 반기초주의적 태도라고 말할 수 있을 것이다.[80] 맥클랜던의 반기초주의는 침례교회의 본래 정신과 일맥상통한 셈이다. 그러므로 맥클랜던이 말한 투쟁하는 신학에서 투쟁의 내용은 콘스탄틴적 기초주의의 거부이다.

> 그 투쟁은 교회가 세상이 아니라는 소박한 사실에서 출발한다. (중략) 그럼에도 불구하고 그것은 교회의 입장과 기본적인 관점, 그리고 신학은 세상의 입장과 기본적인 관점, 그리고 신학이 아니라는 것을 의미한다. 교회의 이야기는 세상의 만족을 위해 세상을 해석하지 않을 것이다. (중략) 교회는 세상이 아니며, 교회의 이야기는 세상이 받아들이는 이야기가 아니며, 교회의 신학은 세상의 신학이 아니다.[81]

의 정당화로, 그리고 교회론에서는 신자의 모임이 교권제도로의 변화가 이루어졌다라고 한다.

79) Wilson, Ibid., 45.
80) James Wm. McClendon, Jr., "The Concept of Authority", *Perspectives in Religious Studies*, vol.16(1989) : 101-7.
81) *Ethics*, 17-18.

이런 점을 간파한 딜리는 맥클랜던이 딜곤스단딘직 싱황에 서해
있는 미국에서 자유교회(Free Church) 전통의 목소리를 맥클랜던
을 통해서 들어야 한다고 강조한다.[82] 실제로 맥클랜던의 신학적
기획은 신자의 교회(Believers' Church)와 자유 교회, 특히 아나뱁
티스트적 전통과 직결되어 있다. 「확신」은 다원적 사회에서 기독교
공동체의 정당화에 관한 저작이라면,[83] 반면에 「조직신학」은 아나
뱁티스트 신학에 근거한 작품이다.[84] "나의 기획은 특별히 내가 침
례교도라고 부르는 그리스도인의 삶과 결부되어 있다."

4. 반기초주의 신학의 규준 제공자

넷째, 맥클랜던은 반기초주의 신학의 규준을 제공한다. 맥클랜던
의 가치는 기초주의의 거부라는 점에서 반기초주의일 뿐 아니라, 반
기초주의의 규준을 제시하였다는 점에서 반기초주의 신학의 가능성
을 제시하여 준다. 그는 다원주의에서 신학의 정당성을 진지하게 고
민하였다는 점에서 그의 가치가 있는 것이 아니라 더 나아가 다원주

---

82) Tilley, "Why American Catholic Theologians Should Read 'Baptist'
　　Theology", 129-37. 그래서 아나뱁티스트는 탈현대 신학자들이 주장하는
　　것처럼 이성의 궁극적 권위를 거부하고 권위의 공동체적 성격을 강조한
　　다는 점에서 탈현대적이다. Scriven, Ibid., 14.
83) 틸리에 따르면, 이 책의 의의는 세속적 무신론자와 함께 공저하였다는
　　것과 오스틴의 가치를 위르겐 하버마스 이전에 발견하였고, 리처드 로
　　티보다 먼저 반기초주의를 주장한 것이다. Tilley, Ibid., 131.
84) Ethics, 19.

의적 상황에서 반기초주의 신학의 정당성을 판별할 수 있는 네 가지 규준을 제시한다는 점에서 큰 의의가 있다. 앞의 인용문에서 (2)는 근대적 기초주의의 거부를 말한다. 철학자들이 요구하는 기초주의와 다르다는 것은 데카르트적 의미의 근대적 기초주의를 반대한다는 것을 말한다. 기독교 신앙에서 유일한 규범인 그리스도는 근대 철학자들의 기초주의와 배치된다. 기초주의는 지식의 확실한 기초를 이성에서 찾는 반면에 신학은 그리스도에 대한 지식을 계시와 신앙에서 찾는다는 점에서 양립할 수 없다.

그가 제시한 규준은 다음과 같다. 첫째, 신학은 다원적이다.[85] 신학은 참된 신학으로 모든 다양성을 배제하고 일치를 추구하는 것이 아니다. 칼 라너는 참된 신학에 근접하도록 시도하는 것이 신학의 과제라고 설명한다. 하지만 신학은 하나님을 하나님으로 인정하는 것이지만, 우리 자신이 어떤 존재인지를 표현한다. 모든 신학은 신학 하는 자의 성품(character)과 삶을 반영하는 것이다. 게다가 하나님은 우리를 각기 다양한 존재로 창조하였기 때문에 신학의 다양성은 마땅한 것이다. 그것은 주관주의가 아닌 것이다. 왜냐하면, 신학은 개인의 신학이기도 하지만, 공동체의 신학이고, 항상 다른 공동체와의 증언과 만남, 상호 비판의 수단이기 때문에 제멋대로의 주관주의에 함몰하지 않는다. 또한 신학의 역사를 볼 때에 신학은 각기 다양했던 것을 알 수 있다. 그런 점에서 신학은 다원적일 수밖에 없다. 이러한 신학의 정의는 기초주의를 부정하는 것이다. 의심할 수 없는 유일한 토대를 추구하는 기초주의와 달리 반기초주의

---

85) *Ethics*, 36-7.

는 기초의 다원성을 주징하는 깃이다. 새로운 신학과 종교 언어는
공통성이 아니라 다원성에 기초하여야 한다.

　둘째, 신학은 이야기에 뿌리를 둔다(narrative-based).[86] 침례교
신학자들의 다양한 신학적 경향에도 불구하고 성서와 경험을 공통
적으로 강조한다. 계몽주의 이후 이 둘 사이의 관계 설정이 무척
어려워진 것이 사실이다. 머피는 근대 철학은 신학이 성서와 경험
중 하나를 선택하도록 강요하였다고 한다. 자유주의는 하나님에 대
한 지식의 기초를 경험에서, 그리고 보수주의는 성서에서 찾았다.
그러나 이러한 양자택일적 선택은 근대 철학의 인식론이 낳은 결과
라는 것이 머피의 주장이다.[87] 그러나 둘의 관계는 이야기를 통해
서 매개할 수 있다. 특별히 맥클랜던은 "침례교도의 비전"을 통해
서 성서와 경험을 연결한다. 반기초주의 신학은 이제 더 이상 성서
와 경험의 양자택일적 딜레마에서 벗어나서 통전적으로 바라볼 수
있는 시각을 얻게 되었다.

　셋째, 신학은 합리적이다.[88] 근대적 상황에서 신학은 비합리적이
라는 비판에 직면하였다. 신학의 주제와 문제인 신의 존재와 종교적
경험이란 것이 기실 공적이고 측정 가능한 것이 아닌 사적이고 주관

---

86) *Ethics*, 37-39. 이야기 신학의 좋은 입문서에 관해서는 다음을 보라.
　　Michael Goldberg, *Theology and Narrative: A Critical Introduction*
　　(Philadelphia, PA: Trinity Press International, 1991). Terrence Tilley,
　　Story Theology(Wilmington, Delaware: Michael Glazier, 1985).
　　Gerard Loughlin, *Telling God's Story: Bible, Church and Narrative*
　　Theology(New York: Cambridge University Press, 1996).

87) Murphy, Ibid., 11-35.

88) *Ethics*, 39-40.

적인 것으로 폄하되었다. 이런 상황에서 신학은 자신의 합리성을 새로운 양식으로 설명하지 않으면 안 된다. 신학의 합리성은 한편으로 다른 학문들이 누리는 합리성과의 대화나 만남이 가능해야 한다. 다른 한편으로 신학을 구성하는 문제들을 논리적이고 일관되게 파악하고 내적인 조직화를 할 수 있다는 것을 말한다. 전자는 타자와의 관계이고, 후자는 자신과의 관계이다.

마지막으로, 신학은 자기 참여적이며 실천과 관련된 활동이다.[89] 신학은 신학의 주제와 대상과 자기 자신을 객관적인 위치에서 중립적인 시각으로 관찰하는 행위가 아니다. 자기 자신의 이야기가 공동체의 이야기와 단절된 것이 아니듯이 신학 역시 공동체의 삶과 생활에 대한 참여에 의해서 테스트 받아야 한다. 그러나 기초주의가 추구하는 신학의 토대는 세계 안에서 행동하는 인간이 아니라 세계와 주객 도식에 의해서 분리되어 고립된 사유하는 개인에 불과하였다. 인간은 세상을 파악하는 존재이기 이전에 세상 안에서 실천하는 존재이다. 맥클랜던이 신학의 문제와 방법으로 제시한 네 가지 특징들의 유용성은 반기초주의 신학의 규준이 될 수 있다는 점이다. 즉, 반기초주의 신학은 다원적 성격, 이야기적 기능, 합리적 본질, 실천적 성격을 가질 때에 타당하고 적절한 반기초주의 신학이 될 수 있다.

맥클랜던의 네 가지 규준은 스탠리 그렌즈가 제시한 탈현대 복음의 윤곽과 상당히 유사하다.[90] 그렌즈는 근대에서 탈현대로의 전환에 따른 탈현대 복음(Postmodern Gospel)의 윤곽을 네 가지로 제

---

89) *Ethics*, 40-41.
90) Stanley Grenz, *A Primer on Postmodernism*(Grand Rapids: Eerdmans, 1996), 167-74.

시한다. 첫째, 탈개인주의적 복음(Post-Individualistic Gospel)이다. 근대의 특징 중 하나는 개인의 고양에 있었으므로 탈현대적 상황에서 복음은 개인적 가치를 상실하지 않으면서도 개인주의를 탈피하고 하나님 나라의 공동체를 건설하는 공동체 지향적이어야 한다. 둘째, 탈합리적인 복음(Post-Rationalistic Gospel)이다. 근대의 표지는 이성의 가치를 높이는 것이다. 언어에서 이성은 이야기가 아니라 명제적 형태로 반영된다. 하나님과 인간의 만남의 이야기를 포섭할 수 있는 개념 범주는 명제보다도 이야기가 더 적절하다. 그런 점에서 명제적 가치를 배제하지 않으면서도 이야기를 통한 합리성을 추구하여야 한다.

셋째, 탈이원론적인 복음(Post-Dualistic Gospel)이다. 근대의 정신과 물질 혹은 영혼과 육체의 이분법은 인간의 통전적인 차원을 잃어버리게 하였다. 즉 한 개인의 전체성과 함께 사회적 관계 속에서 인간의 위치를 회복하는 것이 탈현대적 복음이다. 마지막으로 탈지식중심적인 복음(Post-Noeticentric Gospel)이다. 계몽주의가 지식의 가치를 숭상하는 것은 타당하지만, 전 삶의 영역에서 적절성을 가져야 한다는 요구를 충족하지 못했다. 보다 중요한 것은 사실에 대한 정보를 제공하는 지식이 아니라 우리의 삶과 행위를 형성하고, 지침을 줄 수 있는 신념이 더 중요하다. 이러한 네 가지 윤곽은 새로운 지적인 흐름을 기독교적 시각을 통해서 이해하려는 시도이다. "그리스도의 제자로서 우리의 과제는 불변하는 기쁜 소식이 유용한 구원이라는 것을 새로운 모든 세대가 이해할 수 있는 방식으로 구현하고 명료하게 하는 것이다."

그렌즈가 그려낸 윤곽과 맥클랜던의 규준이 정확하게 일치하는

것은 아니다. 예컨대, 그렌즈가 근대적 합리성을 넘어서는 것으로
이야기를 제시하는 반면에, 맥클랜던은 합리성의 자리인 공동체를
주목한다. 그리고 그렌즈가 탈합리성이라는 용어를 사용하지만, 맥
클랜던은 합리성이라는 단어를 그대로 사용하는 데 아무런 어려움
을 느끼지 못한다. 그럼에도 탈개인주의는 공동체, 탈합리적인 복음
은 합리성, 탈이원론은 실천, 탈지식 중심적 복음은 이야기와 연결
하는 것은 얼마간의 차이가 있음에도 불구하고 그리 큰 무리가 따
르지 않는다.

　하여간에 두 사람의 유사성이 그렌즈가 맥클랜던을 통하여 도움
을 받은 것인지 아니면 그렌즈의 독자적인 것인지는 정확히 알 수
없다. 그리고 그것이 맥클랜던의 독창성을 약화시키는 것으로 볼
필요가 없을 것이다. 왜냐하면 맥클랜던의 통찰의 유효성을 도리어
강화한다고 보아야 할 것이다. 게다가 탈현대적 정황에 적합한 규
준임을 다시 한번 확인하는 계기가 된다.

제3장 반기초주의 신학의 이야기(Narrative)
: 전기(Biography)

    기독교 신학은 한편으로 오늘날 신자가 예배하는 그리스도와 역사적으로 십자가에서 죽으시고 부활하신 성서의 그리스도의 사이를 메워야 하고, 다른 한편으로 성서의 이야기와 지금의 교회 사이의 역사적 간격을 극복해야 한다.[1] 전자는 성서의 역사성에 관한 것이다. 성서에 기록된 그리스도의 사실성 여부에 관해 근대는 치열한 토론을 전개하였다. 반면에 후자는 성서의 현재성에 관한 것이다. 성서의 의미가 현재를 살아가는 그리스도인들에게 하나님의 말씀으로 울려 퍼져야 한다. 역사성에 관한 것은 이야기 신학과 명제 신학의 관계에서, 현재성에 관한 것은 맥클랜던의 독특한 개념인 "침례교도의 비전"을 다루면서 설명하고자 한다. 이를 위해 먼저 왜 이야기가 새롭게 주목받게 되었는가에 관한 논의로부터 시작하고자 한다.

    맥클랜던의 이야기 신학을 검토하기 전에 그가 이야기 신학에서

---

1) *Ethics*, 332-33.

차지하는 비중에 관해 언급할 필요가 있다. 스타이버(Dan R. Stiver)는 맥클랜던의 위상을 과대하게 평가하고 있는 것으로 보인다. 그는 미국 신학계의 이야기 신학에는 세 가지 흐름 혹은 학파가 있다고 말한다. 성서 이야기 자체에 초점을 맞추는 예일 학파(Yale School), 성서 이야기를 보다 넓은 문화적 틀에 위치시키는 시카고학파(Chicago School), 그리고 맥클랜던과 그의 제자들인 테렌스 틸리와 마이클 골드버그를 중심으로 '전기'(Biography)에 초점을 맞추는 캘리포니아 학파(California School)가 있다는 것이다.[2]

그러나 스타이버의 이러한 평가는 지나친 면이 없지 않다. 서론에서도 지적한 바와 같이 맥클랜던의 신학적 저작과 업적이 그에 걸맞은 평가를 제대로 받지 못하는 것이 사실이다. 그렇다고 현재 미국 신학계에서 그의 위치를 시카고학파와 예일 학파와 같은 반열에 두려는 것은 무리인 것으로 보인다. 이것은 아마 스타이버가 맥클랜던과 같은 남침례교인이라는 점에서 기인한 것으로 보인다. 오히려 맥클랜던을 스탠리 하우어와스와 함께 이야기가 기독교 윤리학에서 중요한 역할을 한다는 것을 간파한 학자로 평가하는 것이 더 타당해 보인다.[3] 또는 맥클랜던은 요더, 하우어와스와 더불어

---

2) Dan R. Stiver, 『종교언어철학』, 정승태 옮김(대전: 침례신학대학교출판부, 2001), 232 & 257-68. 그의 제자 중에는 맥클랜던의 아내이면서 종교와 과학의 문제에 관해서 인정받은 신학자인 낸시 머피도 있다.

3) L. Gregory Jones, "Narrative Theology", Alister E. McGrath, ed. *The Blackwell Encyclopedia of Modern Christian Thought*.(Cambridge: Blackwell Publishers, 1993), 396; George W. Stroup, "Narrative Theology", Donald W. Musser, & Joseph L. Price, eds, *A New Handbook of Christian Theology*(Nashville: Abingdon Press, 1992), 327.

아나뱁티스트 신하가 윤리학을 새롭게 전개한 학자로 평기기 정당
해 보인다.[4] 다만 세 사람의 차이는 교파적으로 구분할 수 있을 것
이다. 요더가 정통 메노나이트파 출신의 학자이고, 하우어와스가 감
리교인인 데 반해, 맥클랜던은 미국 남침례교인이다.

I. 서론: 왜 이야기인가?

맥클랜던은 근대를 이야기 배제의 역사로 이해한다.[5] 근대는 인
간 이해의 이야기적 내용을 고의로 억제하였으므로 '이야기 신
학'(narrative theology)의 과제는 근대에서 상실된 이야기의 측면에
주목하여야 한다. 물론 신학의 고유한 모든 작업을 이야기로 대체
하거나 기독교 신앙과 실천을 오로지 이야기로만 말하자는 것은 아
니다. 모든 것이 이야기라면, 이야기가 아닌 것은 무엇인가? 이야기
가 아닌 것, 곧 명제적 형식도 신학에서 그 의의와 가치가 충분히
인정받아야 한다. 다만, 이야기가 성서에서 억압당함으로써 발생한
신학적 문제를 해결해야 하고, 이야기의 정당한 위치를 찾아 주어

---

4) Charles Scriven, "The Reformation Radicals Ride Again", *Christianity Today*, vol.34, no.4.(March 5, 1990): 13-15. 그리고 신원하, "존 요더의 아나뱁티스트적 사회윤리: 그의 교회공동체적 윤리를 중심으로", 「개혁 신학과 교회」, 3호(1993): 119. 맥클랜던은 나와의 인터뷰에서 자신과 하우어와스 사이에는 그 어떠한 신학적 견해의 차이가 없다고 단언하였다.
5) *Witness*, 350.

야 한다.

그러면 왜 그리고 어떻게 근대는 이야기를 억압하였는가? 그리고
이야기 억압에 따른 신학적 손실은 무엇인가? 먼저 전자의 질문을
살펴보자. 맥클랜던이 볼 때에 계몽주의는 종교의 내용을 일관되게
탈이야기로 만들려는 시도를 하였다. 맥클랜던은 자신의 옛 제자인
체드 메이어(Ched Myers)와의 인터뷰에서 다음과 같이 말한다.

> 계몽주의 사상가들은 이야기를 칭찬하려는 의미가 전혀 없는 단
> 어인 신화(myths)라고 말하였다. 그들의 이념은 합리적이고, 확고하
> 고 자명한 철학적 기초를 가져야 하고, 그리고 성서가 말하는 이야
> 기들로부터 완전히 자유로운 신학을 하는 것이다. 그들의 이야기는
> 참된 신학을 설명하려고 했고, 심지어 그것을 예증하려고 했지만,
> 그들은 그것을 할 수가 없었다. 그래서 계몽주의는 인간 실존의 이
> 야기적 성격이 이차적인 위치로 축소되던 시대이다.[6]

위 인용문에 따르면, 근대는 이야기의 상실과 인간의 죽음의 시
대이다. 이야기의 상실은 이야기가 비합리적이고, 확고한 기초를 갖
지 못하는 것으로 무시하였기 때문이다. 근대에서 이야기의 상실의
과정을 고밀도로 분석한 한스 프라이(Hans Frei)의 「성경의 서사성
상실」(The Eclipse of Biblical Narratives)에서 그 원인을 이렇게
설명한다.[7] "단어들과 문장들은 이것들이 말하는 바를 의미했으며,

---

6) Ched Myers, "Embodying the 'Great Story': An Interview with James
   W. McClendon",
   http://www.thewitness.org/archive/dec2000/mcclendon.html; 2001년 5
   월 11일 접속, 1/5.

7) Frei, Ibid., 13-30.

그러했기 때문에, 단어들과 문장들은 다른 것이 아닌 바로 그것들에 의해서만 바르게 제시될 수 있는 실제 사건들과 실제 진리들을 정확하게 서술"하는 것으로 이해되었다. 이처럼 언어가 언어 외부의 사실이나 대상과의 정확한 일치를 추구하는 역사적 비평이 18세기에 등장하면서 문자적 의미와 역사적 의미가 동일시되던 것이 분리되었다.

실제로 이야기는 개인의 주관적 신념이나 공동체의 편견으로부터 자유롭지 못하다. 따라서 계몽주의적 시각과 같이 이야기는 근대적 의미의 확고한 기초가 될 수 없다. 이야기는 계몽주의 세계관으로 보자면 미신과 편견의 산물에 불과하다. 그리고 이야기에서 인간이 배제된 것은 이야기를 말하는 인간을 이성화함으로써 이야기와 이야기의 주체인 인간 사이의 단절을 초래하였기 때문이다. 행위자와 이야기의 분리는 곧 행위자의 삶의 맥락을 고려하지 않고 추상적인 원칙과 합리적인 법칙에 따른 행동의 요구로 귀결된다. "'객관성'은 행위자의 '주관적' 이야기로부터 도덕적 판단이 자유로울 때 도덕적 삶은 얻어질 수 있다고 가정한다."[8] 따라서 이야기는 근대가 지향한 확실성의 기초가 될 수 없다.

이야기의 상실과 인간의 죽음의 원인은 종교와 이야기를 비판 이전(pre-critical)의 미신으로 치부하는 계몽주의 세계관의 고양에 따른 것이다.[9] 사실과 가치를 이분법적으로 구분하고, 사실은 공적인

---

8) Stanley Hauerwas, David Burrell, "From System to Story: An Alternative Pattern for Rationality in Ethics", Stanley Hauerwas, & L. Gregory Jones, ed, *Why Narrative?: Readings in Narrative Theology*(Grand Rapids, Michigan: William B. Eerdmans Publishing Company, 1989), 158-90.

영역으로 과학에 속한다면, 가치는 주관적인 사적인 것으로 종교 등이 포함된다. 당연히 상상력은 망상으로, 이야기는 허구로 치부되고 제 정당한 위치를 빼앗기고 말았다. 그것들은 데카르트가 요구했던 이성의 잣대에 부합하지 못하기 때문이다. 과학적인 실험과 관찰로 입증할 수도, 그렇다고 경험적으로 확인하기조차도 쉽지 않는. 그래서 각자가 다양하게 읽고 해석할 수 있는 것은 허무맹랑한 것으로 근대는 제거하였던 것이다.

하지만 이성 또한 선입견으로부터 자유롭지 못하며, 인간과 지식은 단절되어 있지 않다. 마이클 폴라니(Michael Polanyi)는 과학적 지식이 사람들의 삶의 현실과 이야기와 동떨어진 것이 아니라 이 모든 것을 포함하는 인격적인 참여에 의해 이루어진다는 활동임을 보여준다.[10] 근대 철학이 전제한 순수한 객관적 지식이란 존재하지 않고, 행위자의 인격이 개입되어 있다. 인간의 지식의 정당화는 데카르트와 같이 객관성에 의해서나, 실존주의 철학처럼 주관성에 의해서 이루어지는 것이 아니다. 앎의 주체인 인간의 공통적이고 공유된 삶의 이야기에 의해 정당화된다.[11]

이런 상황에서 근대 신학은 계몽주의적 요구에 굴복하여 성서의

---

9) James B. Wiggins, "Within and Without Stories", James B. Wiggins, ed. *Religion as Story*(New York: Harper & Row Publishers, 1975), 2-3. 근대의 과학적이고 객관적 방법과 그 문제점에 관해서는 다음을 보시오. 강영안, 「주체는 죽었는가: 현대철학의 포스트모던 경향」(서울: 문예출판사, 1996), 39-52.

10) Michael Polanyi, *Personal Knowledge: Towards a Post-critical Philosophy*(Chicago: The University of Chicago Press, 1962).

11) Gill, *On Knowing God*, 96-99.

진정성을 역사적 사실을 통해 확부하고자 하였다. 성서의 역사성을 조사하는 방법론이 역사적 비평적 방법(Historical Critical Method)이었는데, 이는 성서가 역사적으로 확실한 사실에 입각해 있는가를 설명하기 위한 하나의 탐구 방법이었다.[12] 성서란 것도 다른 문헌들과 마찬가지로 이성의 테스트를 통과하지 않으면 안 되었다.

　그러나 성서의 역사적 확실성을 주장하기 위해서 먼저 전제되어야 할 것은 성서가 역사적인 기록물이라는 것이다. 자연 현상에 대한 과학적 탐구가 필요하듯이, 성서는 하나의 역사적 사건의 기록이므로 역사적 방법을 통해 기록의 진실성 여부를 검토할 수 있다고 생각하게 되었다. 진실성을 확보하는 방법으로 사용된 것은 분석적 방법이었다. 성서 본문을 가능한 가장 최소 단위로 잘라서 본래의 의미를 찾아내는 것이다. 하지만 마치 개구리를 해부하면 개구리가 죽듯이, 성서의 분석은 교회 안에서 성서의 기이한 침묵을 초래하였다.[13]

　역사적 방법이 무비판적 경건과 알레고리적 성서 해석에 대한 비판이라는 점에서 의의가 있는 것도 사실이다. 그럼에도 성서를 지나치게 역사적이고 과학적으로 접근하려는 태도는 성서의 의미를 상실하게 되고, 교회를 위한 메시지가 될 수 없도록 만들었다.[14] 성서의 의미는 성서 그 자체로 이해해야 함에도 불구하고, 역사와 과학의 눈

---

12) Allan Culpepper, "Story and History in the Gospels", *Review and Expositor*, vol.81(1984): 468-71. 역사적 비평적 방법에 관해서는 다음을 참조하시오. Edgar Krentz, 「역사적 비평 방법」, 김상기 옮김(서울: 한국신학연구소, 1988).

13) 다음 책을 참조하라. James Smart, 「왜 성서가 교회 안에서 침묵을 지키는가?」, 개정판. 김득중 옮김(서울: 컨콜디아사, 1995).

14) Culpepper, 469-71.

금으로 보았고, 교회 공동체를 위한 기록이 아니라 비판적 역사가의
필요를 충족하기 위한 책으로 전락하였다.

성서에서 중요한 것은 외적인 역사와의 일치 여부가 아니라 성서
그 자체와 스타일이 더 중요하다.[15] 그리고 과거의 사실적 정확성에
만 관심을 두기 때문에 교회 공동체를 위한 현재적 의미를 잃어버린
다. 역사적 요구 앞에 굴복한 성서는 더 이상 교회 안에서 울려 퍼질
수 없었던 것이다.[16] 그 결과 예수의 역사적 확실성의 추구는 예수
에 대한 의심으로 종결되었다.[17]

루돌프 불트만은 성서의 역사성을 의심하는 대표적인 학자이다.
그는 성서를 역사가 아니라 신화로 이해한다. 불트만의 신화 이해
처럼 신화는 역사적 사실을 담지하는 것이 아니라, 신화를 말하는
자의 자기 이해를 반영할 뿐이다.[18] 자유주의 신학과 달리 성서의
신화적 요소는 비역사적이므로 제거되어야 할 요소들이 아니라, 신
화 속에 감추어진 인간의 자기 이해를 신앙적으로 해석해 내는 작
업이 신학의 과제가 되었다. 여기서 주목해야 할 것은 불트만이 자

---

15) *Ethics*, 330.
16) George W. Stroup, *The Promise of Narrative Theology*(Atlanta: John
    Knox Press, 1981), 28-30. 스트룹은 성서의 침묵은 기독교 정체성의
    위기를 초래하였고, 그 징후가 곳곳에 드러나고 있다고 한다.
17) James Wm. McClendon, Jr., "Theology", Pinson, Jr. William M. &
    Clyde E. Fant, Jr. *Comtemporary Christian Trends: Perspectives on
    The Present*(Waco: Word Books, 1972), 174-75.
18) 불트만의 신화 이해에 관해서는 다음을 보라. Rudolf Bultmann, 「성서
    의 실존론적 이해」, 유동식·허혁 역(서울: 대한기독교서회, 1969);
    Rudolf Bultmann. *Jesus Christ and Mythology*(New York: Charles
    Scribner's Sons, 1958).

유주의와 달리 성서의 신화적 요소를 제거하지 않고 재해서하려고
했음에도 불구하고 역사성을 양보한 것은 근대가 요구하는 자명하
고 확실한 기초는 신화가 아니라 역사에서 주어진다는 것을 받아들
였기 때문이다.

근대가 역사적 사실성을 성서에 강요함으로 성서를 침묵하게 하
였다면, 이제는 성서 자체의 목소리를 듣는 것이 성서가 올바로 선
포되는 방법일 것이다. 근대의 객관주의 요구가 텍스트 자체의 요
구가 아니라는 점에서 이제는 성서 자신의 음성에 귀를 기울여야
한다. 성서의 의미와 진리는 역사적 사실의 모음 이상의 것이며, 역
사적 사실에 의해서만 진리의 의미가 파악되지 않는다. 성서는 역
사 자료가 아니라 이야기이므로 역사와 사실이라는 성서 밖에서 성
서를 해석하는 것이 아니라 성서 자체 또는 성서 안에서 성서의 음
성을 들어야 한다.[19] 게다가 성서를 이야기로 읽어야 하는 것은 성
서를 읽는 인간의 실존이 이야기적 형식을 갖고 있다.[20] 이야기 형
식은 인간의 경험 일반뿐 아니라 종교 경험 역시 이야기를 통해서
지속성을 지니고 전달될 수 있다.[21]

이상의 맥락에서 이야기가 재발견된 배경을 틸리는 네 가지로 설
명한다.[22] 첫째는 성서는 검증되어야 하는 것이 아니라 언어를 말

---

19) Culpepper, Ibid., 471-75.
20) Stephen Crites, "The Narrative Quality of Experience", in, Stanley
    Hauerwas & L. Gregory Jones, ed, *Why Narrative?: Readings in
    Narrative Theology*(Grand Rapids, Michigan: William B. Eerdmans
    Publishing Company, 1989), 65-88.
21) *Biography*, 160.
22) Tilley, *Story Theology*, 20-36.

하는 자의 의도와 이야기로 이해해야 한다는 언어 철학자의 도전이
다.(Richard B. Braithwaite) 둘째는 인간 경험이 본래적으로 이야
기 형식을 갖고 있다는 발견이고,(Stephen Crites) 셋째는 성서 비
평의 발전 과정에서 성서가 역사나 과학이 아니라 하나님과 그 백
성의 이야기라는 사실을 깨닫게 되고, 마지막으로는 객관적인 과학
과 상상력을 불러일으키는 예술의 이분법이라는 계몽주의의 신화가
붕괴하면서 이야기가 신학의 수면 위로 떠오르게 되었다. 한마디로
이야기는 근대가 간과한 이야기를 복원하자는 것이다.[23]

　따라서 이야기의 재발견은 "수많은 계몽주의의 질병을 만병통치
약은 아닐지라도 치료제로 제공"될 것이라는 기쁨을 줄 것이며, 더
나아가 성서 이야기가 근대의 온갖 이데올로기로부터 해방될 수 있
을 것이다.[24] 성서 본문의 의미와 교회를 위한 성서가 되기 위해서
는 더 이상 성서 이야기를 사변적 원리나 객관적 명제, 역사적 사
실로 환원해서는 안 된다. 그래서 맥클랜던은 성서 이야기의 정당
화는 역사적 사실과 같은 다른 토대가 아니라 성서 자체에 의해서
이루어져야 한다고 말한다.[25] 이야기의 정당화는 성서 밖의 다른

---

23) 한스 프라이는 「성경의 서사성 상실」에서 근대가 어떻게 이야기를 상
　　실하고 명제가 되었는가를 말한다. 그의 책, 「성경의 서사성 상실」을
　　보라.

24) Stanley Hauerwas & L. Gregory Jones, "Introduction: Why
　　Narrative?" *Why Narrative?*, 1: Ralph Wood, "James Wm.
　　McClendon Jr.'s Doctrine: An Appreciation", *Perspectives in Religious
　　Studies*, vol.24, no.2(1997): 196.

25) *Ethics*, 333. 머피에 따르면 맥클랜던이 이야기를 방법론으로 채택한
　　이유는 첫째, 확신은 전적으로 지적인 것만이 아니고, 둘째는 성서를
　　이야기 형태로 이해할 때 가장 쉽게 이해할 수 있고, 마지막으로 성서

토대가 아니라 성서 자체에서 구한다는 점에서 반기초주의적이다.

II. 이야기의 성격

이야기는 사회적 차원과 역사적 차원을 동시에 갖고 있다.[26] 성서 본문을 해석하기 위해서는 시간적으로 성서의 역사적 측면, 공간적으로는 사회적 차원을 함께 고려하여야 한다. 성서 이야기가 과거의 역사적 이야기라는 점만 강조된다면 현재적 지평을 상실할 것이고, 현재적 의미만 강조하면 역사적 지평을 잃어버릴 것이다. 그러므로 성서 해석에 있어서 성서 이야기의 사회적 차원과 역사적인 차원을 함께 고려해야 할 것이다. 먼저 맥클랜던의 이야기 신학은 어떻게 역사적인 면을 보존하고 있는가를 검토하고, 그 다음에 이야기의 사회적 성격을 살펴보고자 한다.

이야기는 교리적 명제나 원칙, 그리고 가치로 환원되지 않기 때문이다. Murphy, "Introduction", in *TWF*, 19.

26) Stroup, 256.

1. 이야기와 윤리: 이야기의 사회적 성격

앞에서 '왜 이야기인가?'를 보았다면, 이제는 '왜 이야기 윤리인가'라는 질문을 할 차례이다. 맥클랜던은 두 가지 이유를 제시한다.[27] 첫째, 이야기가 신학을 감금하였던 근대의 족쇄를 풀어줄 것이라는 소망의 징후가 윤리학에서 제일 먼저 나타났기 때문이다. 물론 변화가 전 방위적으로 분출하고 있지만, 가장 두드러진 곳이 윤리학이라 할 수 있다. 둘째, 기독교 윤리 자체가 명제적이라기보다는 이야기 의존적이다. 삶과 단절된 추상적인 몇 가지 원칙에 의해서 삶은 살아지는 것이 아니다. 논리적 잣대로 가늠할 수 없는 행위자들의 다양한 삶의 이야기를 이해함으로써 윤리적 행위를 납득할 수 있게 된다. 그런데 이 두 가지가 논리적으로 연결되어 있다. 기존 기독교 윤리학에서 삶과 괴리된 명제적 원리나 원칙에서 삶의 이야기로의 전환이 뚜렷했던 것은 기독교 윤리가 이야기이기 때문이다.

종래의 기독교 윤리학은 다양한 목소리와 입장이 존재했음에도 불구하고 공통적인 특징은 기독교 공동체 밖의 관점으로 윤리적 반성을 하였다.[28] 먼저 공리주의(Utilitarianism) 경우를 살펴본다면, 최대 다수의 최대 행복이라는 원칙은 인간이 누리는 행복을 계량화할 수 있는 물질적인 것으로 환산이 된다는 전제가 용인되어야 가능하다. 그리고 상황 윤리(Situation Ethics)는 도덕 행위자의 선택

---

27) *Biography*, 1.
28) James Wm. McClendon, Jr., "Narrative Ethics and Christian Ethics", *Faith and Philosophy*, vol.3, no.4(1986): 383.

과 결단의 맥락인 상황을 주목하였지만, 결정을 하는 인간 주체의 성품을 무시하였다.[29] 인간이 상황에 따라 다른 결정을 하는 것도 사실이지만, 동일한 조건 속에서 다른 결정을 한다는 것은 각 사람의 성품에 따라 결정을 하는 것이다.

다음으로 라인홀드 니버의 기독교 현실주의(Christian Realism)는 사회복음주의와 마르크스주의의 낙관주의적 전망을 비현실적인 것으로 비판하면서 불가능한 이상인 하나님의 사랑(agape)을 실천 가능한 중간 공리(Middle Axiom)로 제시한다. 하지만 현실주의의 중간 공리는 미국 중산층 이데올로기로 잘못된 현실을 유지하고, 불의한 현실을 쉽게 정당화한다.[30] 위의 세 가지 윤리학은 공리주의는 다수라는 수, 상황윤리는 상황, 기독교 현실주의는 실천 가능한 중간 공리를 통해 기독교 윤리학을 전개한다.

이러한 윤리학들은 공통적으로 두 가지 문제점을 지니고 있다. 첫째, 이 윤리학들은 보다 깊은 이야기의 기초인 성서로부터 그리스도인을 이탈시킨다.[31] 선택의 근거가 성서 밖의 다른 토대에서 찾는 기초주의이기 때문이다. 그리스도인의 삶에서 결정과 행동의

---

29) Joseph Fletcher, 「상황 윤리」, 이희숙 옮김(서울: 종로서적, 1989).

30) *Biography*, 3-12. 니버의 불가능한 이상에 관해서는 다음을 보라. Reinhold Niebuhr, 「기독교 윤리학」, 노진준 역(서울: 은성, 1991), 97-127. 기독교 현실주의가 현상 유지 신학인 점을 가장 강력하게 비판하고 나선 신학이 해방신학이다. 해방신학은 현실주의를 기성체제의 이데올로기로, 현실주의는 해방신학이 기독교 유토피아니즘에 빠져 있다고 상호 비판한다. 그 비판 내용과 양자 사이의 건설적인 대화에 관해서는 다음을 보라. Dennis McCann, 「기독교 현실주의와 해방신학」, 김쾌상 옮김(서울: 대한기독교출판사, 1984).

31) *Ethics*, 332.

규범은 '수'나 '상황' 혹은 '중간 공리'가 아니라 성서이다. 성서가
아닌 다른 것에서 근거를 추구하는 것은 성서가 그리스도인의 윤리
적 삶을 위한 규범이 될 수 없다는 가정의 산물이다. 성서의 윤리
가 현재의 그리스도인에게 비현실적이고 부적절하다는 전제는 성서
와 현실을 매개하고 중재하기 위해 일반 윤리학이나 철학을 신학에
도입한다.[32]

맥클랜던의 이야기 윤리는 기존의 기독교 윤리학이 공유하던 근
본 전제와 다른 전제를 추구한다.[33] 즉, 기독교 "윤리는 기독교 이
야기라는 관점에 의해서만 제대로 이해될 수 있다."[34] 기독교 윤리
가 기독교인을 위한 윤리이고, 기독교인들의 윤리라면 기독교 밖의
철학과 윤리로 기독교 윤리를 설명하려는 것은 부적절하다. 예를
들어 그리스도의 수난 이야기를 이야기하지 않고서는 십자가의 도
를 이해할 수 없으며, 하나님의 백성인 이스라엘을 향한 하나님의
사랑을 이야기하지 않고서 기독교적 사랑의 윤리를 전개할 수 없
다. 그리고 이웃 사랑의 의미는 구약의 출애굽기와 호세아, 신약에
서 예수 그리스도의 생애와 사역을 통해서만 알 수 있다.[35] 그러므
로 '올바르다'와 같은 윤리적 개념은 그리스도인이 살아내는 특정한
이야기 '안'에서 정당화된다.[36] 윤리의 명제는 그 명제가 필연적으
로 결부된 이야기라는 수단에 의해서 이해된다.

---

32) Yoder, *The Politics of Jesus.* 3 & 8.

33) *Ethics*, 328.

34) McClendon, "Narrative Ethics and Christian Ethics", 368.

35) McClendon, "Narrative Ethics and Christian Ethics", 388 & 391.

36) *Ethics*, 329.

둘째, 노녁적 선택을 힐 때, 헹위의 주체인 행위자의 '선품'(character)을 깊이 고려하지 못했다.[37] 그리스도인의 물음은 우리가 무엇을 결정할 것인가, 또는 '결정하다'가 무엇을 의미하는가라는 질문이 아니다. 불가피하게 우리를 결정하도록 하는 근거가 무엇인지가 초점의 중심이 되어야 한다. 현재의 행위는 그 사람이 어떤 사람인지를 알려주는 지표이며, 그 행위를 통해 그 사람은 만들어져 가는 것이다. 즉 현재 우리 자신의 반영이며 미래의 모습을 결정한다. 그 지표와 근거가 성품이다.

성품이란 "도덕적 선함은 행위가 아니라 우선적으로 사람들의 예보이고, 각 사람의 선함은 자동적이 아니고 획득되고 훈련되어야만 한다는 것을 함축한다."[38] 성품은 책임 있는 행동의 원인으로 얻어지는 미덕이며, 그 결과로 주어지는 미덕이다. "성품은 역설적으로 우리가 행동하는 것의 원인이자 결과이다."[39] 따라서 기독교 윤리에서 도덕 행위에서 다른 어떤 토대가 아니라 성서가 중요하며, 행위자의 성품을 중시되어야 한다. 성서 이야기와 신앙과 도덕 행위자의 성품의 만남을 맥클랜던은 "전기 신학"으로 발전시킨다.

---

37) *Biography*, 15-20.
38) Stanley Hauerwas, *Vision and Virtue: Essays in Christian Ethical Reflection*(Notre Dame: University of Notre Dam Press, 1983), 49.
39) *Biography*, 16.

2. 이야기 신학 vs 명제 신학: 이야기의 역사성

맥클랜던의 이야기 신학은 성서의 역사성을 무시하지 않는다고 이미 언급하였다. 그렇다고 그의 신학은 외적 사실을 객관적으로 기술하는 것을 과제로 삼는 명제 신학이 아니다. 여기에서는 이야기 신학과 명제 신학의 관계를 검토하고자 한다.

1) 명제 신학 비판

맥클랜던은 신학은 최소한 이야기를 통해 표현될 수 있고, 더 나아가 이야기가 신학의 유용한 수단이라고 말한다. 기독교 신앙은 그리스도인의 실제적인 삶과 공동체를 형성하는 살아 있는 확신이다. 그런 점에서 기독교 신앙은 명제의 묶음이나 다발이 아니다.

> 기독교 신앙은 컴퓨터에서 진리 함수와 같은 목록으로 만들거나 조작될 수 있는 수많은 '명제'가 아니라, 오직 실제적인 삶과 실제적인 공동체를 형성하도록 하는 살아 있는 확신이라는 사실을 깨닫게 된다. 기독교 신앙에 대한 유일하게 적절한 비판적 탐구는 삶과 공동체가 하나라는 것, 그리고 그 살아 있는 삶에 뛰어들기를 시작할 때에 그것이 우리에게 열리게 된다.[40]

신앙을 명제로 파악하지 않고 우리 자신을 형성하는 살아 있는 이야기라고 말하는 것은 명제 신학에 대한 하나의 비판이다. 명제

---

40) *Biography*, 22.

신학은 살아 있는 삶에 관심을 두는 이야기 신학과 달리 추상적 개념에 초점을 맞춘다. 명제 신학에서 중심이 성서의 메시지가 중심이라면, 이야기 신학은 그리스도의 삶에 초점을 맞춘다.[41] 이야기 신학은 이야기가 명제적 확신과 불가피하게 결합되어 있다는 것을 인식하면서도 삶 자체에 중심을 둔다. 차가운 명제를 내적 일관성을 부여하고 논리적으로 설명하는 것이 신학의 목적이 아니라, 살아 있는 삶을 신학적으로 설명하자는 것이다. 그리스도의 삶이 신학의 중심이다.

틸리는 이야기 신학과 명제적 신학의 차이는 이 과제를 수행하는 방법과 접근법에 있다고 한다.[42] 명제 신학은 교리에서, 이야기 신학은 삶을 통해서 신학의 과제를 성취한다. 문제는 "하나님의 이야기들을 하나의 체제 안에 포착할 수 없다"는 것이다. 하나님에 관한 명제적 진술들이 분명한 진리임에 틀림이 없다. 그러나 그 명제의 진리성은 보존하였지만, 적절성은 상실하게 되는 것이다. 그것은 명제 신학이 추구하는 것이 변화하는 세계에서 더 새롭고 적합한 교리체계이기 때문이다.

명제가 삶의 이야기로부터 발원하는 것이라면, 신학하는 자 역시 이야기에 참여하여야 한다.[43] 명제 신학자들은 신학의 명제들의 사실성 여부와 논리적 일관성에만 치중하여 신학하는 자신과 명제의 자리인 삶을 간과하고 있다. 그러나 신학하는 자는 자기 자신을 신학의 대상과 무관한 채 객관적으로 발언할 수는 없다. 신학은 자신

---

41) *Biography*, 166.
42) Tilley, *Story Theology*, 11.
43) *Biography*, 171.

이 행하는 신학 작업과 분리되어서는 안 된다. 불트만이 말한 바와 같이 신학은 신학의 대상인 하나님을 자연 현상을 관찰하듯이 객관적인 방식으로 말할 수 없을 뿐 아니라, 자기 실존을 배제한 채 하나님을 말하는 것은 실패할 수밖에 없다. 하나님 안에 있는 인간의 자기 실존을 통해서만 하나님을 말할 수 있다.[44]

그러므로 명제 신학과 같이 하나님을 자기 자신을 배제한 채 객관적으로 진술하려고 해서는 안 되며, 자유주의 신학과 같이 하나님을 상실한 채 자기 자신을 말해서는 안 되는 것이다. 복음주의자인 로날드 내쉬 역시 계시의 성격은 근본주의자들이 생각하는 것처럼 모든 계시가 명제적이지 않고, 신정통주의가 주장하는 바와 같이 계시가 인격적이어서 완전히 비명제적인 것만은 아니라고 말한다.[45] 계시는 인격적이면서도 인지적이다. 그러므로 참여하는 삶이 없는 명제는 거부되어야 하며, 이야기는 명제에 비해 우선권을 갖는다.

2) 이야기와 명제의 관계

명제 신학에 대한 맥클랜던의 비판을 들으면서 자연스럽게 제기되는 의문은 '그렇다면 신학에서 명제의 위치는 무엇인가' 하는 것이다. 그 스스로 자신의 전기 신학에서 두 신학 방법론 사이의 우선권

44) Rudolf Bultmann, "신으로부터 말한다는 것은 어떤 의미를 가지는가?" 「학문과 실존 Ⅰ」허혁 옮김(서울: 성광문화사, 1980), 123-34.

45) Ronald H. Nash. *The Word of God and The Mind of Man*(Grand Rapids: Zondervan, 1982), 45-46.

의 문제, 즉 명제 신학에 대한 전기 신학의 우선권을 어떻게 설명할
것인가는 여전히 문제라고 말한다.[46] 맥클랜던은 전기 신학이 명제
신학에 우선한다고 말한다. 그러나 전기 신학이 명제 신학에 대해
우선한다는 것은 배타적인 우선권이 아니다. 신학에서 명제 신학이
배제되거나 무시되어서는 안 된다. 종교적 확신은 주어와 술어의 구
조를 가지는 문장들로 표현되어야 할 뿐 아니라, 명제적 진술과 참
여자의 삶의 이야기를 결합하여야 한다.[47]

신앙고백의 경우를 고려해 보자. 신자의 신앙고백이 적절하기 위
해서는 고백이 지시하는 대상이 존재해야 하고, 그 고백은 그 대상
을 지시하고, 명제적으로 진술하는 것이어야 한다. 근대 자유주의 신
학은 객관적 대상과 상관없이 고백자의 내적인 감정과 의도를 표현
하는 것으로 종교 언어를 이해하며 이 문제를 비켜나갔다. 하지만
적절한 지시 대상이 존재하지 않는다면 이것은 상대주의자가 될 것
이고, 적절한 지시 대상을 과학적으로 해명하려고 한다면 이것은 제
국주의자가 될 것이다.[48] 그러나 참과 거짓의 기준만이 진리를 평가
하는 유일한 기준이 될 수 없고, 다원적 상황에서 객관적 사실에 호
소하는 것은 한계가 있다.[49]

그렇다면 전기 신학의 우선권과 명제 신학의 필요성을 어떻게 설
명할 수 있겠는가? 신학에서 명제가 부정되지 않는다면, 그 의의와
역할은 무엇인가? 첫째, 맥클랜던은 명제가 자리하는 맥락을 유의하

---

46) *Biography*, 149.
47) *Biography*, 87, 149: 163: 171.
48) *Convictions*, 66.
49) *Convictions*, 158-9.

여 보라고 말한다.[50] 명제적 진술들이 살아 있는 경험과 연속적이고 직접적인 관련을 지닐 때 의미가 있는 것이다. 삶이라는 배경이 없는 명제는 그리스도인의 삶과 무관한 텅 빈 객관에 불과하다. 종교에서 지시적 차원이 없으면 진리는 텅 빈 개념이 된다. '하나님'이라는 단어가 하나님이라는 존재를 실제로 지시하지 않는다면, 종교적 헌신은 칼 바르트의 지적처럼 종교는 인간의 작품으로서 우상에 불과할 것이다. 하지만 명제가 삶과의 관련 속에서 이해된다면, 그 명제가 담고 있는 주장의 내용이 그리스도인의 삶 가운데서 풍부하게 예증될 수 있는 것이다. 그러므로 "이야기주의자들은 명제들이 필연적으로 결부되어 있는 이야기들의 수단으로써 윤리와 도덕의 명제들을 이해하라고 주장한다."[51]

둘째, 명제 신학은 이야기 안에서 의미를 가진다.[52] 명제가 의미 있기 위해서는 그 명제를 발언하는 어떤 사람과 그 사람이 살고 있는 구조와 언어, 그리고 그 명제를 발언하는 상황 안에 있어야 한다. 개념 정의가 성공적이기 위해서는 그 말을 사용하는 상황과 세계 속에 뛰어들어야 하는 것이다. 아이들이 하는 퍼즐 놀이를 생각해 보면 분명해진다.[53] 퍼즐을 맞추기 위해서는 전체 그림을 이해하지 못하면 조각들을 맞추는 것이 여간 어려운 것이 아니다. 누군가가 그 퍼즐의 한 조각을 들고 '이것은 백두산 호랑이의 코입니다'라고 한다고 해도 전체 그림에 대한 이해가 선행되어야 제대로 이해할 수 있

---

50) *Biography*, 149.
51) McClendon, "Narrative Ethics and Christian Ethics", 390.
52) *Ethics*, 343.
53) *Convictions*, 157.

나. 그 조각이 자리하는 전체 맥락 혹은 배경을 일지 못하면 이해하기 어렵다.

맥클랜던은 다음과 같은 예를 제시한다.[54] 제임스 맥클랜던이라는 이름을 가진 사람은 무수히 많다. 그러나 「윤리학 : 조직신학 Ⅰ」을 쓴 사람은 바로 단 한 사람이다. '나는 지금 맥클랜던의 반기초주의 신학에 대해서 논문을 쓰고 있다'는 발언에서 맥클랜던은 분명히 실제의 어떤 한 인물을 지시하고 있다. 그러나 지시하는 대상이 누구인지는 맥클랜던이라는 이름을 가지고 있는 모든 사람과의 대조 속에서 알 수 있는 것이 아니며, 또한 실제로 지시하는 대상을 한번 만났다는 것으로 지시 대상을 알았다고 말할 수 없다. 맥클랜던이라는 사람을 아는 것은 그의 오랜 삶의 이야기를 아는 것이다.[55] 그러므로 명제와 이야기는 대립적인 것이 아니다. 이야기 안에서 명제는 의미와 역할을 갖는다.

그럼에도 장 프랑스와 리오타르는 이야기와 명제를 대립시킨다. 그는 「포스트모던적 조건」에서 지식의 종류를 과학적 지식과 이야기적 지식으로 구분한다. 과학적 지식은 검증이나 반증의 원칙으로 다른 지식을 비합리적인 지식으로 배제하는 반면에 이야기적 지식은 다양하며 스스로 정당화된다.[56] 하지만 맥클랜던이 보기에 오스틴의 화용론을 활용하는 리오타르는 두 지식을 이분법적으로 이해한다.[57] 리오타르는 오스틴이 이미 포기한 수행문(performative)과 진

---

54) *Ethics*, 337.
55) *Ethics*, 342.
56) Lyotard, Ibid. 51-68.
57) *Witness*, 220-224. 오스틴의 화행 이론은 다음 장에서 다루어 질 것이다.

술문(constative) 구분을 갖고 있다. 그 결과 두 지식을 극단적인 대립 관계로 생각하고 있다. 예를 들어 "나는 이 여인을 나의 법적인 아내로 맞아들이겠습니다"는 문장은 객관적인 사실이나 사건에 관한 진술의 측면도 있지만, 말하는 화자의 의도와 행동을 표현하고 있다.

더 나아가 이 발언 자체가 하나의 행동이다. 그런 점에서 언어와 지식에 있어서 객관적 사실을 보고하는 과학적 지식과 이야기적 지식은 단순 명쾌하게 분리되지 않는다. 이런 점에서 "리오타르는 근대적 사상가의 한 사람이다."[58] 따라서 맥클랜던은 명제와 이야기 혹은 언어와 대상의 관계를 상호 보완적인 것으로 보고 있다. 즉, 이야기가 신학의 고유한 작업을 모두 대체한다거나 기독교 신앙과 실천이 오로지 이야기로 이해하자는 것은 아니다.

데이비드 듀크(David Duke)는 맥클랜던이 이 둘 사이의 관계를 공생과 상호 보충으로 이해하고 있다고 적고 있다.[59] 신학으로서의 전기는 명제 신학을 대체할 수도 없고 대체해서도 안 되고, 오히려 전기 신학은 명제 신학을 보완하고, 도전하고 강화하여야 한다. 신약성서 연구에 있어서도 역사적 증거를 무시해서는 안 된다. 성서 텍스트에 대한 이야기적 방법과 역사적인 방법은 공생적인 관계이며 동시에 사용될 수는 없다고 해도 상호 보완적으로 사용되어야 한다.[60] 그러나 위에서 본 바와 같이 간단하게 두 방법론이 공존해야

---

58) *Witness*, 223.

59) David N. Duke, "Theology and Biography: Simple Suggestions for a Promising Field", *Perspectives in Religious Studies*, vol.13, no.2(Summer 1986): 139.

60) Mark Powell, 「서사비평이란 무엇인가?」, 이종록 옮김(서울: 대한예수

한다고 할 수 없다. 어떻게 공존할 수 있는가는 더 설명되어야 할
문제이다. 문제는 어떤 방식으로 상호 보완이 되는가 하는 것이다.
그것은 위에서 설명한 바와 같이 이야기 안에서 명제는 제 의미를
가진다는 것이다.

3) 이야기의 우선성 옹호

이야기가 명제에 대해 우선권을 가진다는 주장에 대해서 밀라드
에릭슨은 반대로 전통적인 명제 신학과 이야기 신학의 차이점을 약
화시키고, 더 나아가 명제의 우위를 주장한다.[61] 그가 보기에 이야
기 신학은 신학의 본질이 아니라 신학 방법론이다. 그리고 신학이
삶에   비해   이차적인   활동이라면   이야기   신학은   메타신학
(metatheology)이다. 그렇다면 그 언어는 이야기가 아니라 명제이
다. 삶이 이야기라는 것을 인정하더라도 삶에 대한 2차 언어는 필
시 명제적이라는 것이다.

에릭슨의 생각은 오해에 기인한 것으로 보인다. 맥클랜던의 경우

교장로회총회 교육부편, 1993), 164. 복음서 연구와 성서 연구에서 역
사적 접근과 문학적 접근의 관계에 대해서는 다음을 보라. Allan
Culpepper, "Story and History in the Gospels", *Review & Expositor*
81(1984)∶ 467-78.

[61] Millard   J.   Erickson,   *The   Evangelical   Left∶   Encountering*
Postconservative Evangelical Theology(Grand Rapids∶ Baker Books,
1997), 56. 에릭슨은 맥클랜던이 복음주의자라는 딱지를 붙이기에 부적
절하지만, 그가 복음주의 계열의 학교인 풀러신학교에서 가르치기 때문
에 복음주의 좌파라고 분류한다. Ibid., 50-53.

신학이 이야기적이어야 한다는 것이 아니라 삶의 이야기가 신학화
할 수 있다는 것이다.[62] 「신학으로서의 전기」라는 책제목을 유의할
필요가 있다. "전기로서의 신학"이 아니라 "신학으로서의 전기"이
다. 이것이 함축하는 바는 신학을 이야기로 하자는 것이 아니라 이
야기를 신학화하자는 것이다. 신학을 이야기의 형식으로 풀어내자
는 것이 아니라, 그리스도의 삶의 이야기와 신자의 삶 속에 나타난
주도적인 이미지를 통해서 신학의 내용을 새롭게 하고, 풍부히 하
자는 것이다.[63]

로니 클리버는 에릭슨처럼 신학에서 이야기가 필요하기는 하지
만, 명제에 비해 우선하는 것은 아니라고 한다. 기독교적 확신이 고
립된 사실이 아니며, 또한 실제적 고찰과 분리될 수 없다고 가정한
다면, 신학적 이야기들이 신앙에 대한 보고인지 현실의 묘사인지를
묻는다. 둘 중의 어느 하나인가를 묻는 것이다. 그가 보기에 "어떻
게 '이야기로 이루어진' 세상이 그 세상에 대한 역사적, 과학적, 철
학적 묘사와 관련이 있는가를 설명하는 데는 분명하지 못하거나 확
신이 부족하다."[64] 클리버는 이야기가 종교에 필수적이라는 것을
인정한다. 그럼에도 이야기 속에 표현된 실재는 이야기를 통해서는
간직될 수 없고 그 진리를 재구성하는 신학적 숙고를 통해서만 유

---

62) *Biography*, x.
63) 그런 점에서 스트룹 또한 맥클랜던을 오해하고 있다. 그는 맥클랜던이
    이야기가 교리의 사례가 될 수 있다는 점만을 강조했을 뿐, 기독교 신
    앙과 교리를 재해석하고 재구성하는 데 사용하지 않는다고 말한다.
    Ibid., 85-86.
64) Lonnie D. Kliever, 「현대신학사상 Ⅱ」, 맹용길 옮김(서울: 성광문화사,
    1982), 276-77.

지할 수 있다고 한다. 결국 "종교는 궁극적으로 이야기에 의손할 수 없다"고 결론을 내린다.[65]

하지만 맥클랜던은 이야기로 이루어진 세상에서 과학적 묘사와 사실적 명제의 관련과 위치는 이야기 안에 있다는 것을 누차 강조하고 있는 것이다. 신학이 숙고하는 대상인 하나님은 명제가 아니라 이야기 속에서 계시된다는 점을 클리버가 인정한다면, 그 계시를 다시 명제 형식으로 유지할 수 있다는 것은 기초주의적 발상이다. 왜냐하면 이야기를 명제로 환원해야 하기 때문이다. 이야기는 이야기로 이해하여야 한다. 명제와 지시는 언어 놀이의 일부일 뿐 우위를 점하는 것은 아니다.[66] 그러므로 "종교적 명제들은 언어 사건들의 맥락 내에서 단정하는 힘(assertional force)을 가질 수 있고, 또는 그들의 주장이 의미를 결정하기 위해서는 종교적 발언의 상황이라는 화용론(pragmatics)이 없다면 상상할 수 없는 것이다."[67]

---

65) Ibid., 277.

66) *Witness*, 252.

67) Heimo E. M. Hofmeister, *Truth And Belief: Interpretation and Critique of the Analytical Theory of Religion*(Dordrecht: Kluwer Academic Publishers, 1990), 113.

III. 전기 신학의 해석학: 이야기의 현재성

맥클랜던은 스트룹이 말한 바와 같이 이야기의 역사성과 사회성을 갖고 있을 뿐 아닐, 이야기의 현재적 의미를 포착하고 있다. 이야기의 현재적 의미를 맥클랜던은 전기를 통해서 전개한다.

1. 전기의 신학적 가치

맥클랜던은 이야기에서 전기의 가치와 역할을 주목한 선도적인 학자이다. 그는 전기를 통해서 성서를 과거의 역사적 문헌으로 그 의미와 효용을 제한하는 역사적 비평적 방법과 달리 현재적 의미를 부각시킨다.

1) 전기 vs 자서전

맥클랜던은 그의 「신학으로서의 전기」에서 신학의 본질을 이해하는 새로운 통찰력을 제공한다.[68] 그는 전기를 통해서 종교적 확신

---

68) 전기의 중요성을 발견한 것은 맥클랜던 외에도 제임스 파울러도 있다. 두 사람은 신학적 반성에서 전기의 중요성에는 공감하지만, 방법론적으로는 파울러가 "구조 발달"(structural development)이라는 개념을 사용한다면, 맥클랜던은 '이미지'를 활용한다는 점에서 다르다. Goldberg, *Theology & Narrative*, 70.

이 단지 이론적 명제가 아니라 실제 삶과 공동체를 형성하는 살아
있는 확신이라는 것을 보여준다. 더 나아가 그리스도인과 그 공동
체의 삶과 삶의 이야기를 신학적으로 사유할 것을 제안한다. 그들
의 삶을 고찰함으로 종교적 확신이 얼마나 생생하게 실현되고 있는
지를 볼 수 있으며, 신학적으로는 교회 공동체의 신앙을 재언명하
고 재확인해 준다. 전기를 통해서 성서 이야기의 진실성을 확보하
고자 한다. 성서 이야기의 진실성은 삶의 진실성을 요구한다. "우리
의 확신은 우리의 도덕으로 구현된다. 우리의 신념은 우리의 행위
이다. 우리의 도덕적 삶은 신념에 결단을 더한 것이 아니다. 우리의
도덕적 삶은 우리의 확신이 우리의 성품을 진실 되도록 형성하는
과정이다."69)

"어떤 이론, 어떤 종교가 참인가?" 이 질문에 대한 대답은 진실
한 삶을 통해서 이론과 종교의 정당화가 이루어진다는 것이다. 진
리는 진실한 삶을 요구한다. 나는 이것이 스탠리 하우어와스가 진
리가 진실성을 요구한다고 항상 강조하는 이유라고 생각한다. 즉,
진리(상응, 일관성, 진실함과 같은 단어 등등)는 진실한 삶을 요구
한다.(자기기만을 극복하기 위해 도움을 받아들일 수 있는 신뢰와
필요를 고백할 수 있는 정직함을 갖고 있는 자). 그리고 여기서 우
리는 왜 우리 시대의 신념의 윤리학에 선행하는 이슈가 증거와 정
당한 근거에 관한 것이 아닌지를 이해할 수 있게 된다.70)

여기서 신학이 전기 신학이 되어야 할 이유가 나타난다. 첫째, 이

---

69) Stanley Hauerwas, *The Peaceable Kingdom*(Notre Dame: Univ. of Notre Dam Press, 1983), 16.

70) *Ethics*, 353.

야기의 진실성을 위해서 신학은 전기 신학이어야 한다. 신앙의 정
당성은 신앙의 일관성도 필요하지만, 진실한 삶에 의해 입증된다.
이 진실한 삶은 전기와 자서전 형식으로 기록된다. 믿을 만한 이야
기이면서도 신자의 성품이 뚜렷하게 드러나는 것이 바로 전기와 자
서전이다. 전기와 가장 유사한 문학적 형태이면서 동시에 전기와
마찬가지로 이야기 신학의 중요한 매개가 되는 것이 자서전이다.

그렇다면 왜 자서전이 아니고 전기인가?[71] 그 대답은 이야기의
진실성 때문이다. 자서전의 성격상 저자 자신의 기억과 회상에 의
존하기 때문에 도덕적인 자기기만의 위험성을 안고 있다. 자신의
생애에 있었던 사건들을 생략과 첨가의 과정에서 개입하게 될 왜곡
의 여지가 큰 것이 사실이다. 그럼에도 이야기를 기독교의 정체성
으로 생각하는 스트룹은 고백적 성격을 지닌 자서전이 개인의 정체
성을 형성하는 유용한 수단이라고 본다.[72] 개인의 기억에 의지한
개인의 역사는 개인의 정체성이다.

스테판 크라이츠의 지적처럼 인간의 경험이 본래적으로 이야기적
이라면, 개인의 정체성은 자서전이라는 이야기 형식을 취한다고 본
다. 그러나 한 개인의 삶의 정체성과 진실성은 스스로에 의해서 증
거되지 않는다. 공적이고 공동체적 식별을 거쳐야 한다. 성품의 형
성이 공동체의 확신에 의존하고 상호 연관된다면, 한 개인의 성품
역시 공동체 안의 성품인 것이다. 따라서 '성자들'(Saints)의 삶을
통해서 신학을 한다는 것은 단지 사적인 개인의 차원에서 제한되는

---

71) Goldberg, Ibid., 96-145. 골드버그는 윌 캠벨과 엘리 위젤을 이야기 신
   학자로 소개하고 있다.
72) Stroup, Ibid., 131.

것이 아니라, 주도적 이미지에 나다난 개인의 성품을 통해 공동체
의 독특한 성품과 확신도 연구할 수 있는 것이다.[73]

둘째, 맥클랜던이 자서전보다도 전기를 선호하는 이유는 신앙 위
인의 삶에서 단지 개인의 신앙 이야기가 아니라 공동체의 신앙고백
을 보기 때문이다.

> 만약 기독교 신학이 언제나 공동체와 함께 공유하는 신앙에 관심
> 을 갖고자 한다면, 우리는 우리 자신뿐 아니라 타인의 경험을 경청
> 해야만 한다. 그리고 내적인 빛뿐만 아니라 외적인 빛에 의해서도
> 자신이 말한 이야기를 검토해야만 한다.[74]

자서전이 고백적 성격을 지녔다고 하지만, 개인의 내적인 독백에
머물 수 있는 가능성은 항시 남아 있다. 이야기가 신학의 중요한
매개로 등장한 것은 근대의 객관주의를 극복하기 위한 방편이었다
는 점을 상기한다면, 자서전의 고백적 성격이 도리어 주관화 될 수
있는 위험의 소지가 있다. 실제로 교회의 역사는 신앙을 주관화하
였다. 교부인 아우구스티누스의 유일한 소망은 오로지 하나님과 자
신의 영혼을 인식하는 것이다. 게르하르트 로핑크는 아우구스티누
스의 이 기도에서 기독교 복음인 하나님 나라가 피안화되고 개인화
가 이루어졌다고 비판한다.[75]

그런 점에서 전기는 자서전이 제공할 수 없는 비판적 거리와 함

---

73) *Biography*, 17.
74) *Biography*, 166.
75) Gerhard Lohfink, 「예수는 어떤 공동체를 원했나?」, 정한교 옮김(왜관:
   분도출판사, 1985), 304.

께 타인과 공동체 이야기에 대한 참여의 가능성을 보여준다.[76] 따
라서 신앙의 주관적이고 객관적인 차원을 함께 확보할 수 있는 유
효한 수단은 자서전보다는 전기가 될 것이다.

2) 전기 연구의 방법: 주도적 이미지

맥클랜던은 전기를 연구하는 방법을 '성자들'의 삶의 이야기에 나
타난 '주도적인 이미지'(dominant images)를 활용한다. 그 이미지에
나타난 이야기들을 통하여 종교적 확신을 탐구한다. 이미지는 신앙
의 내용을 담고 있다. 종교가 무엇인지를 알기 위한 하나의 방법이
바로 이미지를 사용하는 것이다.[77] 그가 말하는 이미지는 전통적이
고 정경적인 은유(canonical metaphors)로서 원초적인 형태로 사용
했던 의미가 풍부하게 담겨져 있을 뿐 아니라 오늘날에도 다양한
방식으로 이해하고 적용할 수 있다. 따라서 이미지를 통하여 공동
체와 각 개인의 신앙을 파악하게 되고, 더 나아가 새롭게 할 수 있
는 것이다.

이미지는 우리가 이해하는 방식을 형성하고 구체화하도록 도울
수 있다. 이미지들은 우리가 예전에 간과했거나 무시했던 것을 보다
분명하게 볼 수 있도록 우리의 비전과 관점을 변경해 준다. 즉 과학

---

76) David N. Duke, "Theology and Biography: Simple Suggestions for a
    Promising Field", *Perspectives in Religious Studies*, vol.13,
    no.2(Summer 1986): 141.
77) *Biography*, 75. 그러나 "이미지들은 성품의 실마리"일 뿐 모든 것을 해
    결하지는 못한다. *Biography*, 163.

에시의 모델과 같이 직접적으로 관찰할 수 없는 현상, 즉 세계 안에
서의 하나님과 자아에 관해서 말할 수 있는 최상의 방식을 제공해
줄 수 있다.[78]

맥클랜던은 자신이 선정한 성자들의 생애에 나타난 주도적인 이미
지를 속죄론으로 이해하고 설명한다.[79] UN 사무총장을 역임하였던
다그 함마숄트(Dag Hammarskjöld)에게서는 종과 십자가의 이미지
를, 흑인 인권 운동가였던 마틴 루터 킹(Martin Luther King, Jr.)에게
서는 산상수훈과 출애굽의 이미지를, 그리고 클라렌스 조던(Clarence
Jordon)에게서는 코이노니아, 미국의 음악가인 찰스 아이브스
(Charles Ives)에게서는 삶과 노동의 일치라는 이미지를 발견한다.

네 사람에게 공통적으로 나타나는 주도적 이미지는 그리스도의
속죄론(atonement)과 화해이다. 모든 인간의 속죄는 그리스도 사역
의 핵심이었고, 속죄를 통해서 하나님과 모든 인간들의 화해를 달성
하고자 하였다. "속죄론은 사명이다. 즉 사명의 목적은 하나 됨
(at-one-ment)이고 평화이다."[80] 그런데 전통적인 속죄론이 오로지
그리스도의 사역으로만 인식하고 있지만, 그리스도를 뒤따르는 제자

---

78) Goldberg, Ibid., 70.
79) *Biography*, ch. 2, 3, 5, 6을 보라. 맥클랜던이 네 사람 중 함마숄트와
    아이브스는 전문적인 신학 훈련을 받지 않았고, 킹 목사와 조단은 신
    학 훈련을 받았다 할지라도 교수가 아니기 때문이다. James Wm.
    McClendon, Jr., "Embodying the 'Great Story': An Interview with
    James W. McClendon", interview by Ched Myers, The Witness[온라
    인 잡지]:
    http"//www.thewitness.org/archive/dec2000/mcclendon.html;   2001년
    5월 11일 접속.
80) *Biography*, 81.

의 삶 역시 속죄의 사역으로 이해하는 것이 자연스러운 일이다.

실제로 킹 목사의 삶은 흑인과 백인 간의 인종차별을 폐지하고, 갈라진 양편을 하나 되게 하고, 평화를 정착시켰다는 것이 좋은 증거가 된다. 결국 이들의 삶에서 발견되는 것은 속죄론에 관한 교회의 공식적인 교리 진술이 아니라 살아 있는 이미지를 발견하게 된다.[81] 예수 그리스도의 사역이 단지 과거의 역사적 사실로만 제한되는 것이 아니며, 킹 목사와 같은 이들의 삶을 통해서 그 의미가 풍부해지고, 현재화된다.

결론적으로 맥클랜던은 신자의 다양한 삶이 그리스도의 이야기에 참여할 수 있다는 것을 보여주었다. 명제적인 언어와 이론적인 틀을 벗어남으로 각각의 신자들의 다양한 삶의 이야기를 허용하고, 그 이야기들이 보다 생산적인 신앙 이야기가 되도록 이끌 수 있게 된 것이다.[82] 그리고 근대적 기초주의를 극복하는 단초를 마련해 주었다. 한 개인의 이야기를 사적인 차원으로 제한하지 않고 공동체 안에 자리잡게 함으로써 근대적 주관주의를 극복하도록 할 뿐 아니라, 엄밀한 사실성과 객관적인 역사성 요구에 굴복하여 성서 이야기를 삶과 분리된 명제로 여기는 근대적 객관주의와 달리 성서 이야기가 살아 있는 진실한 이야기임을 설명할 수 있게 된 것이다.

전기 신학의 가치는 무엇보다도 우리 신자의 삶의 이야기가 수평적으로는 다른 사람의 이야기와 연결되어 있고, 수직적으로는 하나님 이야기에 참여하도록 해 준다는 것이다. 한편으로 한 신자의 삶의 이야기가 다른 신자와의 삶과 연대성을 갖게 되고, 다른 한편으

---

81) *Biography*, 77-82; 84-86; 143-49.
82) Goldberg, Ibid., 91.

로 하나님의 이야기에 참여하게 됨으로 신자의 삶에서 구속받아야 할 죄와 기만이 구원을 받게 되는 것이다.[83]

2. 전기 신학의 해석학: 침례교도의 비전

위에서 명제 신학과 이야기 신학은 이분법적 분리 속에서 대립과 갈등하는 것이 아님을 보았다. 신학에서 이야기가 명제에 비해 우선한다는 것이 신학에서 명제적 성격을 박탈하는 것은 아니다. 도리어 적절한 위치를 찾아 주었다고 하여야 할 것이다. 신학은 삶이라는 배경과 전체적인 문맥을 상실한 명제의 묶음이 아닌 것이다. 신학이라는 언어 놀이 안에서 명제는 적절한 위치와 의미를 확보하게 되는 것이다. 언어가 지시하는 외적 대상의 위치, 즉 객관적 실재에 대한 명제의 위치가 전체 언어 놀이 안에서 의미를 가진다.

이것이 성서 안에서 역사 또는 지시의 차원과 그 의미와 가치로서의 이야기의 관계에 관한 것이라면, 과거의 성서와 오늘 우리와의 관계는 어떻게 이해해야 하는가? 성서와 오늘 우리의 삶의 시공간적 간극은 어떻게 극복할 수 있는가? 성서를 읽는 우리와 성서 사이, 그리고 성서의 초대 교회와 현재의 교회 사이의 간극을 어떻게 메울 수 있는가?[84] 다시 말하면, 이 물음은 어떤 자세로 우리는 성서를 읽어야 하는가 하는 해석학적 문제이다.

---

83) *Ethics*, 356.
84) *Ethics*, 31.

이 물음에 대답할 때에 고려하여야 할 것은 한편으로 성서의 역사성을 인정하면서도, 다른 한편으로는 현재적 의미를 잃어서는 안 된다는 것이다. 과거의 역사적 기록물이라는 점에서 성서의 역사성을 검토해야 하는 것은 당연하다. 하지만 그 의미가 지금 여기서 생활 가운데서 성서를 읽는 교회 공동체에 하나님의 말씀으로 선포될 수 있는 해석학이 필요하다. 그래서 맥클랜던은 다음과 같이 말한다.

> 예언을 읽는 올바른 방법은 과거에 대한 역사적 기록일 뿐 아니라, 그 의미의 드러남과 현재의 중요성에 관한 것이다. 이런 점에서 1세기(신약성서 시대)는 16세기이고, 그리고 (그리고 급진종교개혁을 포함하여) 종교개혁은 우리 자신의 세기이다.[85]

성서는 오늘 우리에게 여전히 의미 있는 하나님의 말씀으로 성령을 통하여 들려지고 있다. 성서 해석학에 있어서 필요한 것은 성서를 통해서 하나님의 음성을 들을 수 있는 해석의 방법이며, 성서와 오늘 우리와의 연속성에 관한 문제를 설명해 내는 것이다. 성서 해석에 있어서 두 지평이 필요하다. 하나는 지금도 역사 가운데 살아계시는 하나님이고, 다른 하나는 그 하나님과의 만나는 교회 공동체라는 지평이다. 성서 해석은 이 두 지평 속에서 성서를 읽어내는 작업을 말한다. 맥클랜던의 제안은 "침례교도의 비전"으로, 하나의 성서 읽기 전략으로서 이야기의 연속성, 즉 성서의 이야기와 오늘 우리의 이야기의 연속성을 가진다는 것이다.[86]

---

85) Myers, Ibid., 2/5.
86) James Wm. McClendon, Jr., "The Mennonite and Baptist Vision", Paul

맥글랜딘은 여기서 영어의 소문자 b를 사용한다. 이것은 가톨릭
과 개신교와 다른 제3의 기독교의 정체성을 설명하기 위한 그의 독
특한 용어이다. 그런데 이 용어의 번역에서 baptist를 침례교나 침
례교회라고 하면 개신교 내의 너무 다양한 교파와 교단의 일부가
되어서 단체나 기관의 의미를 약화시키고, 그 정신을 강조하는 차
원에서 "침례교도"(浸禮敎道)라고 하였다.

1) 침례교도의 비전 정의

어떻게 연속성을 확보할 수 있는가를 알기 위해서 먼저 "침례교
도의 비전"의 정의를 살펴보자. "'침례교도의 비전'은 두 개의 모토
가 있습니다. 첫 번째는 '이것이 그것이다'(This is that)이고, 두 번
째는 '그때가 지금이다'(Then is now)입니다."[87] 첫 번째 모토는
성서를 읽을 때, 단지 과거의 역사 기록물일 뿐 아니라 그 의미가
현재에 밝히 드러난다는 점을 강조한 것이다. 두 번째 모토는 성서
의 의미는 역사적 정보의 전달이 아니라 여기 그리고 지금의 의미
를 강조한 것이다. 종말론이 단지 인류 역사의 마지막 날에 관한
것일 뿐 아니라, 마지막 날을 지금 여기서 사는 것이듯이, 교회는
성서를 지나간 과거나 먼 미래의 일이 아니라 현재를 위한 하나님
의 말씀으로 읽어야 한다.

Toews, ed, *Mennonites And Baptists: A Continuing Conversation*
(Hillsboro: Kindred Press, 1993), 217.

87) Myers, Ibid.

이 비전은 현재의 기독교 공동체가 초대 공동체이자 종말론적 공동체라는 자각을 공유하는 해석학적 표어라고 표현할 수 있다. 다시 말하면 지금의 교회는 초대 교회이고, 심판의 날에 교회가 지금의 교회이다. 나사렛 예수를 따르는 이들의 순종과 자유는 '우리의' 자유, '우리의' 순종이다.[88]

성서가 현재에도 변함없이 말씀하고 있다는 것을 전제로 한 성서 읽기여야 한다는 것이고, 그런 점에서 성서를 읽는 신자는 항상 말씀을 순종으로 응답해야 한다는 것이다. 성서는 단지 과거의 책이어서는 안 될 것이다. 현재의 책이어야 하며, 미래를 위한 책이어야 한다. 성서와 현재의 연속성은 말씀이 우리에게 가져다주는 자유와, 그 말씀에 대한 순종으로 표출된다. 그런 점에서 "침례교도의 비전"은 성서 읽기의 방법이 곧 우리의 실존마저도 규정한다는 것을 보여준다. 따라서 "침례교도의 비전"은 "한편으로 성서에 직면한 교회를 위한 독해 전략이고, 다른 한편으로 그리스도인의 길, 적절히 말하자면 '그' 길에 관한 것이다."[89]

2) 침례교도의 비전의 정당화

'침례교도의 비전'에서 가장 중요한 열쇠는 '이다'(is)라는 동사에 있다. 그 정당성을 보여주는 세 가지 예가 있는데, 첫째는 역사적인 것으로 가톨릭의 화체설이다.[90] 빵과 포도주가 사제에 의해 축성될

---

88) *Ethics*, 31.
89) *Ethics*, 34.
90) *Ethics*, 32-33.

때, 예수 그리스도의 몸과 피가 된다. 그것은 예수 그리스도를 재현하거나 상징하는 것이 아니라 예수이다(is). 동일하게 '침례교도의 비전'은 "지금의 교회는 초대 교회이고, 우리는 예수를 따르는 자들이고, 그 명령은 직접적으로 우리에게 하신 말씀이다"라고 믿는다.

둘째는 구약의 이스라엘 공동체의 성서 읽기 방법이다. 구약의 모세와 이스라엘 공동체 역시 "침례교도의 비전"에 따라서 성서를 해석하였다.91) 신명기 6장은 하나님이 이스라엘에게 주신 율법을 왜 지켜야 하는지를 묻고 답한다. 만약에 어린아이들이 왜 우리가 이 법들을 지켜야 하는가를 묻게 되면, "우리는 이집트에서 바로의 노예들이었습니다. 주님께서 우리를 구원하셨습니다."(신 6:21) 이 대답은 사실 여부로 보자면, 거짓이다. 왜냐하면 그 부모도, 그 자녀도 이집트에서 노예가 아니었다. 역사적 사실성에 따라서 진위를 판명한다면, 이 본문은 오늘 우리에게 아무런 의미가 없는 것이다. 그럼에도 이 본문을 읽는 21세기의 기독교 공동체 역시 이 본문을 하나님의 말씀으로 알고 믿으며, 해석한다. 성서 이야기는 신자의 삶의 이야기와 밀접한 관련 속에서 읽어야 한다.

셋째, 구약의 이스라엘 공동체뿐 아니라 신약 시대의 사도들 역시 '침례교도의 비전'에 따라 성서를 해석하였다.92) 사도행전 2장에서 오순절 성령 강림을 사도 베드로는 요엘서의 예언의 성취라고 설교한다. "이것이 예언자 요엘을 통해 말씀하셨던 바로 그것입니다."(행 2:16, ASV) 베드로가 인용한 구약의 본문들은 시편 16편, 110편, 그리고 요엘서 2장이다. 만약에 이 본문들을 문자적으로 이

---

91) *Doctrine*, 466.
92) *Ethics*, 33.

해한다면, 분명히 베드로는 성서를 그릇 이해한 것이다. 그러나 현재 자신들이 경험하는 오순절의 성령 사건의 의미를 성서적 틀 안에서 변화를 겪고 있는 것이며, 그 의미를 따라 해석하고 있는 것이다. 성서를 정지되고 정체된 묘사로 보는 것이 아니라 살아 역동하는 움직이는 그림으로 이해하고 있다.[93] 다른 은유를 사용한다면, 성서는 사진이 아니라 영화와 같은 것이다.

그러나 맥클랜던의 '침례교도의 비전'에 따른 성서 읽기는 성서의 역사적 의미를 약화시키는 것이 아닌가 하는 의구심을 불러일으킨다. 성서의 현재적 의미에 대한 강조가 성서의 역사성을 놓치는 것으로 보이는 것이다. 이 점에 관해서 맥클랜던은 한편으로 수긍하면서도 보다 적절한 것은 현재적 의미라고 말한다. 초대 교회 공동체와 현재의 교회 공동체 사이의 연속성이 사실적인 역사에 근거한 것은 아니라는 것을 그는 수긍한다. '침례교도의 비전'은 증명이나 논증이 아닌 주장이기 때문에 "그것(침례교도의 비전)은 형이상학자나 교의학자보다도 예술가나 시인에 의해서 더 잘 이해될 수 있다."[94]

초대 교회 공동체와 현재 교회 사이의 역사적 연속성을 설명하는 세 가지 관점이 있다. 첫 번째는 현재 교회는 초대 교회의 발전(development)이나 계승(succession)이라는 입장이고, 두 번째는 지금의 교회들은 초대 교회로부터의 일탈(deviation)이라고 보는 견해이다. 마지막으로는 맥클랜던이 '유형 이론'(theory of types)이라고 명명한 입장으로, 오늘날의 침례교회와 메노나이트들은 초대 교회

---

93) McClendon, "The Mennonite and Baptist Vision", 217.
94) *Ethics*, 33-34.

의 유형이 16세기와 현재에 재발힌 것이다. 즉 "친례교도 운동은
계승주의자의 역사가 아니고, 단지 일탈도 아니며 순환하는 유형이
다."[95]

맥클랜던의 유형 이론은 성서의 역사적 간극을 무시하지 않는
다.[96] 성서의 역사에 관한 문제의 경우, "역사적 비평적 방법"의
중요성과 의의를 부정하는 것은 아니다. 이 환상은 역사적 사실을
부정하거나 그 중요성을 거부하는 것이 아니라 그 역사적인 사실이
현재의 교회와 신자의 삶에 살아 있는 의미를 전해 준다는 것을 강
조하는 것이다. 성서와 오늘날의 교회의 모습의 불일치를 애써 눈
감으려는 것이 아니다. 역사적 거리와 차이는 극복되어야 할 것이
지 그 안에 안주해서는 안 될 것이다.

여기서 맥클랜던이 말하려는 것은 순진하게 역사적 비평적 방법
을 거부하는 것이 아니라 성서 이야기가 오늘 우리에게도 적절성을
지닌다는 것의 강조이다.[97] 예를 들어 예수 그리스도의 부활에 대
한 신약성서의 증언은 우리에게 부활의 현재화를 의미한다. 신약성
서의 관심은 부활의 역사성과 함께 부활을 믿는 자들의 실존에 관
한 것이다. 다시 말해 성서를 읽는 것은 과거의 역사적 기록물에
대한 지적 호기심의 발로가 아니라, 본회퍼의 표현을 빌린다면, 그
리스도가 오늘 우리에게 어떤 의미인가를 묻듯이, 성서가 오늘 우
리에게 무엇을 말하는지를 묻고, 그 대답을 정직하게 실천하는 것
이다.[98]

---

95) McClendon, "The Mennonite and Baptist Vision", 214.
96) Ethics, 31; Doctrine, 465-67.
97) Ethics, 31-32.

'침례교도의 비전'의 해석학은 역사성을 부정하지 않으면서 성서를 바로 지금이라는 현재를 위한 하나님의 말씀으로 읽고자 한다. 오늘을 위한 성서 읽기가 가지는 장점은 다음 세 가지이다. 성서 해석의 다양성, 적용의 다양성, 그리고 해석 공동체의 의존성이다.99) 침례교도의 비전에 따른 성서 읽기는 성서 해석의 다양성을 인정한다. 여기서 해석의 다양성은 해석하는 개인과 공동체의 시공간적 조건에 의존한다. 그런 점에서 '침례교도의 비전'으로 성서를 읽는 이들과 그 공동체만이 정당화되는 것은 아니며, 또한 소종파 주의자로 부정될 수도 없다. '침례교도의 비전'에 따른 성서 이해는 "소종파적인 것이 아니라 다른 것이다."100) 즉, 이런 방식으로 성서를 읽는 침례교도 공동체는 분파적 성서 해석 공동체가 아니라 독특한 또는 다른 관점으로 성서를 이해한다.

'침례교도의 비전'은 성서 해석의 다양성과 함께 성서 해석의 궁극적 목적이 순종 또는 실천임을 강조한다. 맥클랜던의 '침례교도의 비전'이 현재적 의미의 강조는 곧 제자도로 나타난다. 성서를 바로 오늘 현재의 교회 공동체를 향한 하나님의 말씀으로 읽는 것은 성서에 나타난 예수의 삶을 뒤따르는 것과 동일하다. 그리스도인의 삶의 길은 그리스도를 따르는 삶을 말한다. 초대 교회를 복사하자는 것이 아니라 예수와 그분의 제자들이 우리의 정체성을 형성하도록 하자는 것이다.101)

---

98) Myers, Ibid.

99) *Doctrine*, 45-46.

100) McClendon, "The Mennonite and Baptist Vision", 223. 성서 해석의 상이함 또는 다양성은 오순절 성령 사건으로 교회 일치로 나아간다.

성서를 읽음으로써 우리가 얻고자 하는 것은 정보의 차원도 있지만, 결국은 변화이다. 성서에서 이웃이 누구인지를 알고자 하는 사람은 곧 "가서 너도 이와 같이 하라"는 예수의 요구에 순종하지 않으면 안 된다. 고난 받는 자 옆에서 이웃이 누구인가 하는 물음이 아니라, 고난 받는 자를 위해 그리스도를 대신하여 내가 무엇을 해야 하는가 하는 순종이 요청되는 것이다. 그런 점에서 '침례교도의 비전'은 실천이다.

Ⅳ. 잠정적 결론: 반기초주의 신학은 삶의 이야기 이다

성서 이야기에는 사회성, 역사성, 그리고 현재성이라는 세 측면을 있음을 주목해야 한다. 성서 해석은 지적인 유희에 그치는 것이 아니라 순종하는 행위가 되어야 한다는 점에서 사회적이다. 또한 성서 이야기를 과거의 역사적 사실에 대한 명제 언어로 이해하는 것보다 삶의 지평과 맥락 속에서 주어진 것으로 보는 것이 더 적절한 해석이다. 그리고 성서는 무엇보다도 바로 지금 여기라는 현재의 관점과 현재를 위한 하나님의 말씀으로 선포되어야 한다.

성서의 사회성, 역사성, 현재성이라는 측면을 모두 포괄할 수 있

---

101) *Doctrine*, 395.

는 성서 해석 방법으로 맥클랜던이 제안한 것은 전기적 방법이다. 성서 이야기를 실제로 살아 내는 성자들의 영웅적 삶의 이야기는 성서가 현재적 의미를 지니고 있으며, 성서 의미를 더 분명하게 이해할 수 있는 토대가 된다. "성자의 삶의 이야기가 그리스도의 이야기에 참여하는 것이고, 성자들의 이야기를 이야기하는 것 역시 그리스도의 이야기에 참여하는 것이다."[102]

하지만 성자의 삶의 이야기 못지않게 예수 그리스도의 삶의 전기적 재구성이 중요하다. "전기가 기독교 신학에 유용하기 위해서는 기독교의 패러다임적 전기와 일관성을 가져야만 한다."[103] 즉 예수 그리스도의 전기와 연속성을 지녀야 한다. 신자의 삶에 나타나는 주도적 이미지를 통해서 예수 그리스도의 이야기에 참여하는 것은 사실이다. '성자들(saints)의 이야기'에서 '그 성자(The Saint)인 그리스도 이야기'를 하는 것이 더 중요하다. 성자들의 이야기가 신학의 실마리라면, 그리스도의 이야기는 신학의 규범이다. 규범인 그리스도의 이야기라는 빛 아래서 성자들의 이야기가 이야기되어야 한다. 성서가 아닌 다른 기초를 그가 비판하고자 했다면, 그리스도의 이야기 외에 다른 이야기를 통해서 신학을 재구성하는 것은 또 다른 기초주의적 위험성을 지닌다고 볼 수 있다.

그런 점에서 요더와 프라이의 작업은 의의가 있다.[104] 요더의 경

---

102) *Biography*, 170.
103) Duke, Ibid., 143. 그는 맥클랜던의 주도적 이미지의 방법이 예수의 이야기와 오늘 우리의 이야기 사이의 연속성을 확보해 주는 유용한 수단이라고 말한다. Ibid., 144.
104) Yoder, *The Politics of Jesus*.; Hans W. Frei, *The Identity of Jesus Christ: The Hermeneutical Bases of Dogmatic Theology*

우, 기독교 윤리의 기초를 예수 이야기가 비현실적이고 비정치적인
것으로 보고 세속적인 철학과 이론에서 구하려는 기독교 윤리학을
비판하고, 예수 이야기가 일관되게 현실적이고 정치적임을 신약성
서 내에서 발견하고자 한 것은 적절한 것으로 보인다. 그리고 근대
에 있어서 이야기가 상실되어 가는 역사를 추적했던 프라이가 이후
에 우리의 정체성을 형성하는 예수의 이야기로 전환한 것은 자연스
러운 발달 과정으로 보인다.

성서를 이야기로 읽는 것이 중립적인 행위가 아니고 공동체 의존
적인 행위라면, 공동체에 내재된 왜곡된 이데올로기는 성서를 읽는
데에 중요한 걸림돌이 될 것이다. 삶을 이야기로 이해하는 것은 그
사회의 표준화된 이야기가 갖는 억압과 왜곡을 고스란히 성서 이해
에 표출될 것이다.[105] 맥클랜던은 이야기의 자기기만성을 잘 간파
하고 새롭게 전기를 신학에 수용하였지만, 기존 공동체의 기만을
어떻게 걸러낼지에 관해서 언급이 거의 없다. 그래서 리처드 마우
는 '전기적 방법으로 몰몬교에서 조셉 스미스를 설명한다면 어떻게
그 이야기들을 평가하고 구분할 수 있는가'라고 묻는다.[106] 예컨대,
가부장적 사고를 가진 공동체는 성서 이야기를 가부장적 사고를 합
법화하는 것으로 이해할 가능성이 있다. 그리고 자신이 일치하고자
원하는 신앙의 위인의 문제점도 고스란히 모방할 위험도 상존한다.
이야기의 이데올로기적 왜곡을 극복하기 위한 방법론이 맥클랜던에

(Philadelphia: Fortress Press, 1975).

105) Kliever, Ibid., 277.

106) Richard J. Mouw, "Ethics and Story", *Reformed Journal*, vol.37
(1987): 26-27.

게는 결여된 것으로 보인다.107)

그럼에도 맥클랜던의 전기 신학이 공헌하는 점이 적지 않다. 무엇보다도 전기 신학은 그리스도인들의 다양한 삶의 이야기를 가능하게 해 준다. "전기는 확실히 많은 방식으로 사유할 수 있을 것이다."108) 그들 자신만의 독특한 신앙 이야기가 그들의 신학을 형성하도록 해 준다. 왜냐하면 슐라이어마허가 생각했던 것처럼 모든 사람들에게 보편적이고 단일한 종교의 본질로서 종교적 경험이 존재하지 않는다.109) 자신들의 삶과 괴리된 추상적인 신학은 적어도 성서 이야기를 이해함에 부적절하며, 신자의 삶을 설명하지 못한다. 모든 사람들은 자신들의 우물에서 그리스도의 생수를 마실 수 있다.

전기에 두드러지게 드러나는 주도적 이미지를 통해서 신학을 재구성한다는 것은 단지 사변적 작업만은 아니라는 사실을 확인해 준다. 평화의 삶을 사셨던 그리스도에 대한 속죄론이 단지 명제적인 것만이 아니라 삶 가운데 구현된다는 것을 예증해 준다. 삶의 이야기가 추상적 교리에 선행하고, 교리는 삶을 통해서 예증되고 비판되며, 발전하는 것이다. 신학은 추상적 사변과 명제가 아니라 삶의 이야기로부터 비롯되어야 하며, 생생한 삶의 이야기를 반영할 수

---

107) 이야기의 이데올로기적 왜곡에 관해서는 다음을 보시오. Nicholas Lash, "Ideology, Metaphor, and Analogy", Stanley Hauerwas and L. Gregory Jones, ed., *Why Narrative?* 113-37. 그리고 성서의 정치적 읽기에 관해서는 다음을 보라. Stanley Hauerwas, *Unleashing the Scripture: Freeing the Bible from Captivity to America*(Nashville: Abingdon Press, 1993).

108) *Biography*, x.

109) *Biography*, 151.

있는 신학으로 재구성되이야 한다. 더 나아가 전기 신학은 신학의
재구성할 뿐 아니라 신학 하는 자의 삶 또한 변혁한다.

자기-참여로서의 신학은 성품 윤리학과 성품 신학의 탐구가 신
학자의 성품과 그 과제를 읽고 공유하는 자를 요구한다는 것을 의
미한다. 따라서 우리는 그리스도인의 신앙이 송축하는 하나님과의
만남 안에서 우리의 자아, 즉 우리의 진정한 자아를 발견하도록 부
름을 받는다. 그리고 이러한 자아들은 돌이킬 수 없을 정도로 **다양
한** 자아들이다. 이런 점에서 우리는 우리가 검토하려고 했던 삶에
서 우리 자신의 삶으로 돌아가야 한다. 시험관이 시험받는 자가 되
는 것이고, 우리의 '성자'들에 대한 우리의 주장은 그들의 수많은
차원의 주장들이 우리의 것이 되어야 한다.[110]

---

110) *Biography*, 171.

제4장 반기초주의 신학의 실천(Practice)
: 실천적 종교론

성서 이야기는 문학적 이야기처럼 정서적 감동과 감흥이 목적이 아니라 성서를 읽는 자의 변화와 순종을 요구한다는 점에서 문학과 뚜렷이 구별된다. 성서는 다름 아닌 하나님 자신의 이야기이고, 성서 읽기는 순종과 실천 행위이다. 이 실천을 통해서 신학은 정당화될 뿐 아니라, 신학 하는 자의 삶 역시 변화된다. 그러므로 성서 해석에서 중요한 것은 성서의 낭독이 아니라 성서의 실천이다.[1] 여기에서는 실천에 있어서 이론의 역할과 이론은 실천을 통해서 정당화된다는 것을 살펴보고자 한다.

그 다음에 교회 공동체의 기독교 신앙에서 실천으로 이해해야 하는 내적 실천으로서 침례와 잘못된 실천으로 받아들여진 평화주의(Pacifism)를 검토하고자 한다. 데이비드 뷰렐(David B. Burrell, C.S.C)은 맥클랜던이 우리 시대의 그리스도인이 그리스도인답게 살아가는 방법을 일깨워 주었다고 평가한다.[2] 나는 그 방법을 내적으

---

1) Charles L. Campbell, 『프리칭 예수』, 이승진 옮김(서울: 기독교문서선교회, 2001), 112.

로는 침례의 시행과 외적으로는 평화주의 실천이라고 본다.

Ⅰ. 서론: 왜 실천인가?

신학은 유일무이한 독특성을 가진 예수 그리스도의 삶에 동참하는 신자들의 삶의 이야기에 나타난 이미지를 반성하는 것이다. 삶의 이야기라는 점에서 신학은 삶의 문제들을 직시해야 할 뿐 아니라 신학을 산출하는 삶과 실천을 중시할 수밖에 없다. 하나님에 관한 말로서 신학은 실천의 일부분이며, 더 나아가 실천 자체이다. 신학은 하나님을 제삼자의 자리에서 중립적인 태도로 기술하는 것이 아니라 하나님의 역사에 참여하는 신앙고백적 행동이다.3)

신학은 예수 그리스도의 삶과 신자의 삶의 이야기를 합류케 할 뿐 아니라, 그런 삶의 이야기에 참여하여야 한다. 그럼에도 불구하고 신학은 교회 공동체와 신자의 삶과 초연한 위치에 서 있었다. 경기하는 운동선수가 아니라 관중의 입장에서 신학을 하였던 것이다.

---

2) Burrell, "Convictions and Operative Warrant", in *TWF*, 48.
3) 신학적 방법으로서 고백의 중요성에 관해서는 다음을 보라. Martin L. Cook, *The Open Circle: Confessional Method in Theology*(Minneapolis: Thomas, 1991).

관중이 행동은 게임이 일부분으로 계산되지 않는 반면에 가장 약한 타자가 방망이를 휘두르는 것은 게임을 구성한다. 오직 참여자만이 그 게임에 대해 진리를 판단할 수 있는 입장이고, 그 진리의 일부는 그가 선수인지 아니면 단지 관중인가 하는 것이다. 이야기를 말하는 것은 그 안에서 이야기하는 자의 역할을 차지하는 것이다.[4]

그러므로 그리스도의 제자들은 단지 성서 이야기를 듣는 자들이 아니라 성서를 준행하는 자들이다.(약 1:22-25) 마치 재판정의 방청객처럼 무관심하게 중립적인 위치에서 무관심하게 말하지 않고, 그리스도의 부활을 목격한 증인으로서 발언하고 행동한다.

그럼에도 서구 현대의 기독교 역사는 성서를 행하는 자가 되기보다는 성서에 관해서 듣고 말하는 것에 그친 것으로 보인다. 성서가 행함이 아니라 들음에서 그침으로 온전한 성서 해석이 이루어지지 못한 이유는 이론과 실천이 분리되었기 때문이다. 레슬리 뉴비긴(Lesslie Newbigin)에 따르면, 데카르트의 근대 기획이 이론과 실천의 분리를 가져왔다.[5] 절대적 확실성을 추구하는 데카르트에게서 출발점은 실천과 분리된 이론이었다. 그에게서 실천은 확실하지도 않을 뿐 아니라 확실성의 기초는 더욱 아니다. 사유하는 정신이 사랑과 봉사와 기독교 미덕들의 기초가 되었고, 행위의 출발점은 사유가 되었다. 이론에서 실천이 흘러나온다. 사유하는 것과 행동하는 것은 다른 차원이 되었다. 또한 이론과 실천을 이원론적으로 분리한 데카르트에게는 이론에서 실천으로 전개되지 않는다.

---

4) *Witness*, 355-56.
5) Lesslie Newbigin, *Proper Confidence: Doubt and Certainty in Christian Discipleship*(Grand Rapids: Wm. B. Eerdmans Publishing Co., 1995), 23.

이론과 실천의 분리는 기독교 신학에도 영향을 주었다. 하지만 종교는 전적으로 지식으로 이루어지는 것은 아니며, 더욱이 종교의 기초가 지식은 아니다. 종교는 한편으로 신학적이고 교리적인 체계에 대한 바른 신념이며, 다른 한편으로 살아 있는 삶과 신앙 실천 행위 자체이다. 이론으로서 교리와 삶과 행위는 별개의 영역이 되었다. 이것을 맥클랜던은 교리의 이원론적 이해라고 명명한다. 이원론적 이해의 문제는 결국 실천의 무시 또는 억압으로 나타난다. 즉 "이원론자들에게는 어떻게 사고가 행동으로 흘러갈 수 있는가 하는 문제가 있다."[6] 그리스도를 아는 것과 그리스도를 따르는 것은 분리될 수 없다. 성서 이야기를 듣는 자들도 '도스토예프스키'의 소설을 읽는 독자와 같은 감동을 받을 수 있다.

그러나 성서는 성서를 읽는 자를 '독자'가 아니라 '제자'가 될 것을 요구한다. "기독교 이야기의 청중들은 증언하는 자이며, 자신들의 삶에 영향을 주었던 증언이 뒤따른다."[7] 뒤따르는 것을 제자도라고 부른다. 따라서 "기독교 제자도는 진리의 개념이 먼저 형성되고 그 다음에 행동을 위한 프로그램으로 번역되는 두 단계가 아니다. 제자도는 인격적 부르심에 대한 살아 있는 사람의 반응으로 신앙과 순종은 단 하나의 행동이다."[8]

앎과 실천은 단일한 행위 과정이다. 구스타보 구티에레즈(Gustavo Gutiérrez)에 따르면, 전통적인 신학의 영속적인 기능은 영성의 추구와 함께, 합리적인 지식의 지향이다. 그는 신학에 새로

6) *Doctrine*, 32.
7) *Witness*, 356.
8) Newbigin, Ibid., 66.

운 기능을 추가한다. 즉, 신학은 교회와 신자의 신앙 실천을 비판적
으로 성찰하는 역할을 수행해야 한다. 영성과 지식이 사라지는 것
이 아니라 실천의 관점에서 영성과 지식으로서의 신학을 재정립해
야 한다. 즉 영성과 지식으로서 "신학은 교회의 신앙 실천(praxis)
을 출발점으로 삼고 또 그 노선을 따라야 된다." 그가 말하는 "해
방의 신학은 새로운 주제들을 내놓는다기보다는 신학하는 '새로운
길'을 제시한다."9) 바른 신앙 인식 또는 신앙의 정당화는 지적으로
일관되고 체계적인 것을 필요하지만, 올바른 실천을 유도하고 인도
하는 것이 우선되어야 한다. 그러므로 신학에서 이론과 실천은 분
리되어서는 안 되며, 이론적 반성이 실천을 뒤따라야 할 것이다.

II. 실천으로서 종교

맥클랜던의 독특성은 종교의 본질을 실천으로 파악한다는 점이
다. 실천이라는 것은 신학에 있어서 교리보다는 윤리가 우선한다는
것을 말하며, 실천이 전제하는 사회적이고 정치적인 측면을 강조하
는 것이다.

---

9) Gustavo Gutiérrez, 「해방신학」, 성염 역(왜관: 분도출판사, 1977), 31 &
   33.

1. 종교 이해

먼저 종교를 실천으로 이해하는 맥클랜던의 종교관을 살펴보고, 실천으로서의 종교에서 교리의 역할은 무엇인가를 설명하고자 한다.

1) 종교의 정의

맥클랜던은 신학과 종교의 본질을 관념이 아니라 실천으로 이해한다.[10] 그는 종교란 하나의 실천 행위라고 확신한다.

> 종교는 참여자의 삶을 형성하는 확신을 구체화하는 강력한 실천이다. (중략) 이론 자체가 실천적이거나 효과적이라는 의미에서가 아니라 그 관심이 종교가 구현하는 것이 삶을 형성하는 실천이라는 의미에서 우리는 이것을 종교에 대한 실천적 이론이라고 부를 수 있을 것이다. 그래서 종교는 추상화된 가르침과 동일시될 수 없다. (중략) 실천적 이론에 따르면, 공동체의 교리와 언어는 필연적으로 실천의 관점으로 이해되어야만 한다.[11]

종교를 실천으로 이해하는 것은 종교의 추상화를 반대하는 것을 의미한다. 종교의 일반화는 종교의 자리인 삶의 정황으로부터의 이탈을 초래하며 종교를 추상적 가르침으로 전락시키기 때문이다. 일

---

10) 실천을 강조하는 것은 맥클래던 자신에 의하면, 아나뱁티스트의 영향이다. *Witness*, 346.
11) *Doctrine*, 421-2.

반화는 일반화되는 대상의 고유한 차이와 다양성을 획일화하여야
가능하다. 일반화 또는 통일성란, 반드시 자신의 기준과 관점에 의
해 대상의 고유한 색깔을 지우고 다른 것과의 구별을 제거하는 것
이고, 그래야만 일반화되고 통일이 가능하다. 자연히 일반화의 범주
에 포함되지 않는 대상의 부분은 억압되거나 무시되어 배제된다.
따라서 이렇게 일반화된 종교는 있는 그대로의 종교가 아니라, 인
위적으로 만들어진 변형된 추상에 불과한 것이다. 종교는 삶에서
유래한 것이며, 그 삶에 의해 파악되어야 한다. 종교를 제대로 이해
하기 위해서는 종교의 본질을 가정하고 찾으려는 시도를 포기하고
종교의 자리를 주목하여야 한다.

종교의 추상화는 종교 본래의 것이 아니었다. 그 이탈은 근대와
함께 시작되었다. 틸리에 따르면 근대의 시작과 더불어 종교 철학
은 종교적 삶으로부터 추상화된 종교적 신념에 대해 관심을 기울였
다.12) 현대 종교 철학의 주된 주제는 종교적 신념의 합리성, 신 존
재 증명, 신정론의 문제 등인데, 이런 주제들은 종교적 삶과 실천에
서 유래하는 것이다. 그럼에도 불구하고 현대의 종교철학자들은 삶
의 자리에서 벗어난 지점에서 논의하였다. 종교적 신념이 종교적
삶과 실천에서 나오는 것이라면 종교 신앙의 정당화는 분명히 삶과
실천으로부터 나와야 한다.

신학자들의 관심은 올바른 교리적 신념을 규명하는 것이었다. 그
들은 종교적 삶의 풍요로움과 복합성에 대한 참여 속에서의 논의가
아니라, 오히려 종교의 현실을 합리성이라는 잣대로만 규정하려고

---

12) Terrecne W. Tilley, "In Favor of a 'Practical Theory of Religion':
    Montaigne and Pascal", in *TWF*, 49-71.

하였다. 그러므로 신학은 종교적 사실에 대한 기술이면서도 종교적 행위여야 한다. 자신의 종교와 신앙에 대한 발언으로 그것은 분명히 하나의 행동이다. 그러므로 기독교의 본질은 교리가 아니라 실천이다.[13)

2) 왜 윤리가 교리에 앞서는가?

일반적인 조직신학의 체계와 순서에서 윤리학이 마치 신학의 부록과 같은 대우를 받고 있다. 대개의 조직신학 책들은 제일 먼저 서론(Prolegomena) 또는 철학적 신학이라고도 불리는 기초(foundation)를 다루고, 그 다음에 교리(doctrine)를 두고, 그리고 윤리(ethics)는 마지막에 배치한다.[14) 조직신학의 이러한 순서는 기초주의 영향에 따른 것이다. 데카르트와 칸트 이후로 하나님 인식의 불가능성 또는 불가지론이 현대적 사고의 한 양상이 되자, 기독교 신학은 제일 먼저 하나님 인식 가능성으로서 계시론과 계시의 내용인 성서를 신론 이전에 다룬다. 그러기에 맥클랜던은 하나님 자신보다도 하나님의 통치라는 종말론과 종말의 현재적 모습을 통해서 신론을 전개한다. 죄와 구원의 문제와 창조와 고통의 문제를 통해서 하나님 이해를 시도하고 있다.[15)

그러나 맥클랜던에게 조직신학의 세 요소의 관계는 독립적이지

---

13) McClendon, "What is a Southern Baptist Ecumenism?" 77.
14) Murphy, "Introduction", in *TWF*, 9.
15) *Doctrine*, Part Ⅰ "하나님의 통치"를 참조하라.

않고 상호 관련된다.[16] 이 셋의 관계가 완전히 독립적이지 않고 서로를 전제하고 필요로 한다. 즉, 그리스도인의 삶에 관한 윤리적 확신과 신앙의 내용에 관한 교회의 가르침, 그리고 그리스도인의 비전과 세계관은 서로 겹치고 교차한다. "여기서 중요한 것은 삶, 신앙, 그리고 비전은 세 개의 현실이 아니라 하나의 현실이라는 것이다."[17] 따라서 조직신학에서 삶을 다루는 윤리와 신앙을 다루는 교리, 그리고 세계관을 다루는 철학의 각각 분리된 독자적인 영역이 아니라 상호 연관되고 서로를 전제한다.

신학의 세 분야는 상호 연관될 뿐 아니라, 신학의 기초와 교리는 실천에 의해 검증되어야 한다.[18] 기독교 신앙에서 실천이 교리와 세계관의 부록에 머무는 것이 아니라 동일한 위치에서 상호 관계를 형성하는 데서 그치지 않는다. 실천은 무엇보다도 교리와 세계관을 구체화하는 것일 뿐 아니라, 신자의 삶은 그들의 종교적 확신을 구체화하고 검증한다. 삶은 단지 교리를 위한 예증이나 설명이 아니다.[19] 교리가 신자의 삶을 기술하는 측면과 규범적인 원리를 제시하는 측면이 있다면, 전통적인 교리는 기술적인 면이 빈약하였던 셈이다. 신자의 일상과 거리가 있는 추상화된 원칙들이 도리어 신

---

16) *Ethics*, 41. 그리고 맥클랜던은 이렇게 윤리학을 제일 먼저 다루는 이유를 교육적인 고려도 있었다고 한다. 신학교육에서 조직신학을 읽는 것은 목회를 위한 준비이므로, 난해하거나 일상과 소원해서는 안 된다. *Ethics*, 42.

17) *Doctrine*, 21.

18) David B. Burrell, C. S. C., "Convictions and Operative Warrant", in TWF, 43-48.

19) *Ethics*, 111. 그리고 *Biography as Theology*를 보라.

자의 삶을 속박하기도 한다.

그리스도인의 실천을 말하지 않고서 구원과 같은 교리를 말하는 것은 마치 산소 없이 타는 불을 논하는 것이고, 구성원 없는 사회를 논하는 것과 다를 바 없다.[20] 실천은 종교적 확신을 구현하는 것이라는 것에서 더 나아가 실천에 의해서 확신이 검토되어야 한다. "실천적 이론에 의해 교리와 공동체의 언어는 반드시 그 실천의 관점으로 이해해야 한다."[21] 실천의 관점으로 교리와 세계관을 설명하여야 한다.

이미 해방신학자 구티에레즈는 신학에서 실천의 중요성을 발견한 의의를 소극적으로는 교리가 최우선이요 교리 외의 것은 이차적인 것으로 배제하였는데 양자의 균형을 잡게 해 주었고, 적극적으로는 신자의 삶에서 실천적 활동의 중요성을 각인시켜 주었다. 즉, 신학의 실천적 성격은 전통적인 신학의 기능을 대체하는 것이 아니라 새롭게 정의해 주는 역할을 한다. 신학의 합리적 성격도 실천을 출발점으로 삼고 또 그 길을 따라 가야 한다.[22] 그러므로 "교리의 실천으로부터 분리된 기독교 교리는 없다"[23]

그러나 윤리가 교리에 우선한다는 것을 교리가 윤리의 기초가 되던 것이 상황이 역전되어 이제는 윤리가 교리의 기초가 되어야 한다는 것으로 이해해서는 안 된다. 그것은 또 다른 기초주의적 발상

---

20) *Doctrine*, 422.
21) *Doctrine*, 422. 맥클랜던이 신학을 윤리에서 시작하는 교회사적 근거는 고대 알렉산드리아 신학이다. *Ethics*, 44.
22) Gutiérrez, Ibid., 26. & 31.
23) *Doctrine*, 29.

에 지나지 않는다.[24] 맥클렌던은 교회의 가르침과 실천은 분리될 수 없다는 것, 그리고 그 가르침은 삶에서 비롯되어야 한다는 것을 말할 뿐이다. 하우어와스의 말처럼, "윤리학은 신학의 끝이 아니라 시작에 놓여 있는 것이다."[25]

삶과 동떨어질 수 없는 신학은 종착역이 아니라 출발역이며, 신학의 전 과정을 평가하고 판단하는 규준의 역할을 한다. 그렇다고 해서 신학이 삶으로 환원되거나 교리가 윤리로 해소될 수는 없다. 그래서 맥클렌던은 이 점을 분명하게 못을 박는다. "주목해야 할 것은 윤리학의 연대기적 우선성에 관해 여기서 논증하려고 하는 것은 논리적 우선성이나 모든 것을 윤리학으로 환원하려는 것이 아니다."[26]

교리가 윤리로 환원되지 않기 때문에 맥클렌던은 '침례교도'에게 다른 교파보다도 신학이 상대적으로 빈약한 것을 시인하고 애석하게 여긴다.[27] '침례교도'에게 신학이 부족한 첫 번째 이유는 전통적으로 신학을 경시하였기 때문이다. 이는 윤리와 삶이 우선한다는 것을 교리와 신학이 신자의 신앙을 위협하는 것으로 받아들여졌기 때문이다. 실제로 많은 침례교회와 목사, 학자들 사이에서 신학의 무용론이나 위험론을 심심찮게, 그것도 자주 듣게 된다. 신학이 신앙을 압도해서는 안 된다고 하더라도, 신학이 불필요하다고, 더 나아가 해롭다고 여기는 것은 신학에 대한 무지이며, 반드시 교정되

---

24) Murphy, "Introduction", in *TWF*, 18.
25) Hauerwas, *The Peaceable Kingdom*, 54.
26) *Ethics*, 42.
27) *Ethics*, 20-27 ; *Witness*, 339-40.

어야 할 악습이다.

두 번째는 '침례교도'가 위험한 불온 집단이라는 낙인으로 인해 수없이 많은 핍박과 고난으로 점철된 역사를 지니고 있기 때문에 신학에 상대적으로 관심을 둘 수 없었던 저간의 사정이다.[28] 신학이란 신앙에 대한 반성 행위로 2차적인 활동인데, 고난의 역사는 신학 할 수 있는 시간이나 여유를 허락하지 않았던 것이다. 그럼에도 불구하고 자랑스럽게 여겨야 할 것은 '침례교도'는 2차적인 신학적 실천보다도 삶의 현장에서 그리스도를 뒤따르는 삶을 충실한 증인이었다는 점은 자랑할 만하다. 그러므로 '침례교도'는 자신의 삶을 투명하게 반영할 수 있는 신학적 사유 방식과 틀을 짚어내고, 다시 사유하는 것이 관건이다.

2. 실천의 성격

그리스도인의 실천에서 생략해서는 안 되는 두 가지 중요한 실천의 성격이 있다. 하나는 실천의 사회적 성격이고, 다른 하나는 영적인 성격이다. 종교적 실천은 다른 실천과 마찬가지로 사회적 규칙을 따르는 사회적 활동의 측면을 지니고 있다. 하지만 사회적 규칙 이면에 숨어 있는 잘못된 이데올로기를 무비판적으로 추종해서는 안 된다. 그리스도인의 실천은 사회적 규칙에 따르는 실천에 내재

---

28) 그들의 한 맺힌 역사와 신앙적 철저성에 대해서는 다음을 보라. William R. Estep, 「재침례교도의 역사」, 정수영 역(서울: 요단출판사, 1986).

된 왜곡된 권력을 넘어서야 힐 깃이디. 전지는 실천이 구조와 사회
적 문제라면, 후자는 실천의 권력의 문제이며 정치적인 것이다.

1) 공동체를 형성하는 실천: 실천의 사회적 성격

먼저 실천의 사회적 성격에 관해서 검토해 보자. 맥클랜던의 실
천 이해는 많은 부분에서 알래스데어 매킨타이어에게 빚지고 있다.
매킨타이어는 실천의 사회적 성격을 누구보다도 강조한다. 그는 실
천을 다음과 같이 정의한다.

> 내가 말하고자 하는 "실천"은, 특정한 활동 형식에 적합하고 또
> 부분적으로는 이 활동 형식을 통해 정의된 탁월성의 기준을 성취하
> 고자 하는 시도의 과정에서 이 활동형식에 내재하고 있는 선들이
> 이 활동을 통해 -탁월성을 성취할 수 있는 인간의 힘과, 관련된 목
> 표와 선들에 관한 인간의 표상들이 체계적으로 확장되는 결과를 가
> 져오는 방식으로 -실현되는, 사회적으로 정당화된 협동적 인간 활동
> 의 모든 정합적, 복합적 형식을 뜻한다.[29]

먼저 이 정의에서 눈여겨보아야 할 것은 실천의 사회적 성격이

---

29) Alasdair MacIntyre, 「덕의 상실」, 이진우 옮김(서울: 문예출판사,
    1997), 278. 매킨타이어의 '실천'과 '덕' 개념이 신학에 끼친 영향에 관
    해서는 다음을 보라. Nancey Murphy, Brad J. Kallenberg & Mark
    Thiessen Nation. eds. *Virtues & Practices in the Christian Tradition:
    Christian Ethics after MacIntyre*(Harrisburg: Trinity Press
    International, 1997); Jonathan R. Wilson, *Living Faithfully in a
    Fragmented World: Lessons for the Church from MacIntyre's After
    Virtue*(Harrisburg: Trinity Press International, 1997).

다. 그는 실천을 사회적 관계 안의 활동으로 이해한다. 예컨대, 축구 경기나 건축은 실천이지만, 공을 잘 던지는 것이나 벽돌을 쌓는 것은 실천이 아니다. 사회적인 협동이라는 복합적 형식이 빠져 있기 때문이다. 공동체 혹은 비트겐슈타인이 말한바, '언어 놀이'라는 맥락이 없기 때문이다. 공을 던지는 것이 하나의 행위이기는 하지만, 그것이 의미 있는 활동이 되기 위해서는 사회적 관계망 속에서 이루어져야 한다.

다음으로 매킨타이어는 실천을 인간의 덕성 함양과 연관짓는다.30) 예를 들어, 아주 영리한 7살짜리의 아이는 사탕을 좋아하지만 먹을 기회가 거의 없다. 그 아이에게 일주일에 한번 장기를 하면 사탕을 주며, 이기는 것이 불가능하지 않는 쉬운 방식을 제안한다. 이 아이가 처음에는 사탕과 이기는 것 때문에 열심히 한다. 하지만 제안자는 이 아이가 "특별한 종류의 고도의 분석적 기술, 전략적 상상력, 경쟁적 강도들과 같은 장기의 고유한 가치들 속에서 장기를 둘 새로운 이유들을 발견하는 시기가 올 것이라고 희망한다." 이것들은 바로 장기 게임이 요구하는 덕목들이다. 이 덕목들은 장기 게임에 내재되어 있는 선들이다. 이 선한 덕목들을 장기 게임이라는 실천을 통해서 습득하고 길러지는 것이다.

맥클랜던은 매킨타이어와 같이 그리스도인의 실천은 사회적 성격을 지니며, 무엇보다도 공동체를 형성한다고 말한다. 첫째, 실천은 사회적이다. 십계명의 실천은 공동체를 형성하고 유지하는 사회적 활동임을 여실히 보여주는 사례이다.31) 십계명의 역할은 이스라엘

---

30) Ibid., 278-79.
31) *Ethics*, 177-84.

공동체를 형성하는 것이다. 십계명의 특성상 한편으로 하나님과의
관계, 다른 한편으로 타인들과의 관계를 전제로 한다는 점에서 공
동체적이다. 예를 들어 간음하지 말라는 계명은 가족의 삶을 보호
하고 지키기 위한 규칙이며, 도둑질하지 말라는 계명은 소유물에
대한 실천을 지도하는 규칙이다. 이러한 규칙들은 결국 공동체를
형성하고 인도하는 역할을 수행한다.

　둘째, 실천은 공동체를 형성한다. 그리스도인은 실천을 통해서 그
리스도인의 덕을 함양하고 공동체를 형성한다. 예를 들어 주의 만
찬의 경우를 보자. 주의 만찬에서 예수 그리스도의 살과 피를 상징
하는 떡과 포도주를 나누는 것은 한편으로 그리스도와의 일치를 추
구하는 것이고, 다른 한편으로 함께 나누는 신자들과의 연대
(solidarity)를 지향한다. 떡과 포도주는 결국 예수 그리스도의 몸이
고 그 몸을 먹고 마심으로 그리스도를 닮는 신자들의 그리스도의
공동체가 건설된다. 그러므로 주의 만찬은 "주술적인 것도 아니고,
심지어(일반적으로 많은 경우에 이 용어를 사용하지만) '성례전'도
아니며, 무엇보다도 도덕적이고 윤리적인 것이다. 다시 말하면 기독
교 공동체의 공동 삶을 형성하려는 목적이다."[32]

　맥클랜던은 또 다른 예를 든다. 그것은 죄를 용서하는 것이다. 주
의 만찬이 일치와 연대라면, 죄 용서함은 깨어진 공동체를 회복하
는 실천이다. 용서는 한편으로 상대에 대한 마음의 분노를 감추지
않고 드러내 용서가 이루어지게 하고, 다른 한편으로 계속되는 분
노의 악순환을 중지시킨다. 그러나 용서가 없다면 공동체는 회복

---

32) *Ethics*, 216.

불가능해진다. 용서가 사라진 닫힌 공동체 안의 구성원들을 서로를 파괴하고, 공동체 자체를 파멸시킨다. 그러므로 "용서는 공동체 가운데 불화를 회복하는 목적을 갖는다. 용서는 깨어진 교회를 치유한다."[33] 죄 용서의 실천을 통해서 제자들은 그리스도의 덕을 배우고, 공동체를 건실하게 만들게 된다.

그러나 매킨타이어의 실천 이해에 있어서 문제점은 실천의 정치적 왜곡을 간과하고 있다는 것이다. "모든 실천은 왜곡될 소지가 있다."[34] 왜냐하면, 실천이 사회적 성격을 지니고 있어서 공동체와 연결되어 있고, 공동체를 형성하는 것이라면, 그리고 사회적 제도와 기관이 왜곡되어 있다면, 실천이 공동체의 변혁을 일으킬 수도 있지만, 도리어 영향을 받아 뒤틀릴 수 있다.[35] 매킨타이어가 간과한 것은 실천에 내재된 권력의 문제이다. 하나님의 통치에 불순종하고 저항하는 세상적 규칙 말이다.[36] 정당했고 유효했던 것들도 시간의 흐름에 따라 제도화되고 관료화되어서 끝내는 본래의 의도와 시작과 달리 역기능을 하는 것이 역사의 교훈이다. 그래서 실천에는 마성적이고 파괴적인 에너지가 존재한다.[37] 이를 간과해서는 안 된다.

---

33) *Ethics*, 224.
34) *Doctrine*, 35.
35) *Ethics*, 173.
36) *Doctrine*, 28
37) *Doctrine*, 33.

2) 정사와 권세에 대항하는 실천: 실천의 정치적 성격

실천에 내재된 마성적 특성을 간파하기 위해서 정사와 권세를 이해하는 것이 필요하다. 정사와 권세의 특징을 맥클랜던은 다음과 같이 설명한다.[38] 그는 여기서 권세의 특징을 일곱 가지로 정리하였지만, 편의상 더욱 간단히 요약하였다. 고대에서는 권력은 불가피하게 신과 결탁되어 있어서 신과 사회적 제도는 구분되지 않는다. 권세에는 사회적 기관뿐 아니라 종교적 제도도 포함된다. 이러한 권세들은 하나님의 피조물이므로 하나님께 순종해야 함에도 불구하고 도리어 그리스도에게 대항한다. 그리스도는 죽으심과 부활로 말미암아 권세를 이기셨음에도 여전히 권세는 존재한다. 권세는 파괴되거나 폐지된 것이 아니라 그 정체가 폭로되고 세상에서 누리던 지위를 박탈당했을 뿐이다.

제자들은 권세가 역전되었다는 것을 말과 삶으로 증언해야 하며, 그리스도를 따라 정사와 권세들에 저항해야 한다. 그러나 궁극적으로 권세는 폐지되어야 할 것이 아니라 새롭게 되어야 한다. "이는 교회로 말미암아 하늘에서 정사와 권세들에게 하나님의 각종 지혜를 알게 하려 하심이니"(엡 3:10) 그리스도의 사역이 권세들과 투쟁할 뿐 아니라, 바울이 에베소서에서 보여주는 비전은 교회를 통해서 회복된다는 것이다. 그리고 그것을 널리 알리는 것이 교회의 사명이다. 그러므로 하나님의 피조물인 한, 사라져야 할 것이 아니라 하나님의 권세에 복종케 해야 하는 것이다. 권세를 위시한 모든

---

38) *Ethics*, 173-78.

것이 그리스도 안에서 새롭게 하는 일이 제자의 삶이 되어야 한다.

맥클랜던에게 정사와 권세는 영적이면서도 사회적인 성격을 지닌다. 초자연적 실재이면서도 정치적인 권력이고, 영적이면서도 물질적인 것이다. 정사와 권세를 순수하게 영적인 실재로만 파악한다면 사회적 삶으로부터 도피하는 것은 타당하게 되고, 반대로 세속적인 질서로만 이해한다면 그리스도의 말씀 빛과 성령의 능력으로 제자의 삶을 살 아무런 이유가 없는 것이다. 따라서 '콘스탄틴적 기독교'와 같이 하나님의 도성과 인간의 도성을 혼동하거나 혼합해서는 안 되며, '소종파적 기독교'와 같이 하나님의 영광스러운 창조 세계로부터 무시하고 개인의 경건으로 숨어서는 안 된다.[39]

존 스토트는 맥클랜던의 견해와 상반된 입장을 피력한다. 그는 정사와 권세를 순전히 영적인 것으로 이해한다.[40] 그는 이 용어들이 때로 정치적 권위나 정부를 향해 사용되었다는 것도 인정하지만, 우선적으로 그것은 구체적인 사회 정치적 구조나 제도, 권위로 볼 수 없고, 단지 초자연적인 권세를 가리킨다. 그의 논리를 따라가면, 그가 궁극적으로 염려하는 것은 정사와 권세를 전통, 제도, 구조와 동일시하는 것에 있음을 알게 된다. 그렇게 되면, 교활한 마귀의 활동을 판에 박힌 구조로 제한하게 되는 우를 범하게 되며, 동시에 사회 구조에 대해 지나치게 부정적으로 흐르게 된다고 그는 우려한다.

하지만 정사와 권세에 관한 삼부작을 쓴 월터 윙크(Walter Wink)는 스토트와 의견을 달리한다.[41] 그에 의하면, 신약성서에서

---

39) *Ethics*, 176.
40) 존 스토트, 「하나님의 새로운 사회」(서울: 아가페, 1988), 339-49.

마귀는 사람과 심지어 돼지 속에도 손재하며, 계시록 12-13상에서
보듯이 정치적 제도 속에도 구체화되어 있다. 영적인 실재를 구체
적인 현실과 동떨어진 것으로 간주하는 것이나, 반대로 영적인 차
원이란 아예 존재하지 않는 것으로 보는 것은 성서적이고 고대적인
세계관과 다르다. 나치 독일이나 남아공과 미국의 흑백 인종분리와
차별, 국가의 폭력과 전쟁 등에서 악마적 기운을 감지하게 된다. 그
것들은 그저 가상이거나 고대적 미신이 아니다.

또한 스토트의 이해와 달리 정사와 권세가 구조와 완전히 동일시
되는 것은 아니다. 정사와 권세에 영적이면서도 사회적이라는 맥클
랜던의 요지를 상기할 필요가 있다. 영적인 존재는 반드시 자신을
구현할 구체적인 몸을 요구한다. 그 형태를 존 요더는 네 가지로
분류한다. 현존하는 사회 질서를 후원하는 종교적 구조, 갖가지 이
데올로기와 주의(ism)와 같은 지적인 구조, 관습과 같은 도덕적 구
조, 마지막으로 독재, 시장, 인종, 민족과 같은 정치적 구조들이
다.[42] 여기에 우리는 밥 하웃즈바르트가 우리 시대의 우상의 목록
으로 제시한 것도 눈여겨보아야 할 것이다. 그것은 군국주의, 민족
주의, 물질적 번영을 추구하는 자본주의 등과 같은 이데올로기의
모습으로 등장하기도 한다.[43]

---

41) Walter Wink, *Engaging The Powers: Discernment and Resistance in a World of Domination*(Minneapolis: Fortress Press, 1992), 3-10.

42) Yoder, *The Politics of Jesus*, 142-143. 이것은 요더가 영어로 번역한 헨드릭 벌코프의 목록을 정리한 것이다. Hendrik Berkhof, *Christ and the Powers*(Scottdale: Herald Press, 1962).

43) Bob Goudzwaard, 「현대 우상 이데올로기」, 김재영 옮김(서울: IVP, 1987).

이런 체제들은 물질적이면서도 분명히 영적인 면이 존재한다. 이 말이 곧 둘 사이가 완전히 일치한다는 것으로 받아들이는 것은 오해로 보아야 할 것이다. 보수주의자들이 영적인 측면에만 몰두하여 사회적 현실로부터 도피하려고 한다면, 진보주의자들이 구조적 개혁에만 치중하여 영적인 실재를 간과하는 것은 정사와 권세의 한 단면만을 붙잡은 것이다. 그래서 윙크는 개인적인 것을 사회적인 것으로, 사회적인 것을 개인적으로 것으로 환원하지 말라고 주의를 준다.[44] 보수주의자들이 생각하는 것처럼, 전적으로 개인의 잘못만은 아니며, 그렇다고 혁명주의자들의 말처럼, 사회적 구조 잘못만도 아니다. 구조가 변한다고 해서, 개인의 내면까지도 새로워지는 것은 아니며, 그 반대의 경우와 동일하다.

마르바 던은 자크 엘룰을 통해서 "우리가 대적해야 할 대상은 마귀가 아니라 마귀의 궤계라는 사실에 주목하라"고 강조한다.[45] 즉 구조나 체계 자체를 거부하는 것이 아니다. 예컨대, 기술의 경우 기술 자체를 거부할 필요도 없고, 그렇게 하지도 않는다. 다만, 문제가 되는 것은 기술적인 사고방식이다. 기술을 통해서 자연과 세계를 통제하고 장악하려는 것, 그리고 그 기술이 인간 사회의 참된 행복을 가져다줄 수 있을 것이라는 낙관 등이 문제다. 간단히 말해 민족이나 인종 자체를 부정하자는 것이 아니라 극단적 민족주의나 인종차별로 진화하는 인종주의를 문제 삼고, 그것에는 정사와 권세

---

44) Ibid., 73-85.

45) Marva Dawn, "정사와 권세에 대항해 승리하는 부르심", 유진 피터슨 & 마르바 던, 「껍데기 목회자는 가라」, 차성구 옮김(서울: 좋은 씨앗, 2000), 157.

외 같은 영적인 존재의 실제가 개입되어 있다는 것이다. 따라서 정사와 권세의 분별은 "구조 자체에 대한 공격을 의미하지 않는다."[46)

여기서 요지는 기독교가 관념적 종교가 아니라 실천이며, 그 실천 행위는 물질적 현실과 괴리된 영적인 세계에만 집착하는 것도, 그렇다고 영적인 세계를 간과한 채 물질적 세계에만 관심을 두는 것은 바람직한 실천이 아니라는 것이다. 그리고 맥클랜던이 생각하는 실천이란, 그 양자 모두를 변혁하는 것이다. 콘스탄틴적 기독교처럼 기독교가 현존하는 지배 질서를 그대로 승인해서도 안 되지만, 그렇다고 시끄러운 삶의 세계에서 벗어나는 것만이 능사가 아니다. 인간이 공동체로부터 어떠한 형태로든 관련이 되어 있기에 도피란 애초에 불가능할 뿐만 아니라, 도피함으로 그가 회피하고자 한 세계를 승인하는 것이 될 수도 있다.

여하튼, 소종파적 기독교에 대한 비판은 요더를 위시한 하우어와스와 자신에게 제기되는 비판, 곧 사회적 현실로부터 도피하는 소종파적 윤리가 아니냐는 비판에 대한 반론의 성격도 있다는 점을 놓쳐서는 안 된다. 따라서 기독교의 실천은 영적인 갱신과 함께 사회적 구조의 개선이라는 양면을 동시에 추구해야 한다는 것이 맥클랜던의 요체다.

---

46) Lesslie Newbigin, 「다원주의 사회에서의 복음」, 335.

Ⅲ. 신학의 정당화로서 실천

신학의 정당화는 실천을 통해서 이루어진다. 이는 먼저 이론과 실천의 이분법이 극복되어야 하고, 적절한 태도를 표명하는 합당한 실천 행위를 통해서 정당화된다는 것을 다루고자 한다.

1. 오스틴의 화행 이론

맥클랜던은 존 오스틴의 화행 이론(Speech-act theory)에서 두 가지를 배웠다. 하나는 지시와 의미, 사실과 가치의 이분법을 극복하는 것이고, 다른 하나는 언어의 실천적 성격을 이해한 것이다.[47] 현대의 종교 이해는 사실과 가치, 실천과 이론이 철저하게 분리되었다. 맥클랜던은 오스틴에게서 이런 문제를 극복할 수 있는 단초를 발견하였던 것이다.[48]

1) 실천과 이론의 이분법의 극복

오스틴은 의미 있는 문장을 명제라고 생각하는 전통적인 견해를

---

47) *Convictions*, 53.

48) James M. Smith & James Wm. McClendon, Jr., "Religious Language After J. L. Austin", *Religious Studies*, 8(1978): 55-63.

반박한다. 여기서 명제라 힘은 객관적인 사실이나 시간의 상태를
기술하는 것으로 참과 거짓을 알 수 있는 것이다.[49] 전통적으로 명
제만이 의미 있는 문장이라고 생각하였다. 하지만 진술이나 명제로
포함하기에 어려운 문장이면서도 의미 있는 문장들이 많다. 다음과
같은 문장들은 오스틴이 전통적인 진술문의 범주에 포함되지 않는
것들이면서도 동시에 의미 있는 문장들이다.

⑴ 나는 이 여인을 나의 법적인 아내로 맞아들이겠습니다.
⑵ 나는 이 배를 퀸 엘리자베스 호라고 명명한다.
⑶ 나는 이 시계를 내 동생에게 유산으로 남기노라.
⑷ 나는 내일 비가 온다는 예측에 대해 6펜스를 건다.[50]

위의 예문들의 특징은 전통적인 기준에 따르면 사건이나 사실에
관한 진술문이 아니지만 의미 있는 문장들이다. 이 문장들은 진술
문이 아니어서 참과 거짓의 범주로 판단할 수 없으며, 또한 위 문
장 자체를 발언하는 것은 일종의 행위를 하는 성질을 갖고 있다.
참과 거짓의 기준을 갖는 진위문(constatives)과 달리 말함이 곧
행함이 되는 수행문(performatives)의 존재를 발견한 오스틴은 이

---

49) '물은 섭씨 100도에서 끓는다'는 진술을 예를 들어 보자. 이것은 물이
라는 대상이 끓는 상태나 사실에 대해 객관적으로 기술한 것이며, 참
과 거짓 여부를 판단할 수 있다. 따라서 이 진술은 참이며, 의미 있는
진술이다. 그러나 '물은 섭씨 100도에서 끓지 않는다' 또는 '물은 섭씨
95도에서 끓는다'는 진술은 객관적 사실에 대한 잘못된 기술이며, 그
잘못을 판단할 수 있는 진술이다. 따라서 이 진술은 거짓이지만, 거짓
여부를 알 수 있기에 의미 있는 문장이다.

50) John Austin, 「말과 행위」, 김영진 옮김(서울: 서광사, 1992), 5.

양자의 관계를 처음에는 이분법적으로 생각하였다. 예컨대 '나는 당신을 초대합니다'는 수행문이고, '저 공은 빨갛다'는 진위문이다. 그러나 수행문과 진위문은 명백히 구별되지도 않을 뿐 아니라, 구분할 수 있는 절대적 기준이 없다.[51] 예를 들어 보자. '문을 열어 주세요'라는 발언은 수행문일 뿐 아니라, 진위문의 성격도 있다. 이 발언이 의미가 있기 위해서는 실제로 문이 있어야 하고 그 문은 닫혀져 있는 상황을 필요로 하고, 문장의 의미는 상황과 적절한 관련이 있어야 한다. 따라서 수행문과 진위문은 분리되지 않으며, 발언은 전체 상황과 관련되며, 상호 배타적으로 구분되지 않는다.[52]

2) 오스틴의 종교적 가치

오스틴의 생각이 종교에 던지는 함축은 다음 두 가지이다. 하나는 신학의 언어와 신앙고백은 사건과 사실에 대한 진술이라는 단 하나의 기준으로 판별할 수 없다는 것이다.[53] 이것은 의미의 검증이론(verification principle of meaning)에 의해서 하나님의 존재와 신앙을 과학적 사실과 같은 방식으로 검증하도록 강요당한 종교에 하나의 해방 소식이다.[54] 신의 존재를 객관적 사실로 입증하지 못하면 주관적 경험에 불과하다는 비판에 시달린 기독교에게 언어의 의미는 사실 여부에 의해 판단되지 않는 언어 영역이 있다는 것은

---

51) Ibid., 93.
52) *Convictions*, 49.
53) *Convictions*, 55.
54) *Convictions*, 137-38.

복음과 다를 바 없다. 성서의 하나님의 초월성이 말할 수 없음을 뜻하지만, 하나님의 계시로서 성서가 기록되었다는 사실은 하나님 이 인간에 의해 말해질 수 있도록 허용하셨다는 것을 말한다. 인간 에 의해 말해질 수 있는 하나님을 검증 이론으로는 설명할 수 없었 는데, 오스틴에 의해서 새로운 가능성이 열린 것이다.

그런 점에서 맥클랜던은 종교를 도덕 언어로 이해한 브레이트웨 이트와 유사한 면이 존재한다.[55] 그는 맥클랜던과 같이 종교는 검 증 원칙으로는 적절한 평가를 할 수 없고 종교의 쓰임에 의해서 올 바로 이해된다고 한다. 종교 언어의 쓰임을 주목하면 도덕 언어와 유사하다는 것을 발견하게 된다. 종교 언어는 도덕 언어와 같이 화 자의 의도를 표현하고, 행동을 지도한다. 그러나 화자의 의도를 반 영하는 종교의 이야기는 경험적으로 확인할 수 없고 그 의미만 파 악할 수 있다.[56]

그러나 사실이 없는 진리는 텅 빈 개념에 불과하다.[57] 진리가 사 실과의 일치에 의해서 확보되지 않으며, 또한 사실에 의해서 진리 여부를 평가받을 수도 없다. 그럼에도 진리 이해에 있어서 사실적 차원을 삭제할 수는 없다. "우리에게 분명하게 요구되는 것은 실증 주의자들이 비록 부정적으로 강조하였지만 재현의 요소뿐 아니라, 브레이트웨이트가 주의를 집중시켰던 의도나 다른 정서적 요소 또 한 포함하는 설명이다."[58] 그는 종교 언어의 사실적 측면을 배제한

---

55) R. B. Braithwaite, "An Empiricist's View of the Nature of Religious Belief", in Basil Mitchell, ed, The Philosophy of Religion(Oxford : Oxford University Press, 1971), 72-91.

56) Ibid, 86.

57) Convictions, 155.

채 주관적 언어로 바꾸어 버린 것이다. 그러므로 그는 언어의 실천
적 측면을 파악하였다는 점에서는 데카르트적인 언어관을 극복하였
지만, 사실과 가치, 주관과 객관의 이분법을 넘어서지 못함으로써
현대적 언어 이해에 머무르고 말았다. 데카르트 이후 서양 현대의
언어 이해가 사실과 가치의 이분법에 사로잡혀 결국은 언어의 실천
적 측면을 망각하였다.

그러나 맥클랜던은 종교 언어를 사실과 가치를 동시에 가지고 있
는 실천과 행위적인 것임을 오스틴을 통해서 설명하였다. 그는 브
레이트웨이트와 달리 실천으로서의 종교 언어를 현대적 맥락이나
관점에서 다루지 않았다는 점이 중요하다. 사실 자체는 이론 의존
적인 것이며, 이론 역시 사실과 분리된 것이 아니다. 종교 언어의
경우 객관적 사건과 사실에 대한 주관적인 해석으로 이해할 수 없
다. 하나님의 객관적 역사에 대한 바른 반응이 신앙이고, 그런 점에
서 하나님의 구원 역사에 대해 신앙고백을 하는 것은 심리적이고
주관적인 고백이 결코 아니다.

2. 경외에 찬 감사

맥클랜던이 오스틴에게서 주목한 두 번째 언어 이해는 종교 언어
는 수행문이라는 사실이다.[59] 다시 말하면 종교 언어는 실천이고,

---

58) James Wm. McClendon, Jr., James M. Smith, *Understanding
Religious Convictions*, 29.
59) James Wm. McClendon, "How is Religious Talk Justifiable?" in

신학 역시 실천적 행위이다. 종교 언어의 핵심인 신앙고백은 사실에 대한 진술일 뿐 아니라, 순종하는 행위이며, 증언하는 실천이다. 종교 언어 또는 신앙고백의 정당화는 실천에 의해서 이루어진다. 굶주림으로 고통 받는 이웃더러 '가서 배부르게 먹으라'고 말하고 실제로 필요한 것을 주지 않는 것을 야고보서는 죽은 믿음이라고 말한다. 즉 죽은 믿음이란 믿음과 행함이 분리된 것이며, 헛된 믿음에 불과하다. '가서 배부르게 먹어라'는 말은 실제적인 나눔의 행위가 수반되지 않으면 의미 없는 말일 뿐 아니라 부당한 말이 된다. 그래서 야고보는 그런 말은 귀신들의 언어라고 비판하는 것이다. (약 2:14-20) "간단히 말해서 A'의 수행적 힘의 정당화는 A'를 수행하는 신앙의 행위이다."[60]

맥클랜던은 기독교의 실천의 핵심을 경외에 찬 감사(awed gratitude)라고 한다. 그는 그리스도인의 신앙고백이 정당화되기 위해서는 적절한 태도가 요구된다고 한다. 그가 제시한 적절한 태도란 경외에 찬 감사이다. 이 고백에 대해 여러 가지 감정이 있을 수 있지만 하나님에 대한 경외심이 가장 적절한 반응이다. 다시 말하면 그 고백은 자신의 삶의 변화를 요구하고, 고백자의 삶이 그 사건의 일부가 되고, 그 사건은 고백자의 삶의 일부가 된다.[61]

경외가 홍해 사건에 대한 가장 적절한 반응이라는 것은 그 사건을 현장에서 체험한 이스라엘 사람들의 반응과 그 이후의 역사적

Novak, Michael. ed. *American Philosophy and the Future*(New York: Charles Scribner's, 1968) 329.

60) McClendon, "How is Religious Talk Justifiable?" 343. 여기서 A'는 "하나님이 이스라엘을 갈대 바다를 건너게 하셨다"는 신앙고백이다.

61) *Convictions*, 71.

반응들을 살펴보면 알 수 있다. 출애굽기 14장과 15장은 홍해 사건
을 경험한 바로 그 시대의 이스라엘 백성들의 반응을 보여준다. 그
리고 시편 105편은 그 사건에 대한 후대의 반응이며 제의적 맥락에
서의 반응이다. 이스라엘의 반응에서 주목해야 할 것은 찬양이다.
그리고 그 찬양은 항상 예배를 드리는 맥락이다. 특히 출애굽기의
경우는 홍해 사건에 대한 바른 반응이 하나님에 대한 경외이며 찬
송이라고 기록하고 있다. 예배 공동체는 하나님의 기이한 역사를
반복하여 낭송하고 축하하며 기념한다. 이 감사 속에서 하나님은
높임을 받고, 예배자는 경외의 자세를 지니게 된다.[62]

> 이스라엘이 여호와께서 애굽 사람들에게 베푸신 큰일을 보았으므
> 로 백성이 여호와를 경외하며 여호와와 그 종 모세를 믿었더라. 이
> 때에 모세와 이스라엘 자손이 이 노래로 여호와께 노래하니 일렀으
> 되 내가 여호와를 찬송하리니 그는 높고 영화로우심이요 말과 그
> 탄 자를 바다에 던지셨음이로다(출 14:31-15:1).

그들은 먼저 하나님의 기이한 일에 대해 경외를 표명한다. 그 경
외는 곧 이어 "모세의 노래"라는 찬송을 하게 된다. 이것은 홍해 사
건이 명백히 실제적인 사건이며, 그 사건의 의미는 사건의 사실성
여부가 아니라 하나님을 경외하고 찬송하느냐에 달려 있는 것이다.
그리고 그들의 찬송은 항상 예배라는 맥락에서 불려진다.[63] 예배는
하나님의 일에 대한 반복적인 기억과 회상이며 축하의 자리이다.

---

62) *Convictions*, 71-72.
63) 홍해를 건너게 하신 하나님의 위대한 구원의 역사와 종교 언어의 정당
화에 관해서는 골드버그의 논의를 참조하라. Goldberg, 45-47.

성외의 반응이 없는 고백과 언어는 공허하다. 예를 들어 불교의 승가대학에서 기독교를 가르치는 한 승려가 있다고 가정해 보자. 그는 학생들에게 기독교에 대한 정보를 그들이 지성으로 납득할 수 있도록 설명하는 것이 목표일 뿐이다. 만약 누군가가 그에게 "당신은 왜 기독교의 구약에 나오는 그 사건을 가르치십니까?"라고 묻는다면, 그는 "나는 단지 기독교에서 말하는 것을 가르칠 따름입니다."라고 대답할 것이다. 그에게서 출애굽의 홍해 사건은 자신의 삶의 이야기의 일부로 받아들이지 않으며, 자신의 삶과 아무런 의미 관련을 가지지 않는다. 그가 출애굽 역사에서 홍해 사건을 가르칠 때, 그가 느끼고 표현하는 자세는 분명히 신앙고백자의 것과 다르다.

그러므로 신앙고백의 정당화는 그 고백이 요구하는 적절한 행동 양식들로 반응에 의해 얻어진다. 그러한 태도가 없다면 그 누구도 하나님의 행하심에 대해 바른 고백을 드리지 못한 것이다. 경외에 찬 감사가 없다면, "알레프(Aleph)나 그 누구도 이러한 의미에서 하나님이 행하셨다고 고백할 수 없다."[64] 그런 점에서 승가 대학의 승려와 같은 외부인은 이 고백을 가르칠 수 있지만 적절한 반응을 수행하지 못하기 때문에 동일한 언어를 말할지라도 그것은 고백이 아니다. 외부인은 그러한 신앙고백을 할 수 없으며, 부정도 할 수 없다.

---

64) *Convictions*, 73-74.

Ⅳ. 교회 공동체의 실천

종교 언어의 핵심이 실천이고 신앙고백에 합당한 행위로 나타나지 않는다는 사실은 전통적인 종교적 행위들을 수행적 관점에서 보도록 한다. 여기서는 침례를 수행 행위로 이해하는 것이 타당하다는 것과, 왜곡된 교회 공동체의 실천의 한 사례로 전쟁과 폭력의 문제를 다룰 것이다. 전자는 교회 내적인 실천이라면, 후자는 교회 외적인 행위이다.

1. 내적 실천: 침례

현대 신학에서 침례가 논의의 중심으로 부상하게 된 중요한 계기는 칼 바르트이다.[65] 전통적으로 칼빈주의 또는 개혁주의는 유아 세례를 지지하였으나, 바르트가 유아 세례를 정면으로 공박하면서 논쟁이 되었던 것이다. 그럼에도 불구하고 침례가 침례교인의 실존의 경험적 열쇠와 같은데도 침례교 신학자들은 침례를 제대로 다루지 않고 있다.[66] 여기서는 '침례'를 수행적 표지(performative sign)로 이해하는

---

65) *Doctrine*, 393. 칼 바르트의 주장에 대한 논쟁의 역사와 내용은 다음을 참조하라. 전성용, 「칼 바르트의 성령론적 세례론」(서울: 한들출판사, 1999).

66) James Wm. McClendon, "Baptism as a Performative Sign", *Theology Today* 23(October 1966): 404. 맥클랜던에 따르면 20세기의 주요한 신학자인 멀린스의 조직신학도 침례에 대해서 거의 다루지 않고 있다. Ibid., f.n. 2.

맥클랜던의 견해를 검토하고자 한다.

1) 침례의 실천적 성격

맥클랜던은 침례의 수행적 측면에 따라 침례를 다음과 같이 정의한다. "침례교 신학자들이 바르게 요약한 것을 따라 기독교 침례는 수행적 표지로 이해하는 것이 마땅하다. 기독교 신앙에 따르면 침례는 인간의 참여(교회와 후보자)와 하나님의 참여 양자를 포함하는 특별한 성격을 가지고 있다."[67] 이 정의는 맥클랜던이 이해하는 침례의 두 가지 윤리적 성격을 잘 보여준다. 하나는 침례는 수행적 표지 또는 실행된 표지로서의 침례의 실천적 성격이다.[68]

다른 하나는 침례는 예수 이야기와 침례 받는 자의 이야기가 하나의 이야기(one story)가 된다는 침례의 도덕적 성격이다.[69] 침례의 실천적 성격과 도덕적 의미가 있다. 실천적 성격이라는 것은 침례를 수행적 표지로 보는 것이고, 도덕적 의미라는 것은 침례가 하나님과 인간의 참여 이야기라는 것이다. 그리고 여기서 나오는 결론이 유아 세례에 대한 거부이다.

먼저 침례의 실천적 성격을 살펴보도록 하자. 맥클랜던은 바르트

---

67) McClendon, "Baptism as a Performative Sign", 410.
68) McClendon, "Baptism as a Performative Sign", 403-16을 중심으로 설명할 것이다. 맥클랜던은 주의 만찬도 윤리적으로 해석한다. *Ethics*, 215-16.
69) *Ethics*, 255-9를 중심으로 설명하고자 한다. *Doctrine*에서는 예배의 맥락에서 논의한 것으로 침례의 실천적이고 도덕적인 측면과 관련해서 참조할 것이다.

를 통해 야기된 침례에 관한 논쟁을 7개의 명제로 정리한다.[70] (1) 모든 학자들이 침례가 핵심적인 중요성을 갖는다는 것에 동의한다. (2) 모든 학자들이 침례가 구속사와 케리그마, 그리스도, 성령과 관련되어 있다는 것에 동의한다. (3) 모든 학자들은 침례가 교회의 충만한 삶으로의 입문이라고 주장한다. (4) 거의 모든 학자들이 침례는 '단순한 표지'(mere sign)나 '단순한 상징'(mere symbol)이 아니라 '효과적 표지'라는 점에 동의한다. (5) 이들 학자들은 침례를 응답할 수 있음으로의 부름이라고 주장한다. (6) 모든 학자들은 거듭남의 침례에 관하여 유아 세례는 현명하지 못하고 거의 대부분은 정당화될 수 없다고 본다. (7) 그러므로 침례는 본질적으로 반복될 수 없다는 점에 동의하는 것은 명백하다.

그중에서 그가 주목하는 것은 침례는 효과적 표지라는 네 번째 명제이다. 침례는 '단순한 표지'나 '단순한 상징' 이상의 것이다. 침례는 이미 일어난 일을 '기술'하는 것이 아니라 무엇인가를 행하는 것이다. 예를 들어 '내 재산을 내 조카에게 기부한다'고 변호사 입회하에서 말하는 것은 실제로 그렇게 행하는 것을 말한다. 그것은 사실의 기술이기도 하지만 그 말은 그 말을 수행하고 성취하는 것이다. 그리고 '감사해요'라고 말하는 것은 감사의 마음을 표현하는 것이기도 하지만, 감사의 행동이기도 하다. 결혼식장에서 신랑과 신부가 나는 이 사람과 결혼하겠다고 주례와 하객들 앞에서 말하는 것은 상징이나 생각이 아니라 구체적인 행동이며, 그 행위를 전달한다.[71] 마찬가지로 침례는 침례 받는 자와 교회, 그리고 하나님의

---

70) "Baptism as a Performative Sign", 405-7.
71) *Doctrine*, 388.

행위이다. 하나님의 구원 행위와 인간의 응답이 합치하는 곳이며, 하나님의 은혜에 대한 인간의 순종의 표지이다.[72]

침례를 수행적 표지로 이해하는 것은 현대적 침례 이해를 극복하고 성서적 침례를 보여준다. 맥클랜던은 교회 안에서 시행되는 침례가 복음 전도의 방법론으로 변화되었다고 비판한다. 미국의 부흥운동의 영향으로 정서적 위기를 강하게 강조하여 침례를 사적이고 감정적인 경험으로 축소하고 있다. 복음으로 거듭나는 것은 분명히 개인적인 것이지만, 공동체로부터 분리되는 것은 아니며, 감정적인 측면의 강조는 신자의 삶에서 윤리적 면을 약화시킨다.[73]

침례에 감정적인 요소가 분명히 존재하지만, 실천적인 요소가 배제되는 것은 바람직하지 않다. 침례를 집례하는 목사가 "성부와 성자와 성령의 이름으로 아무개에게 침례를 베푸노라"라고 말하는 것은 감정의 표현이 아니라 실제로 행하는 것이다. 그리고 '아멘'이라고 응답하는 것 또한 새로운 삶을 살겠다는 순종과 실천의 표지인 것이다. 지적인 동의가 아니며, 감정적인 공감도 아니다. 순종의 표지이며, '아멘'이라고 말하는 것 역시 순종하는 행위인 것이다. 그러기에 침례 요한과 예수의 침례는 회개에 합당한 열매를 맺는 것과 본질적으로 결부되어 있었다.

침례에서 감정적인 요소를 지나치게 강조하는 것에 대한 비판은 침례가 사적 경험이 아니라는 것을 말한다. 인간 경험을 사적이고 주관적인 차원으로 축소하는 것은 현대적 사유 방식의 산물이다. 침례는 죄인된 인간을 구원하시고 용서하시는 하나님의 사랑과, 그

---

72) *Doctrine*, 389.

73) McClendon, "Baptism as a Performative Sign", 413.

용서를 은혜와 믿음으로 인정하는 침례 받는 자와 그리고 그를 하
나님 나라의 교회 공동체의 일원으로 받아들이는 교회 공동체 삼자
의 참여를 통해 이루어진다.[74]

　다음으로 침례의 도덕적 의미에 관해서 살펴보자. 맥클랜던은 침
례를 하나님의 구원하심의 표지들 중의 하나로 회상의 표지
(remembering sign)로 이해한다. 침례는 예수 사건에 대한 기억이
자 회상이다. 예수의 말과 행위는 침례를 통해서 기억되고 실천된
다. 더 나아가 예수의 사역은 추상적인 가르침이 아닌 사건이고 행
위였다. 예수 사건과 가르침에 대한 신약성서의 복음서 기록은 종
교 언어가 실천임을 입증해 주며, 그 반대 또한 타당하다. 종교 언
어의 성격이 실천인 것은 성서 이야기 자체에 기인한다.

　예수 사건은 철학적인 변증이나 토론의 주제가 아니다. 성서 이
야기는 단순히 말씀을 듣는 자로 머물러 있게 하는 것이 아니라 말
씀을 실천하는 자로 우리를 인도한다. 그래서 예수 그리스도께서도
당신이 가르치신 복음의 핵심인 산상수훈의 결말을 말씀을 들음보
다 더 나아가 말씀의 실천과 순종이 말씀에 대한 바른 응답임을 지
적하셨다. 말씀을 듣고 행하지 않는 것은 어리석은 일에 불과한 것
이다. 산상설교의 결론 부분에서 예수는 천국에 들어가는 지혜와
큰 홍수에도 무너지지 않는 집을 세우는 방법은 성서를 귀로 듣거
나 입술로 고백하는 것이 아니라 듣고 행하는 자라고 선언하신다.
(마 7:21, 24-27)

　이러한 예수 그리스도의 의도를 따라 성서를 해석한다면, 요한네

---

74) *Doctrine*, 389.

스 메츠(Johannes. B. Metz)의 주장처럼 성시와 교회 공동체는 예
수 사건을 단지 읽는 공동체가 아니라 행하는 공동체가 되어야 한
다. 메츠에 따르면 기독교 공동체는 예수의 수난과 죽음, 부활 사건
을 해석하고 논증하는 공동체가 아니라 실천적인 의도로 예수 사건
을 이야기하고 기억하는 공동체이다. 그러므로 말씀을 듣는 사람들
은 단지 청자로 머물러 있는 것이 아니라 말씀을 행하는 자가 되어
야 한다.[75] 맥클랜던은 침례가 예수 그리스도의 이야기를 기억하고
현재화하는 것이라고 다음과 같이 말한다.

> 침례는 주요한 표지(죽음에서 다시 사신 예수 그리스도의 부활과
> 같은)도 아니고, 가장 친밀한 표지(마음 상한 자의 제자들의 기도에
> 응답하시는 것과 같은)도 아니다. 오히려 그 둘을 모두 가리키는 것
> 으로 그 둘 사이에 존재한다. 침례는 교회가 위대한 구원의 이야기
> 와 종말의 기대를 회상하도록 부르는 독특한 것이다.[76]

물속으로 침수하는 침례를 통해서 예수의 죽으심과 부활을 기억
하고 그가 당하셨던 고난과 승리가 우리의 것이 되도록 반복하는
기념이다.[77] 그러므로 그 회상은 단순히 과거 사건에 대한 정태적
기억이 아니라, 오늘 우리의 삶을 역동적으로 변화시키고 새롭게
하는 능력의 원천이 되는 회상이다.

미국의 남침례교회의 신앙고백문에 나타난 침례 이해 역시 맥클

---

75) Johannes. B. Metz, *Faith in History and Society*, 212. Goldberg, 228
   에서 재인용.
76) *Doctrine*, 386.
77) *Doctrine*, 382.

랜던의 견해를 지지한다. 이 신앙고백문은 침례를 예수의 삶에 대
한 순종의 행위이며 증언으로 이해하고 있다.

> 기독교의 침례는 성부, 성자, 성령의 이름으로 물속으로 신자가
> 잠기는 것이다. 침례는 십자가에서 못 박히시고, 장사되시고, 부활하
> 신 구주와, 죄에 대하여 죽고, 옛 삶을 장사 지내며, 예수 그리스도
> 안에서 새로운 삶으로 행하도록 하는 부활에 대한 신자의 신앙을
> 상징하는 순종의 행위이다. 침례는 죽은 자의 궁극적 부활을 믿고
> 있다는 하나의 증언이다. 침례는 교회의 규례이므로 교회의 회원이
> 되는 것과 주의 만찬에 참여하는 특권을 위한 필수 조건이다.[78]

이 고백문은 맥클랜던과 같이 침례를 회상의 표지로 이해한다.
침례의 의미가 과거적 측면에서는 예수 그리스도의 죽음과 부활을
상징하는 것이고, 현재적으로는 거듭난 신자에게는 예수 사건을 기
념하고 예수 그리스도를 따라 새로운 삶으로 초대하고 순종하는 것
이다. 그리고 침례는 미래에 궁극적으로 완성될 부활에 대한 믿음
을 증언하는 것이다.[79]

그러므로 침례는 순종의 행위이다. 십자가에서 죽으시고 부활의
삶을 사신 그분이 "나를 따르라"는 명령을 따라 십자가와 부활의 삶
을 지금 여기서 사는 행위가 바로 침례이다. 침례는 그 순종의 행위
를 표현하며, 순종의 행위를 유도하고, 그 행위 자체인 것이다. '어떻
게 2000년 전의 예수의 십자가와 부활 사건이 오늘 우리의 사건과
이야기가 될 수 있는가?' 그것은 예수 사건의 회상으로서 침례를 단

---

78) Herschel H. Hobbs, *The Baptist Faith And Message*(Nashville, Tennessee: Convention Press, 1971), 72.

79) Ibid., 72-75.

순히 두뇌의 작용으로서 회상이 아니라 예수 십자가의 부활의 삶을 따라 순종하는 행위 속에서, 그 행위의 일종으로 침례를 받음으로써 예수 이야기는 나의 이야기가 되는 것이다. 그러므로 침례라는 회상의 표지를 통해 예수의 삶과 나의 삶은 일치하게 된다.

그러면 침례를 통해 드러나는 실천적 결과는 무엇인가? 침례를 시행함으로 나타나는 실천적 의미는 다음 세 가지이다.[80] 첫째는 "침례는 예수 자신의 삶-이야기를 지시하고 가리킨다." 예수의 삶과 십자가의 고난과 죽으심, 그리고 죽음의 권세를 깨치시고 다시 사신 부활이 고스란히 침례 속에 담겨져 있다. 둘째는 "침례는 침례 받는 자의 삶-이야기에 초점이 있다." 침례를 통해서 자신의 죄를 회개하고 하나님의 길로 들어서는 삶의 이야기가 침례 속에 함축되어 있다. 마지막으로 그리스도와 침례 받는 자의 두 이야기가 침례를 통해서 모든 성도들과 함께 서로 하나로 연결되는 것이다.

> 어떤 사람이 침례를 받을 때, 예수의 이야기와 그 사람의 이야기 모두를 참조하고, 침례를 통해서 단 하나의 이야기로 고백된다. 따라서 성육신하시고 순종하시고 십자가에 못 박히시고 다시 사신 예수와 함께 동일시되는 것은 단지 법적이나 신비적인 것일 뿐만 아니라, 그것은 이야기의 동일시이다(narrative identification).[81]

예수의 이야기와 우리의 이야기가 하나의 이야기가 되는 것을 바울은 다음과 같이 말한다. "누구든지 그리스도와 합하여 침례를 받은 자는 그리스도로 옷 입었느니라."(갈 3:27) 맥클랜던은 지금 바

---

80) *Ethics*, 256-7.
81) *Ethics*, 257.

울이 그리스도로 옷 입는다는 은유를 '이야기의 동일시'라고 말하고
있는 것이다. 간단히 말하면, 침례의 실천적 의미는 예수의 삶과 나
의 삶을 동일시하는 것이다. 예수의 이야기와 오늘의 그리스도인의
삶의 이야기가 만나고 하나가 되는 "두 이야기의 합류"인 것이
다.[82]

2) 유아 세례 거부

침례가 예수 그리스도의 죽음과 부활을 기념하는 데서 그치지 않
고, 침례의 시행 속에서 예수의 이야기와 현재의 신자의 이야기가
하나가 된다면, 그 이야기의 융합은 자발적인 것이다. 자유의사를
표명할 수 없는 유아들의 침례는 부정되어야 한다. 맥클랜던이 유
아 세례(pedobaptim)를 거부하는 이유는 크게 두 가지이다. 하나는
"왜 침례교인은 유아들에게 침례를 베풀지 않는가?"(Why Baptists
Do Not Baptize Infants)에서는 성서가 유아 세례를 찬성하지 않는
다는 것이고, 다른 하나는 "수행 표지로서 침례"라는 논문에서는
유아 세례는 침례의 수행적 측면에서 인정할 수 없다는 것이다.[83]

첫째, 성서가 유아 세례를 인정하지 않는다는 것을 검토해 보자.
맥클랜던은 유아 세례의 거부를 성서적인 측면과 신학적인 측면에
서 다룬다. 신약 교회에서 침례가 시행되는 경우를 잘 보여주는 사

---

82) 서남동, "두 이야기의 합류", 「민중신학의 탐구」(서울: 한길사, 1983),
    45-82.
83) McClendon, "Baptism as Performative Sign", 403-16; McClendon,
    "Why Baptists Do Not Baptize Infants", 7-15.

도들의 침례는 먼저 복음이 신포되고 복음을 들은 이들이 믿음으로
반응할 때 주어진다. "침례는 그들이 새로운 삶으로 진입하였다는
흔적이다."[84] 복음을 듣는 자의 응답을 알 수 있는 것은 침례의 시
행이었다. 그러므로 침례의 전제는 그리스도의 은혜에 대한 반응으
로서 신앙이다. "사람들이 그들 자신의 의식적이고 개인적인 신앙
을 가지게 될 때에만, 교회는 그들에게 침례를 베풀었다."

맥클랜던은 빌립보 간수의 온 집안에 침례를 주었다는 사실에서
그들의 어린 자녀들도 당연히 포함되었다는 '침묵으로부터의 논증'
을 반대한다.[85] 신약 어디에도 유아들에게 침례를 시행했다는 유용
한 증거가 존재하지 않는다. 그리고 유아들이 복음을 듣고 하나님
을 경외하고 또한 크게 기뻐할 가능성은 없다. 빌립보 간수의 모든
가족과 식솔들이 침례를 받았을 뿐 아니라(행 16:33) 온 집이 함께
크게 기뻐하였다(행 16:34)는 사실은 유아들도 침례를 받았다는 것
을 부정한다.

맥클랜던은 유아 세례를 옹호하는 오스카 쿨만(Oscar Cullmann)
의 두 가지 주장을 반박한다. 하나는 쿨만은 침례에 있어서 은혜가
우선한다는 점에서 유아 세례를 주장한다.[86] 하나님의 절대적인 은
혜가 우선한다는 점에서 유아들도 침례를 받았다는 것이다. 그는
마치 예수가 신앙으로 응답하기 전에 십자가에서 죽으심과 같이 침
례를 유아들이 반응하기 전에 베풀 수 있다고 주장한다. 그러나 은
혜가 우선한다는 것에 동의하지만, 그 은혜가 모호해져서는 안 된

---

84) McClendon, "Why Baptists Do Not Baptize Infants", 9.
85) McClendon, "Why Baptists Do Not Baptize Infants", 9-10.
86) McClendon, "Why Baptists Do Not Baptize Infants", 13.

다. 도리어 은혜의 우선성은 삶을 통해서 은혜를 깨닫고 삶의 영역
에서 하나님을 영화롭게 하는 삶을 살아야 한다.

다른 하나는 쿨만은 유대교의 할례가 유아 세례와 유비 관계가
있다고 주장한다.[87] 할례를 신앙이 없는 유아들에게 행하듯이 유아
세례 또한 반응할 수 없는 유아들에게 베푸는 것은 정당하다. 그러
나 유비에는 항상 유사성과 함께 차이도 존재한다. 바울은 양피를
베는 할례와 그리스도의 죽음과 연결시킨다.(골 2:11-12) 침례 또
한 예수의 죽음을 기념한다는 점에서 유비가 될 수 있지만, 할례가
침례라고 말하지 않는다는 점에서 명백히 구별되는 것이다. 그러므
로 유아 세례는 정당화될 수 없다.

둘째, 맥클랜던은 유아 세례를 침례의 수행적 본성으로 인해 거
부한다. 유아 세례를 받는 이는 유아 세례에 합당한 응답을 하지
않기 때문이다.[88] 그는 유아 세례를 수행적 측면에서 재구성하는
것도 가능하다고 가정해 본다. 첫 번째 재구성은 어떤 고용주가 피
고용인에게 '당신은 해고되었소'라고 말하면 피고용인의 의사와 의
지와 무관하게 그는 직장을 잃게 된다.[89] 침례 또한 하나님께서
'나는 너를 용서하노라'고 선언하시면 실행되는 것이다.

유아 세례는 수행적 행위로 정당화될 수 있는가? 맥클랜던은 침
례가 하나님과 인간의 만남이라면, 인간의 반응이 전혀 없는 만남
으로서 침례가 가능하지 않다고 묻는다. 실제로 하나님을 만난다면
인간의 응답이 없는 만남이 존재할 수 없다. 그래서 그는 다음과

---

87) McClendon, "Why Baptists Do Not Baptize Infants", 14.
88) *Ethics*, 258.
89) McClendon, "Baptism as Performative Sign", 414.

같이 묻는다. "그리스도 안에서 하나님에 의해 말해지고, 그리고 이 강력한 표지 안에서 자신의 영혼에 수동적이지 않고 열정적으로 새롭게 반복되는 '아멘'이 침례에 없을 수 있겠는가?"

두 번째 수행적 차원에서의 재구성은 영미의 법에서 정부가 죄수를 사면하더라도 본인이 받아들이지 않으면 시행되지 않는다는 것을 배경으로 한다.[90] 그에게 제공된 자유가 그가 아직 받아들이지 않았을 뿐이지 시간이 지나고 그가 수용하면 이루어진다. 응답이 필수적이지만, 시간적으로 후에 반응할 수 있다는 것이다. 맥클랜던은 후에 일어난 반응이 침례와 연관된 것이라고 분명하게 파악할 수 없다고 본다. 자동적으로 교회의 자녀가 되지 않는 탈콘스탄틴 시대에 침례에 따른 확실한 응답으로 간주할 수 있는 반응이 없다면 교회의 자녀가 될 수 없을 것이다.

따라서 유아들은 침례에 합당한 회개의 행위도 없고, 침례를 통해서 그리스도의 이야기에 합류하지도 않으며, 침례를 통해 예수 그리스도의 사건을 회상하거나 참여하지도 않는다. 유아들은 그리스도의 은혜를 받은 제자가 아닐 뿐더러 제자도의 삶을 실행할 수도 없기 때문에 유아 세례는 명백히 반대하여야 한다. 위의 논의를 정리하면, 한편으로 성서에서 유아들이 침례를 받은 사례가 보이지 않는다는 것이고, 다른 한편으로 유아들이 신앙적 결단을 할 수 없기 때문이다. 이러한 맥클랜던의 주장은 레온 멕베드(H. Leon McBeth)가 유아 세례를 거부하는 침례교회의 공식적인 입장 진술과 일치한다.

---

90) McClendon, "Baptism as Performative Sign", 415.

침례교회가 유아 세례를 반대하는 논증을 다음과 같이 요약할 수
있다. 신약성서의 그 어디에도 유아들이 침례를 받아야만 한다고 가
르치지 않으며, 침례를 받은 유아들의 사례가 발견되지 않는다. 그
리고 침례는 할례와 관련이 없기 때문에 유아들이 구약성서에서 할
례를 받았다는 사실이 유아들이 침례를 받아야 한다는 것을 지혜롭
게 증거하지 못한다. 유아들은 참으로 침례 받을 수 있는 믿음이 아
직 없기 때문에 신약성서는 신자들이 침례 받았다는 사실을 가르친
다. 신앙과 침례의 본질은 유아들이 할 수 없는 개인적인 결단과 헌
신을 요구하는 것이다.[91]

결국 유아 세례는 성서적이지 못할 뿐 아니라 구원받은 자로서의
합당한 반응을 할 수 없다는 점에서 거부되어야 한다.[92]

2. 외적 실천: 평화주의

침례를 수행적 차원으로 이해한 맥클랜던은 오해받고 있는 기독
교 실천을 언급한다. 그것은 평화주의(Pacifism)이다. 2장의 배경에

---

91) H. Leon McBeth, *The Baptist Heritage: Four Centuries of Baptist
Witness*(Nashville, Tennessee: Broadman Press, 1987), 82. 칼 바르트
역시 맥클랜던과 침례교회의 입장과 마찬가지로 제자도의 맥락에서 유
아 세례를 거부한다. 바르트는 "유아 세례가 자유롭고 책임적인 기독교
제자도로서의 세례의 의미를 모호하게" 만들기 때문에 인정하지 않는
다. Daniel L. Migliore, 「기독교 조직신학 개론: 이해를 추구하는 신앙
」, 장경철 옮김(서울: 한국장로교출판사, 1994), 307.
92) 유아 세례의 거부는 국가 교회의 거부와 연결된다. Curtis Freeman,
"Can Baptist Theology be Revisioned?" *Perspectives in Religious
Studies*, vol.24, no.3(Fall 1997): 279.

서 언급하였던 것같이 그는 2차세계대전과 베트남전쟁의 경험, 그
리고 존 요더의 「예수의 정치」를 통해서 순진한 반전론자에서 확고
한 평화주의자로 신학적 전향을 한다. 그는 평화주의적 실천은 사
회로부터 도피가 아니며, 폭력과 전쟁의 정당성은 콘스탄틴적 교회
와 국가의 결탁에 기인한 것으로 이해한다. 이것은 맥클랜던이 교
회와 세상의 구별을 흐리게 하는 콘스탄틴주의에 대한 반대이다.
이 점에 있어서 평화주의는 반기초주의적 기독교 신앙과 실천이 될
수 있다. 이를 위해서 먼저 예수의 실천이 평화주의였는지, 그리고
폭력과 전쟁을 정당화하는 것으로 보이는 성서 본문을 어떻게 이해
할 것인지를 중심으로 비폭력 평화주의가 기독교의 정당한 실천이
라는 것을 설명하고자 한다.

  평화주의의 정당성을 논술하기 전에 평화주의의 정의를 분명히
함으로써 흔히 제기되는 오해를 불식시키고자 한다. 요더는 평화주
의를 다음과 같이 정의한다. "기독교 평화주의는 그리스도인들에게
어떻게 전쟁이 그리스도인의 삶에 정언명령이 될 수 있는가를 이해
할 수 없는 것이라고 가장 단순한 형태로 진술할 수 있다."[93] 전쟁
이 정언명령이 될 수 없다는 것은 평화주의가 절대적으로 폭력을
거부하는 것이 아님을 말한다. 모든 폭력의 절대적 거부로서의 평
화주의는 이미 라인홀드 니버에 의해 낭만적이라고 철저히 비판받
았다.[94]

---

93) John H. Yoder, "Karl Barth and Christian Pacifism", Working Paper
   No. 4: Peace Section of the Mennonite Central Committee, 1966, 19.
   Hauerwas, *Vision and Virtue*, 200에서 재인용.
94) Hauerwas, Ibid., 199.

요더는 전쟁에 반대하는 스물아홉 가지의 평화주의의 종류를 서술하면서 특수한 조건과 목적, 규칙 등의 제한을 받지만 예외적으로 정의로운 전쟁을 통해서 평화가 성취될 수도 있음을 인정한다. 이것을 요더는 기독교 세계주의의 평화주의(The Pacifism of Christian Cosmopolitanism)라고 한다.[95] 또한 이 정의를 통해서 알 수 있는 평화주의가 그리스도인의 실천과 윤리의 가장 핵심적인 것이라고 말하지 않는다. 그리고 복음이 비폭력 프로그램으로 번역된다고 생각하지 않았다. 이 말은 평화주의는 단지 폭력의 거부가 아니라 보다 신학적 이유와 근거에 따라 이해해야 한다는 것을 말한다.

1) 예수는 평화주의자인가?

맥클랜던에게서 평화주의의 근거는 예수 그리스도이다.[96] 그는 역사적인 접근보다도 신약성서의 증언과 예수 그리스도의 삶에 나타난 말씀과 사역의 평화주의적 실천을 더 중히 여긴다. 그렇다면

---

95) John H. Yoder, *Nevertheless: The Varieties and Shortcomings of Religious Pacifism*, Revised and Expanded Edition(Scottdale: Herald Press, 1992), 15-21.

96) 요더는 제자 공동체의 삶, 즉, 제자도가 평화주의의 기초라고 본다. Hauerwas, Ibid., 202. 그리고 로핑크 역시 폭력의 단념은 개인 윤리나 사회 윤리의 차원이 아니라 제자 공동체의 윤리 측면에서 이루어져야 한다고 역설한다. Lohfink, Ibid., 95. 앙드레 트로끄메(Andrè Trocmè)는 (1) 구속 행위, (2) 한 인간의 유일성이라고 한다. 그의 책을 보라. 「예수와 비폭력 혁명」, 박혜련·양명수 공역(서울: 한국신학연구소, 1986), 231-33.

예수는 평화주의자인가? 그는 평화주의를 반대하는 학자들의 논의를 통해서 도리어 그들조차도 예수가 평화주의자라는 점을 인정했다는 것을 밝히는 데 주력한다. 이들은 복음서에 나타난 예수가 평화주의자라는 것을 인정하면서도 평화주의가 예수의 근본적인 원리가 아니라고 말한다.

맥그래거(G. H. C. MacGregor)는 예수가 분명하게 전쟁이 아니라 평화를 선포하셨다는 것을 인정한다. 도덕 질서의 정당화는 폭력이 아니라 사랑에 의해 이루어진다. 왜냐하면 하나님 나라는 사적인 것이 아니라 공동체였고, 그의 교훈은 종교적이고 내적인 것이라기보다는 원수를 사랑하는 것이고 고난을 수용하는 것이 공적 정책이 될 수 있다고 가르쳤다. 또한 예수의 유혹은 전쟁을 통해 하나님 나라를 성취하려는 유혹이었고 이기셨다. 맥그래거의 논의의 약점은 예수가 정치적이었다는 것을 밝혀냈지만, 예수의 정치가 젤롯당(Zezlot)과 어떤 관련을 갖고 있는가를 구체적으로 설명하지 못한다.[97]

브랜든(S. G. F. Brandon)은 예수가 젤롯당이었다고 주장한다. 그에 따르면, 예수는 바나바와 같이 로마에 저항하는 폭력적 봉기를 일으키셨고, 그 결과 십자가에서 죽었다. 성서에 예수가 비폭력 평화적 삶을 주장하고 실천한 것으로 기록된 이유는 정치적이라고 말한다. 예를 들어, 마가복음은 그리스도인들이 폭동을 일으키지 않을 것임을 로마에게 보여주기 위한 것이었고, 마태복음은 예루살렘

---

97) *Ethics*, 302-03. 젤롯당에 관해서는 다음을 참조하라. Oscar Cullmann, 『예수와 혁명가들』, 고범서 역(서울: 범화사, 1984), "부록: 젤롯당들은 어떠한 사람들이었는가?" 74-86.

의 파괴라는 운명에 직면하게 하고, 로마에 자살 특공대가 되지 않
도록 하기 위해서, 누가복음과 요한복음은 그리스의 독자들에게 예
수의 십자가 죽음이 이방인이 아니라 유대인들에 의한 것임을 설명
하려는 정치적 의도에 기인한다.[98]

이런 생각은 조지 픽슬레이(George Pixley)에게도 나타난다. 그
는 예수가 젤롯당과 같은 혁명을 주도했다고 본다. 단지 예수는 성
전체제에, 젤롯은 로마체제에 대항하였다. 성전체제와의 싸움을 위
해서 적절한 방법이 평화주의이기에 선택하였다고 본다. 즉 예수에
게서 평화주의는 필수가 아니라 선택이었고, 원리가 아니라 전술이
었던 것이다. 브랜든과 픽슬레이 모두 복음서에 기록된 예수의 평
화주의가 예수의 근본적인 신학에서 기인한 것이 아니라고 보는 점
에서 일치한다.[99] 단, 브랜든이 예수의 평화주의가 변증적 속임수
라고 말한다면, 픽슬레이는 근본 전략이 아니라 전술적인 선택이라
고 말한다는 점에서 다르다.[100]

급진적인 세대주의자인 스코필드(Cyrus Scofield)에게서도 예수
는 정치적인 분이지만, 개인적이고 영적인 존재로 설명한다. 하늘나
라를 이 땅에 실현하려고 하셨던 예수는 복음의 사회적 측면을 영
적인 것으로, 구원을 개인에게 한정하였기 때문에 유대인들에 의해
거부당하였다. 유대인들의 거부로 실패하고 재림의 시기로 도래할
지상 왕국 건설은 연기된다. 따라서 산상수훈에 나타난 하나님 나
라의 요구는 현재 시대가 아니라 전쟁의 시대에 적용된다.[101]

---

98) *Ethics*, 303.
99) *Ethics*, 304.
100) Erwin, Ibid., 192.

위에서 소개된 나양한 신학적 입장들의 공동분모는 예수는 성치적이었고, 종말론적인 하나님 나라가 그의 선포의 핵심이었다는 것이다. 맥클랜던은 예수의 정치적 평화의 종말론이 병자를 치료하는 가운데 드러난 '능력의 이적'을 결합한다. 이러한 표적이 없다면, 브랜든과 픽슬레이와 같이 하나님 나라를 내재적인 정치적 투쟁으로 환원하게 되고, 스코필드와 같이 하나님 나라를 결코 오지 않는 '고도'(Godot)를 기다리는 것이 된다.[102] 이 표적들은 하나님 나라가 종말론적 현재가 되었다는 것이고, 치유 받고 변화된 비폭력 평화 공동체에 반영된다.

그런데 에드워드 얼윈은 예수의 평화 사역과 이적과의 관계 사이를 직접적으로 연결짓지 못하고 있다고 지적한다. 즉 표적들이 맥클랜던이 주장하는 바처럼 평화의 표적이라고 해도, 평화주의적 실천을 지지할 근거가 되지 못한다.[103] 얼윈의 견해처럼 맥클랜던이 양자 사이에 적절한 관계를 설명하는 것이 부족한 것이 사실이다. 하지만 예수의 사역 가운데 나타난 이적들이 종말론적 현재를 알리는 것임에 틀림없고, 예수의 사역으로 말미암아 생겨난 공동체는 폭력으로 질서를 유지하는 세상 가운데 종말론적 현재를 고지하는 권능의 표적이 되어야 할 것이다.

---

101) *Ethics*, 304-05.

102) *Ethics*, 307

103) Erwin, 194.

2) 성서 이야기의 갈등

예수가 평화주의자라고 해도, 성서 내에 폭력과 전쟁을 지지하는
듯이 보이는 수많은 본문들을 어떻게 조화를 이룰 수 있는가? 맥클
랜던은 신약에서 로마서 13장을, 구약에서는 전쟁의 문제를 검토한
다. 흔히 국가 질서에 대한 순종으로 국가의 전쟁과 폭력을 정당화
하는 증거 본문(proof text)이 되어 왔던 로마서 13장을 맥클랜던은
도리어 폭력 거부의 본문으로 읽어낸다.[104] 로마서가 로마로부터의
핍박의 상황에 직면해 있는 그리스도인들에게 가장 위험한 적인 로
마를 원수를 사랑하듯이 사랑하고 순종할 것을 당부한 본문이다.

그런데 비극적인 사실은 첫째, 원수를 사랑하라는 가르침을 부적
절한 것으로 여기는 자세이다. 콘스탄틴에게는 원수를 사랑하는 것
에 관심이 없고 불필요한 일이다. 그러니까 12장과의 맥락이 단절
되어 버렸다.[105] 하지만 요더에 따르면 로마서 12장과 13장은 하나
의 문학적 단위이다. 12장은 이 세상을 본받지 않는 영적인 삶을
말한다. 그 삶은 공동체 안에서의 삶과 원수, 그리고 고난 속에서도
"악에게 지지 말고 선을 악으로 이기"는 삶이다. 따라서 13장에 나
타난 기독교를 핍박하는 로마를 대하는 태도도 이 맥락 속에서 이

---

104) *Ethics*, 309-12.

105) Yoder, *The Politics of Jesus*, 196-98. 요더에 따르면 로마서 12장과
     13장은 하나의 문학적 단위이다. 12장은 이 세상을 본받지 않는 영적
     인 삶을 말한다. 그 삶은 공동체 안에서의 삶과 원수, 그리고 고난 속
     에서도 "악에게 지지 말고 선을 악으로 이기"는 삶이다. 따라서 13장
     에 나타난 기독교를 핍박하는 로마를 대하는 태도도 이 맥락 속에서
     이해해야 한다.

해해야 한다.

둘째, 핍박의 상황과 달리 콘스탄틴 이후는 평화의 시대이므로 이 본문이 부적절하다고 이해한다. 하나님께서 창조하신 질서인 제국은 특수하고 유일한 권위를 하나님에게 부여받았다는 증거 본문이 된다. 정당화된 국가가 저지르는 전쟁과 폭력마저도 함께 정당화된다. 따라서 "전쟁과 폭력은 허용되는가?"라고 묻는다면, "로마서 13장이 허용한다"라고 대답하게 된 것이다. 즉 하나님에 의해 재가된 국가의 전쟁과 그 전쟁 속에서 벌어지는 살인은 정당하게 된 것이다.[106]

이것의 문제점은 두 가지이다. 첫째는 국가가 수행하는 모든 일이 정당화될 수 있는가 하는 것이다. 국가가 수행하는 모든 불법도 정당화될 수는 없다. 로마서 13장에서 권세의 기원이 하나님이라는 것은 하나님에 의해서 국가가 정당화될 수 있다는 것이 아니다. 국가의 권한이 하나님에 의해 제약되며, 하나님의 뜻에 국가 또한 순종해야 한다는 것을 말할 뿐이다. 정부는 스스로 정당화될 수 없고 오로지 하나님에 의해서 존재할 수 있는 피조물일 뿐이다.[107]

둘째는 국가의 권위를 정당화하는 것은 살인하지 말라는 십계명과 배치된다는 점이다. 브레버드 차일즈(Brevard Childs)에 따르면 여섯 번째 계명에서 죽이다는 단어(ratsach)는 살인뿐 아니라 과실치사에도 항상 사용되는 단어이다. 여섯 번째 계명의 원래 의도는 살인을 금지함으로 모든 피의 보복을 금하는 것이다.[108] 따라서

---

106) *Ethics*, 311.

107) Yoder, Ibid., 205-09.

108) Brevard S. Childs, *The Book of Exodus: A Critical, Theological*

"제국 혹은 일반적으로 국가의 정당화된 권위는 그리스도인들에게 하나님에게 불순종할 것을 요구할 수 있다."[109] 전쟁과 살인을 정당화하는 국가의 정당화는 곧 살인하지 말라는 하나님의 계명에 대한 불순종을 강요하기 때문이다. 그런 점에서 로마서 13장을 통해서 전쟁을 정당화하는 것은 콘스탄틴적 신화에 채색된 신학적 습성이 빚어낸 잘못된 논증이다.

평화주의를 반대하는 또 다른 논거는 구약의 헤렘 사상이다.[110] 마르키온은 구약의 신은 전쟁의 신이고, 신약의 신은 평화의 신이므로 구약의 신은 폐기해야 한다고 본다. 구약의 수많은 전쟁들에 나타난 진멸하라는 명령은 인간의 피를 요구하는 몰록 신과 같은 이미지를 하나님에게 찾아볼 수도 있을 것이다. 그러나 구약에서 전쟁이 허용된다면, 구약에 기록된 일부다처제 등도 허용되어야 하지 않는가? 그런 점에서 맥클랜던은 신약과 구약을 보다 일관된 방식으로 해석하는 것이 필요하다고 본다. 신약과 모순되는 방식이 아니라 양립할 수 있는 방식으로 읽어야 한다.

맥클랜던은 구약의 대표적인 사건과 본문으로 출애굽을 제시한다. 고대 근동에서 거룩한 전쟁(holy war)은 종교적이었다. 다른 점이 있다면 먼저 공격한 것이 아니라 곤경에 처했을 때 사람이 아니라 오직 하나님의 은총에 의해서 이루어진다. 열 가지 재앙이나 홍해 사건의 경우 자연 재앙을 동반한 전쟁이었다. 구약에 나타난 여

Commentary(Philadelphia: Westminster Press, 1974), 419-23. *Ethics*, 311에서 재인용.

109) *Ethics*, 310.

110) 다음을 보라. 강사문, "구약의 헤렘(herem) 사상", 「구약의 하나님」 (서울: 한국성서학연구소, 1999), 265-81.

호와의 전쟁의 정당성은 첫째. 전쟁이 인간의 계획이 아니라 하나
님에 의한 명령으로 이해된다. 둘째, 여호와의 전쟁은 하나님의 간
섭에 의해 이루어지고 인간의 참여는 불허한다. 마지막으로 전쟁은
하나님의 전쟁이므로 하나님의 판결에 따라 승패가 결정된다.[111]
따라서 "거룩한 전쟁 안에서 하나님은 싸움이 아니라 신뢰하라는
명령으로서 비폭력의 씨앗을 심으셨다."[112]

피터 크레이기에 따르면 구약에 나타난 살인은 정당 전쟁의 맥락
이 아니라 생존 경쟁의 과정에서 피할 수 없는 필요악이다.[113] 종
교적 맥락에서 폭력과 살인을 거부한 것이기에 비종교적 차원에서
는 허용될 수 있다. 구약성서는 모든 폭력을 금지하는 것이 아니며,
전쟁이라는 어쩔 수 없는 상황에서는 살인이 허용될 수밖에 없다.
물론 그의 주장처럼 "기독교는 모든 폭력을 금지한다고 이야기하는
것은 전적으로 맞는 말은 아니다."[114]

하지만 정작 크레이기가 간과하고 있는 것은 생존 과정에서 피할
수 없는 필요악으로서의 살인과 전쟁, 폭력을 성서가 정당화하지
않는다는 사실이다. 그의 주장처럼 전쟁과 폭력이 허용되어 있다고
해서 정의로운 행동이거나 정당화될 수 있다는 것을 의미하지는 않
는다. 구약에서 일부다처제가 허용된다고 해서 무조건적으로 정당
화될 수 없다면, 전쟁과 폭력의 문제 또한 허용된다고 해서 정당화

---

111) Ibid., 240-42.
112) *Ethics*, 317
113) Peter C. Craigie, 「기독교와 전쟁 문제」, 김갑동 역(서울: 성광문화사, 1985).
114) Jacques Ellul, 「폭력」, 최종고 역(서울: 현대사상사, 1974), 189.

될 수는 없다. 성서에 허용된다는 것과 정당화된다는 것은 분명히 다른 맥락이다.

엘룰은 인간 사회에서 폭력이 불가피하고 필연적인 질서에 속한다는 것을 잘 알고 있다.[115] 자연 질서에서 관성의 법칙이나 중력의 법칙의 필연성과 같이 사회 질서에서 폭력은 필연성의 질서를 가지고 있다. 그럼에도 불구하고 이 사실이 폭력을 정당화해 주지 않으며, 폭력은 우리가 부름 받은 그리스도 안에서의 삶과 위배된다. "그러므로 그리스도인으로서 우리는 폭력에 대한 어떠한 정당화도 진행되어서는 안 되도록 단호히 거부해야 하며, 특히 기독교적 기초 위에서 폭력을 정당화하려는 모든 시도들을 배격하지 않으면 안 된다."

맥클랜던과 요더는 처음부터 평화주의를 신학적이고 성서적인 관점으로 설명하고자 했다. 이 말은 전쟁과 폭력을 신앙의 이름으로 합법화하고, 하나님이 전쟁의 신이 되고, 교회는 폭력적 구조와 질서를 유지하는 이데올로기를 전파하는 자가 되지 말아야 한다. 현실이 폭력을 불가피한 것으로 만든다고 해서 폭력이 정당화될 수는 없는 것이다.

3) 평화주의의 정당화

기독교는 역사적으로 정당한 전쟁(just war)을 지지했다는 것이 예수와 성서의 평화주의를 이해하는 장애물이 되고 있다. 교회의

---

115) Ibid., 163.

역사는 기독교회가 최소한 폭력과 전쟁을 거부하지는 않았고, 보다
적극적으로 전쟁을 정당화하였다. 예를 들어 기사들의 싸움을 굳이
반대하지 않았고, 십자군 전쟁과 야만족들에 대한 기독교인들의 전
쟁은 종교적 이름으로 합법화하였다. 그런 점에서 전쟁에 따른 폭
력과 살인을 거부하지도 않았고, 정당한 행위로 인정하였던 것으로
보인다.[116] 그러나 일반적으로 생각하는 것과 달리 평화주의적 전
통이 교회사 가운데 면면히 흐르고 있는 것을 볼 수가 있다. 4세기
전까지의 교회는 기독교인들이 군인과 그리스도인이 양립할 수가
없다고 믿은 막시밀리안, 군인이 된 기독교인을 여지없이 정죄한
터툴리안 등은 초기 기독교회의 입장이 평화주의적이었음을 보여준
다. 또한 콘스탄틴 이후로 정책이 바뀌었음에도 불구하고 여전히
성직자들의 전쟁에서 살인은 금지되어 있었다. "십자가에서 죽으신
분의 사역자는 어떠한 종류의 살인을 할 수 없다"는 원칙은 16세기
까지 지켜지고 있었다. 전쟁에서 살인이 불가피하더라도 성직자에
게는 허용되지 않았던 것이다. 그러므로 결론적으로 평화주의는 초
대 기독교인들에 의해 시행되었고, 적어도 16세기까지는 부분적으
로 시행되었음을 확인할 수 있다. 이 사실에서 확인할 수 있는 것
은 평화주의가 초대 교회의 입장이었으나, 콘스탄틴 이후에 정반대
의 정의로운 전쟁이 주류 입장이 되었다는 것이다.[117]

평화주의가 성서적임에도 불구하고 계속 제기되는 것은 현실적인

---

116) *Ethics*, 300-01. 전쟁과 평화에 관한 입장을 역사적으로 정리한 것은
다음을 참조하라. Roland H. Bainton, 「전쟁·평화·기독교: 그 역사
적 연구와 비판적 재평가」, 채수일 옮김(서울: 대한기독교출판사,
1981).
117) *Ethics*, 301.

적합성이 있는가에 관한 것이다.[118] 이 세상의 온갖 불의와 야만적
인 폭력으로 고통 받은 선량한 사람들이 오로지 비폭력적 평화주의
적 실천으로 저항한다는 것은 불충해 보인다. 파괴적인 형태의 악
한 구조를 변화시키기 위해 때로는 칼을 사용할 수 있지 않는가?
이것은 폭력의 소극적인 유용성을 긍정해야 한다는 주장이다. 당장
눈앞에서 강자의 폭력으로 시달리는 약자를 본다면, 불가피하게 폭
력을 사용해서라도 그에게 도움을 주는 것은 정당하지 않을까?

그러나 '칼을 사용하는 것이 악을 제거하고 평화를 정착하는 데
기여하는가'라고 되물을 수 있다. '평화를 위해 수반되는 폭력이 전
쟁과 폭력을 종식시키고 평화를 증진시키는가?' 폭력이 평화에 기
여하는가라는 근본적인 물음에 대해 부정적일 수밖에 없다. 폭력과
전쟁이 평화를 위한 기여도는 없으며, 폭력으로 폭력을, 전쟁을 전
쟁으로 중지하는 것은 불가능하다고 한다.[119] 폭력을 통하여 새로
운 질서, 자유로운 사회가 올 것이라는 것은 위선이며 신뢰할 수
없는 이데올로기에 불과하다.[120]

폭력을 통해서 새로운 평화 질서 구축이 거짓된 환영이라면, 평
화주의는 평화를 가져다줄 수 있는가? 맥클랜던은 평화주의를 통해
서 구체적으로 평화가 정착될 수 있는가를 설명하지 않는다. 단 그
것이 불가능한 이상이라고 보는 니버의 견해를 부정한다. 맥클랜던
은 니버의 기독교 현실주의는 그리스도 안에서 거듭난 새로운 삶과

---

118) 신원하, "존 요더의 아나뱁티스트적 사회윤리: 그의 교회공동체적 윤
　　리를 중심으로", 「개혁신학과 교회」, 3호(1993): 145-46.
119) *Ethics*, 312-15.
120) Ellul, 157.

부활하신 그리스도와 성령의 능력을 간과하고 있다고 지적한다.[121] 이 말은 죄악된 현실에 너무 압도당한 나머지 부활하신 그리스도의 능력을 망각하거나 약화시켜서는 안 된다는 것이다. 교회와 신자의 삶은 부활하신 그리스도 위에 서 있는 것이다. 결국 교회의 실천을 그리스도의 부활로 인한 새로운 삶과 성령의 능력을 간과하고 세상의 이데올로기로 이해하는 것은 콘스탄틴주의이다.

결론적으로 평화주의적 실천은 도피나 사회로부터 후퇴가 아니라 성서에 입각한 중요한 교회 공동체의 행위이다. 문제는 도피냐 책임이냐 하는 이분법이 아니라 '어떻게 폭력적 사회에서 예수의 평화주의적 삶과 가르침을 따라 그리스도의 증인으로 살 것인가?' 하는 것이다.[122] 그리고 폭력과 전쟁의 정당성은 콘스탄틴적인 교회와 국가의 결탁에 기인한 것으로 교회의 실천 근거를 그리스도의 부르심과 순종이 아니라 세상의 요구에 순응한 것이다. 평화와 전쟁의 문제는 교회의 문제가 아니라 국가적인 것이라고 이해하는 것이 결국 성서와 배치되는 견해를 갖게 되거나, 성서가 전쟁을 정당화하는 문서로 활용한 것이다.[123] 그런 점에서 폭력과 전쟁의 정당화는 콘스탄틴적 기초주의이다.

---

121) *Ethics*, 160-61.

122) *Ethics*, 177.

123) *Ethics*, 299.

V. 잠정적 결론: 반기초주의 신학은 평화주의적 실천이다.

맥클랜던은 신학의 정당화는 실천에 의해서 이루어진다고 한다. 종교의 일반화를 부정하고 실천으로 이해하는 것은 현대적 종교 이해와 확연히 다른 것이다. 현대의 종교 이해는 종교적 공동체의 삶과 행위와 분리된 추상물이었다. 틸리에 따르면 현대의 시작과 더불어 종교 철학은 종교적 삶으로부터 추상화된 종교적 신념에 대해 관심을 기울였다.[124] 현대 종교 철학의 주된 주제는 종교적 신념의 합리성, 신 존재 증명, 신정론의 문제 등이었다. 이런 주제들은 종교적 삶과 실천에서 유래하는 것이다. 그럼에도 불구하고 현대의 종교철학자들은 삶의 자리에서 벗어난 지점에서 논의하였던 것이다. 내적 일관성이 판단 기준이었다.

그러나 종교적 신념이 종교적 삶과 실천에서 나오는 것이라면 종교 신앙의 정당화는 분명히 삶과 실천으로부터 나와야 한다. 신학자들의 관심은 올바른 교리적 신념을 규명하는 것이었다. 그들은 종교적 삶의 풍요로움과 복합성에 대한 참여 속에서의 논의가 아니라, 오히려 종교의 현실을 합리성이라는 잣대로만 규정하려고 하였다. 그러므로 신학은 종교적 사실에 대한 기술이면서도 종교적 행위여야 한다. 자신의 종교와 신앙에 대한 발언으로 그것은 분명히

---

124) Tilley, "In Favor of a 'Practical Theory of Religion'", in *TWF*, 49-71.

하나의 행동이다

그의 실천 이해에 대해 다음 두 가지 질문이 제기될 수 있다. 하나는 누구의 실천인가 하는 것이고, 다른 하나는 실천들 사이의 갈등에 대해서 어떻게 해결할 수 있는 것인가 하는 것이다. 전자의 질문에 대해 맥클랜던은 적절한 대답을 하지 못하는 것으로 보인다. 맥클랜던이 종교 언어를 실천 행위로 간주하고, 더 나아가 브레이트웨이트와 달리 인지적 측면을 강조한 것에도 불구하고 사회 역사적 맥락을 제대로 파악하지 못한 것으로 보인다.

맥클랜던의 실천 개념은 공동체나 사회적 맥락을 갖고 있기는 하지만, 출애굽 사건이나 예수 사건이 가지는 가난한 자를 위한 실천의 개념을 갖고 있지는 못하다. 그가 제시한 출애굽의 홍해 사건을 기념하는 이스라엘 백성의 노래에 나타난 하나님은 분명히 이스라엘을 편애하시는 하나님이시다.(출 14:13-14) 그리고 이 땅에 오신 예수에 대한 마리아의 찬양 또한 경제적 부를 가진 자와 권력을 가진 자들을 심판하시고, 가난하고 힘없고 연약한 자를 높이시고 구원하시는 하나님을 칭송하고 있다.

출애굽은 애굽을 버리고 이스라엘을 선택하시는 하나님의 의도적이고 계획적인 행위라면, 이스라엘로서는 자신을 향한 하나님의 사랑에 대한 찬양과 감사, 순종의 언어가 출애굽기이다. 따라서 성서가 말하는 실천의 개념은 객관적인 용어나 보편적인 언어가 아니다. 하나님의 구원의 역사와 행동은 철저히 '당파성'(partiality)을 지니고 있다. 기존 사회 체제로부터 인간 취급을 받지 못하는 비인간적 사회에서 어떻게 하나님을 고백하고 순종할 것인가? 그들을 향한 그리스도와 교회의 실천은 자연히 당파적 성격을 지닐 수밖에 없다.[125]

오스틴에게서 보듯이 언어 자체는 수행적 성격을 지니기 때문이다. 그렇다면 어떤 실천이고, 누구를 위한 실천인가 하는 것이 설명되어야 한다. 맥클랜던은 실천의 당파성 문제에 관해서는 제대로 설명을 하지 못하고 있다.

그러나 후자의 질문, 즉 실천의 갈등을 어떻게 해결할 것인가에 관해서 맥클랜던은 적절한 대답을 제시하고 있다. 다원적 사회에서 우리는 다양한 가치들이 공존하고 있음을 새삼 느끼게 된다. 다양한 관점들은 때로 충돌 없이 무난히 함께 인정받을 수도 있지만, 그런 경우는 극히 예외적이다. 세계관끼리의 갈등은 물론이고, 그 실천들이 서로 부딪치는 것은 다반사다. 다원적 사회에서 확신에 따른 실천들 사이의 갈등을 어떻게 파악하고 조정할 수 있는가는 다음 장에서 다루게 될 것이다.

---

125) Gustavo Gutiérrez, "해방의 신학과 복음선포", 「신학전망」, 30(1975) : 38-58.

제5장 반기초주의 신학의 다원성(Plurality)
: 상대주의 없는 다원주의

우리가 살고 있는 현대 세계는 정치에서 사회 문화에 이르기까지 다원성을 특징으로 하고 있다. 특히 종교적 다원성은 신학에 대한 새로운 도전으로 제기되고 있다. 그렇다면 종교적 다원주의 시대에서 기독교 신앙의 정체성을 어떻게 이해해야 하는가? 다시 말하면 타자를 존중하면서도 기독교 신앙의 유일성을 증언하는 선교는 어떻게 가능할 수 있는지가 심각한 문제가 된다. 따라서 여기서는 반기초주의 신학의 세 번째 규준인 다원성을 통해 한편으로 절대주의와 다른 한편으로 상대주의에 함몰하지 않는 선교적 삶을 모색하고자 한다.

I. 서론: 바벨탑인가? 오순절인가?

제랄드 브라우어(Jerald Brauer)는 16세기의 종교개혁시대와 다른, 그래서 새롭고 효과적인 해석방법과 해명방법을 요구하는 세 가지 요소로 다원주의의 도전과 세계 종교들의 도전, 그리고 세속주의의 도전이라고 정리한다.[1] 교회는 또 다른 교회 공동체들과의 관계, 다른 종교들과의 관계, 마지막으로 세상과의 관계에서 자기 자신을 정립해야 할 시점에 도달한 것이다. 이 도전들에서 주목해야 할 것은 다원주의와 세계 종교들의 도전이 같은 흐름이라는 것이다. 요는, '다원성을 어떻게 이해할 것인가' 하는 문제이다.

그러나 다종교적 상황은 새로운 것이 아니며 오랜 철학사의 과제이다.[2] 기독교의 경우, 통신과 정보의 발달이 가져다준 종교와 문화간의 활발한 교류가 현대의 종교다원주의를 잉태하는 공간이기는 하지만 이미 헬레니즘과 로마에서 이와 유사한 경험을 한 적이 있었다. 그리고 모든 세계 종교는 그 시작에서부터 다종교적 상황에 직면해서 자신을 전개시켰고, 사실 "각 종교는 종교적으로 다원적

---

1) Jerald Brauer, "오늘의 그리스도교에 대한 도전들", in Hans. Küng. & David Tracy, ed, 「현대신학은 어디로 가고 있는가」, 박재순 옮김(서울: 한국신학연구소, 1989), 13-20.

2) Wolfhart Pannenberg, "Religious Pluralism and Conflicting Truth Claims: The Problem of a Theology of the World Religions", in Gavin D'Costa. ed, *Christian Uniqueness Reconsidered: The Myth of a Pluralistic Theology of Religions*(Maryknoll, New York: Orbis Books, 1990), 96.

인 환경에서 발생하였고, 그러한 다원주이에 대한 반응 속에서 스스로를 형성하였다. 다원주의가 생산해 내는 창조적인 긴장은 흔히 새로운 통찰력과 종교적 발전을 위한 촉매가 되어 왔다."[3]

다원적 상황이 새로운 것이 아님에도 다원주의가 중요한 화두로 등장한 까닭은 무엇인가? 이전과 다른 새로운 종교경험을 강요하는 것, 즉 "탈현대"적 경험으로서의 종교다원주의가 문제로 다가오는 이유는 무엇인가? 김경재는 종교다원주의 대두의 배경으로 네 가지를 제시한다.[4] 첫째, "지구촌"의 실현으로 인류는 심층적 차원에서 살아 숨쉬는 다양한 타 종교들과 만날 수 있었다. 전통적으로 부모의 신앙과 사회의 종교에 대해 거의 무조건으로 수납했던 반면, 교통통신 수단과 매체의 발달로 정보화 사회 실현, 타 종교의 경전과 전통에 대한 심층 이해와 원전의 번역 해독 기능의 확충, 영적으로 성숙한 서로 다른 종교인들 간의 생생한 체험의 교류가 증대되었다. 둘째, 19세기 이후로 인간의 역사성에 대한 자각이 보편화되었기 때문이다. 역사적 존재로서의 인간의 역사성과 상대성은 인간의 모든 정신적 유산과 전통들의 역사적 상대성과 특수성의 의미를 더욱 뚜렷하게 각인시켜 주었다. 셋째, 해석학의 발달이다. 해석학에 따르면 인간의 이해는 그것이 초월적이고 존재론적인 것이라 할지라도 인간 이해의 구조와 과정을 뛰어넘지 못하기 때문이다. 넷째, 종교에서 참으로 중요한 것은 바른 이론(正論)이 아니라 바른 실천

---

3) Harold Coward, 「종교다원주의와 세계종교」, 한국종교연구회 역(서울: 서광사, 1990), 200.

4) 김경재, "종교 다원론의 해석학적 조명", 「철학과 현실」, 13집(1992, 여름): 51-2.

(正行)임을 자각하면서, 종교 간의 이론적 우월성 다툼의 의미를 약화시키고, 인류의 시급한 생존문제의 해결을 위한 연대성을 강조하게 되었다.

그런 점에서 다원주의는 새로운 경험이자 역사적 현실이다.5) 지금까지 서양은 확신의 차이를 공간적으로 분리함으로 대응하였다. 개신교와 가톨릭은 자신들의 지역으로, 그리고 유대교는 게토화시킴으로써 문제를 해결하고자 하였다. 하지만 개신교와 가톨릭, 유대교는 동일한 범주 안에서 다양성이지만, 최근의 종교다원주의는 완전히 상이한 확신체계들 간의 갈등이라는 새로운 종교 현실인 것이다. 더 이상 지역적 분리로는 해결할 수 없게 된 것이다. 이제 다원적 상황을 이전과 다른 새로운 방식으로 설명할 필요가 생긴 것이다.

이러한 배경에도 불구하고 다원주의가 중요한 이슈가 된 까닭은 다양성과 차이를 심각하게 받아들이는 태도에 있다. "다양성에 대한 광범위한 자각과 다양성에 대한 응답이 반드시 필요하다는 의식을 우리는 다원주의라고 부를 것이다."6) 맥클랜던의 다원주의 정의에서 보듯이 다원주의는 사실적인 증거나 합리적인 논증에 의해 그 차이와 다양성을 극복할 수 없는 것이다. 이 차이는 각자의 삶과 현실을 규정하고 형성하는 확신의 다양성이라는 점에서 쉽게 해결될 수 없다. 따라서 다원주의는 사실의 문제가 아니라 사실에 대한 해석 또는 확신의 문제인 것이다.

다종교적 상황이 새로운 것이 아니라, 다종교적 상황을 이해하는 방식이 예전과 다르다는 의미에서 종교다원주의 신학이 새로운 것

---

5) *Convictions*, 150.

6) *Convictions*, 4.

이다. 종교의 나원싱을 신학이 심긱하게 받아들이고, 오랜 기독교의
교리와 전통의 기초에 대한 도전으로 느낀다는 것이다. 다종교적
상황에 대한 새로운 신학적 자기이해가 전과 달리 새롭게 문제시되
고, 신학적 반성의 주제가 된다는 의미에서 새로운 것이다.[7]

맥클랜던은 다원적 상황에서 참된 신학은 칼 라너가 말하는 것처
럼 하나님에 대한 앎을 모든 인간이 보편타당하게 받아들여야 하는
것은 아니라고 말한다. 그러한 태도는 다원성에 대한 적절한 태도
로 받아들일 수 없다.

> 우리의 신학은 하나님을 하나님으로서 표현하는 것뿐 아니라 우
> 리 자신을 표현할 수 있어야 한다. 이러한 사실은 우리가 다원주의
> 를 죄악된 것이 아니라 필연적인 것으로 받아들이고 신학적 과제로
> 삼게 한다. 우리가 표현하는 인간의 다양성을 창조하신 하나님은 우
> 리가 다양한 방식으로 신학을 하는 것을 원하신다. 이것은 신학을
> 자유방임적 주관주의로 빠트리는 것은 아니다. 왜냐하면 신학은 그
> 리스도인 개인뿐 아니라 항상 공동체의 신학이기 때문이고, 신학은
> 한 공동체가 다른 공동체들을 만남으로서 상호 증언과 비판적 교정
> 을 위한 좋은 수단이기 때문이다.[8]

이 인용문에서 나타나듯이 다원화된 사회에서 신학은 각 확신 공
동체의 다원성을 진지하게 고려하여야 한다. 다원성은 바벨탑의 혼
란을 가져다주는 것이 아니라 오순절의 축제를 도래케 한다. 다른
교회 공동체와 신앙 공동체와의 만남과 대화는 신학의 자기 이해를

---

7) Paul Knitter, 「오직 예수 이름으로만?」, 변선환 옮김.(천안∶ 한국신학연
   구소, 1992), 13-25.
8) *Ethics*, 36.

증진시키고, 더 나아가 상호 비판을 통해서 자신을 교정하는 유효
한 수단이다. 다원성이 자기 이해와 비판적 역할을 수행하려면, 어
느 것이 옳고 그른가 하는 이분법적인 관점이 아니라 왜, 그리고
어떻게 다른가 하는 차이를 파악하여야 한다.[9]

각 공동체와 각 사람은 자신과 상이한 사람과 공동체 사이에서
자신의 견해를 주장한다. 확신들의 만남은 한편으로 갈등과 위기를
불러일으키고, 다른 한편으로 창조적 만남과 대화로 발전하기도 한
다. 갈등은 핍박과 순교로 나타나고, 만남은 상호 이해와 함께 개종
의 형태로 나타나기도 한다. 개종과 순교는 다종교적 상황에서 상
이한 종교 간에 벌어지는 두 가지 상반된 태도가 될 것이다. 개종
은 자신의 이전 신념을 포기하는 것이고, 순교는 신념을 끝까지 확
고하게 고수하는 것이다. 개종은 자신을 의미 있는 다른 사람으로
만드는 다른 신념체계를 새롭게 수용하는 것이고, 순교는 다른 신
념과의 만남 혹은 마찰 속에서 기존의 신념이 자신에게 의미를 부
여하는 것이기에 새로운 신념을 받아들이기를 거부한 것이다.

순교의 측면에서 보면 확신은 쉽게 포기되는 것이 아니며, 개종의
측면에서 보자면 의미 있는 새로운 가치관을 주기 때문에 확신을
변경하는 것이다. 그러므로 다원적 상황에서 신앙을 이해하기 위해
서는 개종과 순교를 동시에 설명할 수 있어야 한다. 강요된 개종이
나 순교가 아니라, 자신의 확신 가운데 개종과 순교를 함께 설명할
수 있어야 한다. 하지만 개종은 독단주의(dogmatism)로, 순교는 냉
소적 무관심(cynical indifference)으로 전개되어서는 안 된다.[10]

---

9) *Doctrine*, 22.
10) *Convictions*, 101.

맥클랜던은 다원주의를 바라보는 세 가지 입장을 제시한다.[11] 첫 번째는 갈등은 우연적인 것이고 무지와 왜곡에서 비롯된 것이므로 쉽게 제거할 수 있다고 보는 제국주의(imperialism)이다. 제국주의적 인식론으로는 타자의 가치를 존중할 수 없으며, 정치적 제국주의와 같이 타자를 도리어 억압한다. 두 번째 입장은 상대주의(relativism)로, 각 종교와 문화 간의 차이는 본질적이며 불가피하고, 공통분모는 존재하지 않는다고 본다. 상대주의에 따르면 각각의 종교들은 통약 불가능하여서 다른 확신을 설득하거나 대화가 불가능하다. 그러나 실제로 각 종교들 간의 의사소통이 이루어지는 현실은 제국주의와 같이 공통분모는 없다고 하더라도 상대주의가 상상하는 것처럼 통약 불가능하지도 않다.

세 번째는 맥클랜던이 지지하는 관점주의(perspectivism)이다. 이 입장은 자신의 입장을 확고하게 주장하려는 점에서 제국주의와 유사하고, 갈등을 긍정한다는 점에서는 상대주의와 비슷하다. 확신의 차이와 갈등은 "근본적이지만 궁극적인 것은 아니며, 지속적이기는 하지만 근절할 수 없는 것은 아니다."[12] 이것을 하우어와스는 간단히 "하나님의 집에는 많은 방이 있다"고 말한다.[13] 다원성 자체는 죄라거나 부정적인 형태가 전혀 아니라는 것이다. 도리어 하나님에게 많은 방이 있다는 사실은 다원성은 축복된 형태라는 것이다.

문제는 구체적으로 어떤 방식으로 종교적 다양성을 긍정적인 것

---

11) *Convictions*, 8-10.

12) *Convictions*, 9.

13) Hauerwas, "Reading James McClendon Takes Practice: Lessons in the Craft of Theology", 178.

으로 수용하고 반성할 것인지 하는 반성양식과 태도이다. 자연과학
이 지녀왔던 문화적 헤게모니가 이제 끝나고 새로운 탈현대 시대의
근본적인 특징인 인식론적 상대주의와 다원적 세계에서 어떻게 기
독교의 이야기를 들려줄 수 있겠는가 하는 물음이다.[14] 기독교 복
음의 독특성을 강요하지 않으면서도 복음의 본질을 훼손함 없이 타
종교 공동체에 선교할 수 있는 길은 없는가? 맥클랜던은 신앙을 내
재적인 것으로 보며, 교회가 증인 공동체가 되는 것을 선교의 동기
로 이해한다.

II. 다원적 상황에서 정당화

종교적 다양성에 직면해서 풀어야 할 과제는 한편으로 각 종교
간의 다양성 속에서도 대화와 이해가 가능하다는 것을 설명할 수
있어야 하고, 다른 한편으로 자신의 종교의 독특성 또는 우월성에
대한 주장을 인정할 수 있어야 한다는 상반된 요구이다. 전자는 각
종교들 간의 상호 의사소통이 가능하다는 것을 말하고, 후자는 각
종교를 자신의 관점으로 이해해야 한다는 것을 말한다. 전자는 각
종교를 자신들의 시각으로 파악하지 못하는 것은 인식적 제국주

---

14) Frederic B. Burnham, 편, 「포스트모던 신학」, 세계신학연구원 역(서
    울: 조명문화사, 1990), 11.

로 나아가고, 후자는 자신의 관섬으로만 파악하려는 것은 배타직인 편협성이며 더 나아가 상대주의로 귀결된다.

맥클랜던을 위시한 반기초주의 신학과 이야기 신학이 받는 비판 중 하나는 상대주의에 빠질 소지가 많다는 것이다.[15] 내가 보기에 맥클랜던의 반기초주의 신학은 상대주의라는 위험성을 많이 약화시 킨 것으로 보인다. 종교를 외부의 시각으로 평가하는 것을 거부하 는 것이 일면 상대주의가 될 공산이 있지만, 합리적인 정당화가 가 능하다는 것을 역설한다는 점에서 상대주의를 극복하고 있는 것이 다. 실제로 맥클랜던은 다원적 상황에서 신학이 가져야 할 최소한 의 합의는 절대주의와 상대주의는 신학의 대안일 수 없다고 분명하 게 밝힌다.[16]

상대주의에 빠지지 않는 다원주의를 위한 맥클랜던의 제안은 두 가지이다. 한편으로 종교는 내재적 접근을 하여야 하고, 다른 한편 으로 종교의 정당화가 가능하다는 것이다. "이해는 내재적인 것이 다. 그럼에도 불구하고 판단(그리고 정당화는) 가능한 채로 남아 있 다."[17] 이해가 내재적이라는 것은 각 종교들 간의 관계는 통약 불 가능하다는 것을 말한다. 그리고 판단할 수 있다는 것은 내재적 이 해나 통약 불가능성이 상대주의에 빠지지 않는다는 것을 함축한다.

---

15) Murphy, "Introduction", in *TWF*, 28. 프린스턴의 신학자인 반 후이스 틴은 예일 학파의 이야기 신학과 머피의 반기초주의가 상대주의 위험 이 있다고 비판한다. van Huyssteen, *The Shaping of Rationality: Toward Interdisciplinary in Theology and Science*(Grand Rapids: Eerdmans, 1999), 61-109.

16) *Ethics*, 35 ; 48-51.

17) *Witness*, 296.

따라서 맥클랜던을 통해서 각 종교의 독특성과 함께 의사소통할 수 있는 상대주의 없는 다원주의의 가능성을 모색해 보고자 한다.

1. 종교의 외적 접근: 존 힉

맥클랜던은 존 힉의 종교다원주의가 신앙인의 실천과 삶과 분리된 추상적 이론이고, 근대적 사유 방식을 벗어나지 못했다고 비판한다. 힉에 대한 맥클랜던의 비판을 알아보기 이전에 먼저 그의 종교다원주의를 간단히 살펴보고자 한다. 힉은 모든 종교는 전적으로 기만이라는 회의주의와 자신의 종교를 제외한 모든 종교는 기만에 불과하다는 독단주의를 모두 거부한다. 그는 한편으로 각 종교의 공통 근거를 찾고, 다른 한편으로 각 종교의 다양성을 설명하고자 한다. 전자는 칸트의 인식론에 근거한 것이고, 후자는 비트겐슈타인의 철학에 의존한 것이다.

1) 힉의 다원주의 신학

힉은 각 종교의 공통 근거를 칸트의 인식론을 토대로 설명한다.18) 칸트에 따르면, 물 자체(Ding an sich)는 인간 인식의 대상 너머에 존재하고, 단지 현상만을 인식할 수 있다고 한다. 그리고 있

---

18) John Hick, *An Interpretation of Religion: Human Responses to the Transcendent*(New Haven: Yale University Press, 1989), 233-51; Immanuel Kant, 「순수이성비판」, 최재희 역(서울: 박영사, 1983).

는 그대로의 세계가 오감을 통해서 인식 주체에게 전달되어지고, 판단하는 과정은 주체의 능동적인 능력이기 때문에 주체는 피동적으로 세계를 받아들이는 것이 아니라 능동적으로 세계를 해석하고 판단한다.

힉은 인간이 인식하는 것은 물 자체가 아니라 현상이라는 칸트의 논의를 통해서 우리는 하나님 자체를 인식할 수 없으며, 우리가 인식한 하나님은 인간에 의해 인식되고 경험된 하나님이라고 결론을 내린다. 이는 각 종교의 신은 하나님 자체가 아니라 각 종교와 사회 문화에 의해 매개된 신이라는 것을 함축한다. 즉 각 종교의 신은 인식 너머에 있는 한 하나님에 대한 다양한 반응이다. 그러므로 종교 간의 대화와 만남은 궁극적 실재를 매개하여 이루어져야 한다.

그렇다면 힉에게 제기될 수 있는 질문은 다양한 반응들은 서로 어떤 관계를 가지는가 하는 것이다. 이것에 관해서 그는 비트겐슈타인의 '가족 유사성'(family resemblance) 개념을 활용한다.[19] 가족 구성원들의 얼굴이나 특성이 동일한 본질은 없지만, 서로 겹치고 교차하는 것에 의해서 한 가족이 될 수 있다. 비트겐슈타인의 의도는 한 언어의 개념과 의미는 공통 본질이 없다는 것이다. 힉은 이 개념을 차용함으로써 종교에는 공통된 본질은 존재하지 않고, 단지 가족 안에서 발견되는 유사성과 차이들의 복합적인 연속체로 이해하려는 것이다. 그리고 가족이라는 울타리 속에 있는 각 종교들은 적대적인 갈등이 아니라 대화 속에서 제 위치를 찾을 수 있게 된다.[20]

---

19) Hick, Ibid., 3-5 & 140-43.
20) Ibid., 6.

맥클랜던은 힉이 다종교적 상황이 서구 신학과 교회에 심대한 문제 제기를 하고 있다는 점에서 동의한다.[21] 다원주의는 분명히 새로운 현상임에 틀림없다. 유대교와 이슬람교의 경우 유일신교 안에서의 문제였고, 종교개혁으로 말미암은 분열은 공간적 분리를 통해서 해결하였었다. 그러나 오늘날의 다원주의는 전혀 새로운 역사적 현상이다. 신학적인 반성과 응답이 필요한 문제이다. 그 과정은 단기간이 아니라 계속적이고 장기적인 시간 속에서 대안을 모색해야 할 만큼 어려운 문제이다. 이런 점에서 맥클랜던은 힉과 같이 다원주의가 중요한 신학적 문제라는 점에서 동의하는 것이다.

2) 힉의 다원주의 비판

맥클랜던이 보기에 힉의 종교다원주의는 두 가지 문제점을 지니고 있다. 첫째는 그의 다원주의는 실제적인 종교 실천과 분리된 추상적 논의라는 점이다.[22] 맥클랜던이 보기에 힉은 종교를 삶과 실천이 없는 추상화된 종교를 다루고 있다. 한 실재에 대한 다양한 반응으로 종교를 규정하는 것은 실제로 각 종교를 믿는 이들의 삶과 행위의 적절한 설명이 아니다. 신자들은 궁극적 실재를 믿지 않는다. 철학자의 하나님이 아니라 자신을 구원하고 삶의 의미를 부

---

21) *Convictions*, 150-51. 마크 네이션은 다원주의가 중요한 철학적 문제이기는 하지만 감정(feeling)의 문제라고 본다. Mark Nation, "Living in Another World as One response to Relativism", in *TWF*, 229-44. 그러나 다원주의를 정서적인 문제라고 파악하는 것은 상대주의적 위험성을 안고 있다.

22) *Convictions*, 7.

여하는 인격적이고 살아 있는 존재를 신앙한다. 종교를 일반화할 수 있는 개념 범주나 "유(species)는 사유 자체의 독특한 방식이 아니라 종교 신자들의 행위이다." 불교나 유대교, 기독교의 증언들은 불교 신자와 유대교 신자, 그리고 기독교 신자들이 실제로 믿고 있는 것을 확립한 것이다.

배국원 또한 존 힉의 신중심주의가 종교적 현실과 너무 거리가 멀다고 말한다.[23] 그는 힉이 신중심주의로 모든 종교를 일반화하여 설명하는 것은 각 종교의 특수성을 강조하는 종교학적 입장에서 설득력이 약할 뿐 아니라, 각 종교의 신 이해가 너무나 다양하고 상충되는 개념이라는 점에서 너무 비현실적이라고 비판한다. 맥클랜던은 각 종교의 신봉자들의 삶과 행위와 분리된 추상적인 종교를 다루는 것을 반대한다. 그러므로 힉의 '실재'라는 범주는 신자들이 생각하고 행동하는 실제적인 모습을 파악하는 데 실패하고 있다.

맥클랜던의 두 번째 비판은 힉의 다원주의가 근대주의를 벗어나지 못했다는 것이다.[24] 계몽주의 이래로 다양한 종교적 현상을 단일한 현상에 대한 다양한 반응이므로 설명하려는 시도가 있었다. 흄처럼 종교를 입증할 수는 없지만 공포와 소망 등에 기초한 인간의 심리적 본성에 뿌리를 두고 있는 현상이라고 파악하던지, 칸트처럼 신을 순수 이성으로 파악할 수 없고 도덕의 궁극적 기초로서 요청되는 존재로 보던지, 슐라이어마허처럼 종교는 이성이나 도덕이 아니라 절대자에 대한 직접적인 신 인식이나 감정으로 이해하던지, 아니면 헤겔처럼 하나님을 순수 정신(pure Spirit)으로 파악하여

23) 배국원, 「현대 종교철학의 이해」(서울: 동연, 2000), 193-94.
24) *Witness*, 286-87.

종교를 철학으로 파악하던지 간에 종교는 단일한 현상이었다.[25]

이 말은 한편으로 종교는 과학과 같은 합리성을 갖지 못하므로 공적인 영역에서 물러나야 하며, 다른 한편으로 모든 종교는 인간의 본성을 반영한다는 점에서 동일한 현상의 다양한 변이이므로, 경험적 현상의 연구를 통해서 접근할 수 있다는 것을 의미한다. 전자는 종교의 비합리성을, 후자는 종교적 다양성을 설명하는 근대적 방식으로 자리잡는다.[26]

힉은 이러한 근대적이고 계몽주의적 종교 이해를 벗어나지 못하고 있고, 그 연장선상에서 종교를 생각하고 있는 것이다. 종교의 가치는 그 종교의 관점으로 설명될 수 있는 것이지, 각 종교의 실제 활동과 무관한 개념 범주로 설명되는 것이 아니다. 종교는 단일한 현상에 대한 다양한 반응으로 이해하고 있다는 점에서 흄의 견해를 유지하고 있다.

---

25) *Doctrine*, 421-22: *Witness*, 283-7.

26) 레슬리 뉴비긴에 따르면 계몽주의는 종교적 신앙을 개인적인 의견의 문제로 보고, 공적인 영역에서는 이성에 의해 지배되어야 한다고 본다. 비합리적인 개인의 사적 견해이므로 종교는 본래적으로 다양할 수밖에 없는 것이다. Lesslie Newbigin, "Religion for the Marketplace", in Gavin D'Costa, ed, *Christian Uniqueness Reconsidered: The Myth of a Pluralistic Theology of Religions*(Maryknoll: Orbis Books, 1990), 136-37.

2. 종교의 내재적 접근 : 루트비히 비트겐슈타인

맥클랜던은 다원적 사회에서 종교 이해를 위한 적절한 모델을 비
트겐슈타인에게서 발견한다.[27] 비트겐슈타인에게서 종교는 실존적
관심사이다. 종교는 합리적인 이성이나 과학적인 증거에 의존하는
것이 아니라 인격적 신뢰에 기반을 둔다. "종교적인 믿음과 미신은
완전히 다르다. 후자는 두려움으로부터 기인하며, 일종의 잘못된 과
학이다. 전자는 신뢰이다."[28] 종교적 믿음은 과학으로 판단할 수
있는 것이 아니라 인격적인 신뢰와 헌신의 문제이다. 따라서 종교
를 판단하는 기준은 참과 거짓의 기준으로 판별할 수 있는 것이 아
니다.[29]

---

27) 다음 논문을 참조하라. James Wm. McClendon, Jr. with Brad J.
   Kallenberg, "Ludwig Wittgenstein: A Christian in Philosophy",
   Scottish Journal of Theology, vol.51, no.2(1998) : 131-61. 여기서 맥클랜
   던은 비트겐슈타인이 중생한 기독교 신자이며 진정한 기독교 철학자의
   전형이라고 주장한다. 맥클랜던의 견해와 같이 비트겐슈타인이 독실한
   신자인지의 여부는 보류하더라도, 비트겐슈타인이 신앙을 이성이 아니
   라 실존적 열정과 선택의 문제로 본 것은 타당하다. 황필호는 비트겐슈
   타인이 조금 더 오래 살았더라면, 기독교 신자가 되었을 것이라고 말한
   다. 황필호, "비트겐슈타인과 종교", 분석철학연구회 편, 「비트겐슈타인
   의 이해」(서울: 서광사, 1984), 296.
28) Ludwig Wittgenstein, 「문화와 가치」, 이영철 역(서울: 천지사, 1990),
   144.
29) Ludwig Wittgenstein, "Remarks on Frazer's Golden Bough", edited
   by James D. Klagge, & Alfred Nordmann, *Philosophical Occasions,
   1912-1951*(Indianapolis & Cambridge: Hackett Publishing Company,
   1993), 129.

1) 조지 프레이저 비판

이러한 점에서 비트겐슈타인은 조지 프레이저(George Frazer)가 주술과 제의를 종교 그대로 보지 못하고, 과학적 관점에서 보았다고 비판한다. 그는 황금 가지(Golden Bough)에서 모든 형태 속에 나타나는 주술과 종교의 실체를 찾는다. 즉 상이한 사회에 유사한 관습들은 다양한 사람들의 유사한 동기를 드러내 주고 그 법칙들을 잘 보여준다고 보았다. 따라서 프레이저의 방법론은 모든 종교에 동일한 형식의 실체를 추구한다.30) 그는 주술과 종교를 원시적인 (잘못된) 정보로 이해하고, 계몽적이고 서구적 관점에서 교정이 필요하다는 것을 일관되게 주장한다.

맥클랜던은 「확신」에서 종교에 대한 두 가지 오류를 지적한 적이 있다. 첫째는 종교를 비과학적 혹은 전과학적 단계의 미신으로 보는 것이다. 종교를 비과학적인 미신으로 보는 것은 종교 '안'(in)에서 이해하지 않고 종교에 '대하여'(about) 판단한 것에 불과하다. 외부적 시각으로 보자면 종교는 비합리적일 수 있을 것이다.

둘째는 종교를 순전히 초자연적인 현상으로 파악하는 것이다. 물론 종교는 인간적인 현상에 불과하지 않고 신과 초월자, 말할 수 없는 것을 다룬다. 그렇지만, 종교의 초월적 성격을 인정하더라도 온전히 초월로 환원할 수는 없다. 종교란 언어적 측면에서 보자면, 언표할 수 없는 신에 대한 말이란 것을 부인할 수 없다. 참된 종교

---

30) 프레이저의 종교학 방법론에 관해서는 다음을 보라. Daniel L. Pals, *Seven Theories of Religion*(Oxford: Oxford University Press, 1996), 30-47.

는 인간의 탐구이 손길에 개방되이 있다.[31]

프레이저는 전자의 경우에 해당한다. 종교를 외부의 시선으로 한 갓 과학적인 관찰 대상 정도로 파악한다. 그의 잘못은 종교를 비과 학적인 미신으로 보는 데 있다. 그 까닭은 그가 종교 내부자의 시 각이 아니라 외적 관찰자의 시점으로 이해하기 때문이다. 좋은 예 가 그가 사용하는 용어들이다. 프레이저는 'furchtbar', 'grossartig', 'schaurig' 등의 독일어를 사용하는데, '공포', '기괴한', '무시무시한' 등의 의미이다. 이 단어들이 전달하는 뉘앙스는 서구 문명의 시각 을 원시 종교에 대한 경멸과 비하의 뉘앙스이다. 하지만 종교는 경 이와 경외로서 접근해야 한다.[32] 종교 신자의 관점으로부터 그 종 교에 대해 말해야 한다.

외부자의 눈으로 본 종교 이해가 갖는 문제점은 모든 종교에 동 일한 형식을 추구하는 것이다. 각각의 상이한 문화들의 유사한 관 습들은 다양한 사람들과 문화 속에 내재하는 비슷한 동기와 법칙을 보여준다. 그러나 비트겐슈타인이 보기에 프레이저는 자신이 하고 있는 것들이 모든 사람들에게도 그럴듯하게 만드는 것에 불과하 다.[33] 그는 자신의 서구 종교적인 관점으로 원시 종교를 파악하고 있을 뿐 아니라 원시 종교 해석을 통해서 자신의 관점을 정당화하

---

31) *Convictions*, 13. 플래처는 니니안 스마트와 같이 하나님과 열반 (nirvana)사이에 개념적 유사성이 있다는 것이나, 에드워드 콘즈처럼 가톨릭 성자는 나쁜 불교인으로 보는 두 태도는 바른 대화 자세가 아 니라고 말한다. Placher, *Unapologetic Theology*, 143.

32) *Witness*, 291. 프레이저가 종교를 비과학적인 또는 과학의 전 단계로 보는 것은 콩트의 실증주의적 영향이다.

33) Wittgenstein, "Remarks on Frazer's Golden Bough", 119.

고 있는 것이다.

배국원에 의하면 각 종교들 사이의 공통된 본질과 형식을 추구하는 것은 실제적인 종교적 현실과 상충되며, 모순되고 비현실적인 주장이라고 말한다.34) 예를 들어 각 종교에서 신이라는 개념을 사용하지만, 각 종교마다 다양하고 심지어는 상충된 방식으로 사용하고 있는 것이 종교적 현실이다. "'신'이라는 판도라 상자를 열어 놓고 나면 온갖 신들이 쏟아져 나올 것임이 분명하다." 따라서 만약 프레이저의 주장처럼 모든 종교가 동일한 형식과 동일한 실체를 갖는다면, 기독교의 구원이나 구원을 뜻하는 힌두교의 목샤(moksha)나 불교의 니르바나(nirvana)와 동일하다는 것이 된다.35)

둘째, 프레이저의 문제점은 종교를 과학적인 시각으로 이해했다는 것이다.36) 그가 종교를 오해하는 것은 종교적 실천을 과학적인 관점으로 이해하기 때문이다. 종교학자는 과학자와 마찬가지로 사실을 광범위하게 수집하고, 비교 분석하고 명료하게 한 다음에, 모든 경우를 설명할 수 있는 일반적인 이론을 정립하고자 한다.37) 그러나 오류는 종교를 과학으로 이해하고, 비과학적인 전 단계로 파악하는 것이다. 예를 들어서 침례에서 죄 씻음은 과학적으로 관찰할 수 없는 종교적 사실이다. 그럼에도 침례 의식에서 죄 씻음을 과학적으로 해명할 수 없다고 해서 비과학적인 미신 행위로 보는

---

34) 배국원, 「현대 종교철학의 이해」, 194.
35) *Doctrine*, 422.
36) *Witness*, 289.
37) 다니엘 팔스에 의하면 프레이저는 과학적 종교 이론가이다. Pals, Ibid., 44.

것은 명백한 오해이다.

비트겐슈타인의 다음의 말은 시사적이다. "씻음으로서의 침례 -
하나의 오류는 주술을 과학적으로 해석하고자 할 때 발생한다."[38]
프레이저가 주술사의 행동을 사이비 과학이라고 판단을 한 것은 그
의 판단 잣대가 과학주의이고, 과학과 다른 영역의 행동과 사실을
과학적인 사실로 환원하기 때문이다. 그러나 주술사를 비롯한 종교
인들의 실천과 제의들은 과학적이 되고자 하는 목적을 갖지 않는
다. 이 행동들은 과학적 사실이 아니라 종교적 상징체계의 일부분
이다.[39]

맥클랜던은 이러한 프레이저가 갖는 문제의 근원을 종교를 종교
공동체의 실천을 무시하고 외부적 관점으로 보았다는 데서 찾는다.
종교는 실존적인 물음이고, 삶이며 존재이다. 기독교의 본질은 신념
의 유지가 아니라 실천이자 삶의 양식이다. "교리는 책들 속에서
발견하지만, 기독교는 살아 있는 활동성이다."[40] 외부적 시각은 계
몽과 이성의 이름으로 종교의 심연과 신비를 헤집고 파헤친다. 판
단하는 자는 늘 우위에 서서 자신의 시각으로 판단 대상을 설명한
다. 종교는 신앙하는 자의 시각으로 이해될 수 있다. 종교와 주술은

---

38) Wittgenstein, Ibid., 125.

39) Cyril Barrett, *Wittgenstein on Ethics and Religious Belief*(Oxford :
    Basil Blackwell Ltd, 1991), 210-15. 바레트에 따르면 비트겐슈타인이
    종교를 상징체계로 이해하는 것이 약간의 오해를 준다. 즉, 종교는 상
    징에 불과하여 그 외에는 아무것도 아닌 것처럼 생각하게 된다. 그러
    나 비트겐슈타인의 의도는 주술과 제의는 신앙의 표현으로 중요한 것
    으로서 종교적 진리를 담지하고 있다는 것을 말하려는 것으로 보인다.

40) McClendon, "What is a Southern Ecumenism", 77.

말할 만한 충분한 가치가 있는 것이다. 그러나 그 말들이 종교를 신앙하는 자의 삶과 관점으로부터 이해되어야 한다.[41] "과제는 오히려 종교 연구를 다른 연구를 하는 것과 같은 것으로 결부시킴으로써 발생하는 체계적 혼란을 몰아내는 것이다. 모든 것을 있는 그대로 내버려두기 위해서는 실제적인 실천과 내적으로 연결된 논리로 종교를 이해하는 방식을 채택하는 것이다."[42]

2) 피터 윈치의 내재적 시각

종교를 내적 시각으로 파악해야 한다는 것을 맥클랜던은 피터 윈치(Peter Winch)를 통해서 전개한다. 윈치는 "사회학과 사회과학을 포함하는 인간학은 문화 — 심지어는 자신의 문화까지도 거리를 두는 객관적인 연구의 발판을 제공할 수 있다는 전제를 공격하고 있다."[43] 즉 윈치는 비트겐슈타인을 따라서 문화와 종교를 규칙을 따르는 실천이기에 국외자의 시각으로는 제대로 이해할 수 없다고 말한다. "각각은 자신에게 고유한 이해 가능성의 기준을 지니고 있다."[44] 예를 들어 누가복음 18장에 나오는 세리와 바리새인의 기도를 이해하기 위해서는 우선 기도가 무엇인지를 물어야 하는데, 그것은 종교적인 것이다. "이들 두 사람의 행위가 동일한 종류인가 아닌가

---

41) *Witness*, 289.

42) *Witness*, 291-92.

43) *Witness*, 292.

44) Peter Winch, 「사회과학과 철학」, 김기현 옮김(서울: 서광사, 1985), 110.

를 결정하기 위한 적절한 기준은 종교 자체에 속한다."

어떤 사람이 종교를 연구하고 이해하기 위해서는 적절한 판단 기준을 가지고 있어야 한다. 그 판단 기준은 연구 대상인 종교 자체에 속한 것이다. 연구자 역시 연구 대상인 종교에 속하지 않으면 제대로 종교를 이해하거나 판단할 수 없는 것이다. 그러므로 "역사가 또는 종교 사회학자가 자신의 연구 대상인 종교 활동의 의미를 이해하고, 그 종교 활동에 참여하고 있는 사람의 삶을 지배하는 고려 사항을 이해하고자 한다면 그 자신이 종교적인 느낌을 가져야만 한다."45)

맥클랜던은 윈치의 논의를 통해서 종교는 내재적인 시각에 따라 이해해야 한다는 결론을 얻는다. 내재적인 접근은 각 종교의 독특한 실천과 활동에 참여하지 않고서는 제대로 이해할 수 없다는 것이다. 그러면 그는 왜 내재적 접근을 옹호하는가? 그 이유는 다음 두 가지이다. 하나는 다종교적 상황을 판단할 수 있는 중립적인 위치가 존재하지 않기 때문이다. 이 점은 프레이저에 대한 비트겐슈타인의 비판과 윈치의 논의를 통해서 설명되었다. 다른 하나는 중립적 위치가 근대적 합리성의 전제로 역사적으로는 억압의 기능을 수행했기 때문이다. 종교를 외적인 관점으로 평가할 수 있다는 것은 서구의 근대적 합리성이다.

근대적 합리성은 중립적인 시각을 가장하면서도 결국 자신의 이익을 합리적이고 과학적인 것으로 포장한다. "합리성은 자신들의 권력을 정당화하기 위해 권력을 가진 자들에 의해 해석되었고, 권

---

45) Ibid., 96-97.

력이 없는 자들에 반해서 사용되었다."[46] 즉 모든 것을 포괄하고 능가하는 단일한 합리성은 제국주의적인 것으로 비서구와 소수자에 대한 억압을 정당화하였다. 프레이저가 대표적인 경우가 될 것이다. 과학적인 학문의 평가라는 미명하에 타인에 대한 억압과 자기 합리화를 수행하였다. 그러므로 그 누구도 어떤 종교가 다른 종교보다 더 우월하다고 판단할 수 있는 위치를 갖고 있지 못하다.[47] 따라서 신자에게 필요한 것은 타 종교인에 대한 존경심을 갖는 것이다.[48]

3. 상대주의 없는 다원주의

종교를 관점주의 혹은 내재적 관점으로 이해해야 한다는 것은 각 종교를 통약할 수 있는 공통분모가 없다는 것이고, 이것은 상대주의가 될 수 있는 공산이 크다. 종교의 실천에 참여하지 않고서는 이해할 수 없다는 것은 자신의 종교 외에는 이해할 수 없다는 것을 내포한다. 이것은 실제로 각 종교들 사이에 벌어지는 만남과 대화의 현실과 상반되는 것이다.

기독교인이라고 해서 불교의 교리와 삶을 전혀 이해하지 못하는 것은 아니다. 앞에서 종교 다원적 상황을 적절히 설명하기 위해서는 두 가지 요구를 충족시켜야 한고 말했다. 하나는 각 종교의 독특한 가치를 설명할 수 있어야 하고, 다른 하나는 종교들 간의 대

---

46) *Witness*, 295.
47) *Witness*, 288.
48) *Witness*, 292.

화와 만남의 현실을 인정할 수 있어야 한다는 것이었다. 그렇다면 맥클랜던의 종교의 내재적 이해는 상대주의가 아닌가?

1) 상대주의의 정의

종교에 대한 내재적 이해는 상대주의가 될 수 있다는 지적에 대한 대답은 상대주의를 어떻게 정의하느냐에 따라 다를 것이다. 하비 지겔(Harvey Siegel)은 인식론적 상대주의를 다음과 같이 정의한다.

> 인식은 시간과 장소, 사회, 문화, 역사적 시대, 개념 구조나 틀, 혹은 개인적 훈육이나 확신에 따라 상대적이다. 그래서 인식이라고 설명할 수 있는 것은 이러한 다양한 것들 중 하나 혹은 그 이상의 것들에 의존한다. 만약 인식과 진리가 이런 식으로 상대적이라면, 상이한 문화들과 사회 등은 인식 - 주장을 평가하는 상이한 기준과 원칙의 배경을 수용하고, 그리고 이러한 기준들의 대안 사이를 선택하는 중립적 기준이란 존재하지 않을 것이다.[49]

만약 지겔의 정의에 따른다면 맥클랜던은 분명히 상대주의자이다. 인간의 인식이 사회 문화적 조건에 인식이 의존하므로 중립적으로 판단할 위치와 기준이 존재하지 않는다는 것은 분명히 상대주의이다. 더 나아가 맥클랜던은 종교는 통약할 수 없다고 하였다.

---

49) Harvey Siegel, "Relativism", Jonathan Dancy & Ernest Sosa, eds. *A Companion to Epistemology*.(Cambridge, Massachusetts: Basil Blackwell Ltd, 1992), 428-29.

하지만 지겔의 상대주의 정의는 한 가지를 빠트리고 있다.[50) 인식에서 상대주의는 인식이 사회 문화적인 여러 조건들에 의존하므로 중립적 판단을 할 수 없다는 것으로만 성립되지 않는다. 상대주의는 객관적 판단 기준의 거부와 함께 의사소통이 불가능하다는 것까지를 포함하여야 한다. 그래서 맥클랜던과 스미스는 다원성과 차이는 불가피한 본질이므로 공통적인 요소가 없다는 것과 상호 의사소통까지도 불가능하다고 주장하는 것을 상대주의라고 정의한다.[51)

따라서 각 공동체 확신들의 차이는 제거할 수 없는 것이어서 의사소통까지도 단절된다고 말하는 것을 상대주의라고 정의하여야 한다. 그래서 맥클랜던과 스미스는 상대주의를 다음과 같이 정의한다. "하나의 주어진 확신을 가진 사람이 다른 확신을 가진 이들의 신념을 평가하는 것은 어쩔 수 없이 영구적으로 배제하려는 견해이다."[52) 상대주의를 이렇게 정의하면 일단 맥클랜던은 상대주의자의 혐의를 얼마간 벗을 수 있다. 그는 의사소통의 가능성마저 부인하지는 않기 때문이다.

2) 통약 불가능 문제

종교들 관계는 통약 불가능하다는 말은 상대주의적 요소가 짙은

---

50) 상대주의에 대한 지겔의 오해는 많은 상대주의자들이 비트겐슈타인의 자식이라고 말하는 데서 더욱 분명하게 나타난다. Ibid., 430.

51) *Convictions*, 8.

52) *Convictions*, 131.

것을 부인할 수 없다. 통약할 수 없다는 것은 양자를 평가할 수 있
는 기준이 없다는 것을 말한다. 더 나아가 상호 간의 의사소통의
가능성까지도 부정하는 용어가 될 수 있다. 통약 불가능하다는 용
어는 과학철학자인 토머스 쿤에게서 온 것이다.[53] 그는 「과학 혁명
의 구조」(The Structure of Scientific Revolution)에서 뉴턴과 아인
슈타인의 패러다임을 평가할 수 있는 제3의 기준이란 존재하지 않
고, 또한 자신의 관점으로 상대를 평가할 수도 없다고 말한다. 그래
서 각 패러다임은 다른 세계 속에서 다른 의미를 가지고 있기에 패
러다임을 바꾸는 것은 종교적 개종과 같은 혁명적 변화이다.

또한 쿤은 경쟁적인 과학 이론 사이를 평가하는 기준은 존재하지
않는다고 말한다. "누구도 비과학적인 것도 아니다. 이론 선택에 있
어 중립적 모형, 즉 옳게 적용하면 그 집단의 각 개인으로 하여금
동일한 결정을 내리게 하는 체계적인 결정 절차란 없는 법이다."[54]
쿤은 여기서 한 발자국 더 나아가 이론과 자연이라는 실재 사이의
조화 또는 일치가 원칙적으로 환상이라고 한다.[55] 그러므로 경쟁하
는 패러다임 간의 통약 불가능성은 종교적 개종과 같아서 연속성보
다는 불연속성이 더 우선한다면, 소통의 단절로까지 나아갈 수 있
을 것이다.[56]

---

53) Thomas Kuhn, 「과학혁명의 구조」, 조형 역(서울∶ 이화여자대학교 출
    판부, 1980).
54) Ibid., 247.
55) Ibid., 255.
56) 그래서 알란 차머스는 쿤을 상대주의자로 본다. Alan Chalmers, 「현대
    의 과학철학」, 신일철·신중섭 옮김(서울∶ 서광사, 1985), 178-83을 보
    라. 그리고 다음 책은 쿤을 사이에 두고 일어난 논쟁에 대한 고전적

그렇다면 맥클랜던이 종교 간의 관계는 통약 불가능하다고 말하는 것은 상대주의로 나아가는 것은 아닐까? 그의 입장은 종교들 간의 관계가 통약 불가능하다고 말하는 것이 곧 의사소통의 불가능성까지 나아가지는 않는다. 이 문제의 해결 방법은 통약 불가능성이라는 용어를 새롭게 이해하는 것이다. 경쟁적 관계에 있는 과학 이론이나 종교 관계를 통약할 수 있는 공통 기준이 없다고 말하는 것이 곧 양자를 비교하거나 판단할 수 없다는 것은 아니다. 틸리는 통약 불가능성이 신앙주의적이거나 상대주의적인 것은 아니라고 지적한다.[57] 즉, 통약 불가능하다는 것은 이해 불가능하다는 것이나 비교 불가능하다는 것을 말하는 것은 아니다. 예를 들어 고통을 이해하는 것이 각 종교 전통마다 다르다. 자신들의 고유한 철학과 근거, 그리고 세계관을 통해서 고통을 파악한다.

그럼에도 다른 종교 전통에 있는 이가 다른 종교 전통의 고통에 대한 견해를 이해하는 것이 불가능한 것은 아니다. 그리고 더 나아가 비교 불가능한 것도 아니다. 건축이나 기술자의 경우 뉴턴 역학에 따라 일하는 것은 상식이지만, 천체물리학자는 뉴턴 패러다임을 필요로 하지 않는다. 뉴턴과 아인슈타인 패러다임 중에서 자신의

자료이다. Imre Lakatos & Alan Musgrave, 「현대과학철학 논쟁: 비판과 과학적 지식의 성장」, 조승옥·김동식 역(서울: 민음사, 1987).

57) Terrence W. Tilley, "Incommensurability, Intratextuality, and Fideism", *Modern Theology* vol.5, no.2(January 1989): 87-111. 틸리가 정의한 상대주의적 신앙주의(relativist fideism)는 이 연구가 다루는 상대주의 개념과 일치한다. 그리고 개렛 그린 역시 통약불가능성은 이해 불가능성이 아니라고 한다. Garret Green, 「하나님 상상하기: 신학과 종교적 상상력」, 장경철 옮김(서울: 한국장로교출판사, 1996), 90-92.

목적을 수행하는 데 적절한 패러다임을 비교하고 선택하는 것은 가능한 일인 것이다.[58] 그러므로 "신학자들은 비록 종교들이 통약할 수 없다고 할지라도, 그리고 비교하고 평가해야만 하는 종교들의 모든 규칙이나 모든 방법들을 선험적으로 일일이 열거할 수는 없다고 하더라도, 다양한 방식으로 그들의 신념과 실천을 비교할 수 있다."[59]

3) 다원주의 사회에서 확신 정당화

그러면 구체적으로 통약 불가능하면서도 비교하고 이해 가능하다는 것의 증거는 무엇인가? 맥클랜던은 인간 사회의 영속적인 세 가지 특징을 그 근거로 제시한다. 첫째는 번역이 가능하다는 것이다.[60] 각 언어 놀이들 사용자 간에는 번역을 통해서 의사소통이 이루어지고 있다. 그러나 번역이 완벽하지는 않다. 번역은 부정확하고 불완전할 수 있다. 이 말은 완전한 번역이 불가능하다는 것이지 번

---

58) Ibid., 90-91.
59) Ibid., 93. 틸리는 선험적인(a priori)인 비교 기준은 없지만, 임시적인 (ad hoc) 기준은 가능하다고 말한다. Ibid., 94. 이러한 임시적인 변증학에 관해서는 다음을 참조하라. William Werpehowski, "Ad hoc apologetic", *The Journal of Religion* 66(1986): 282-301.
60) *Witness*, 297: *Convictions*, 150-154. 이것은 맥클랜던이 「확신」에서 제시한 종교 언어 정당화의 두 번째 조건인 지시적 조건이다. 이스라엘이라는 특정한 사람들이 역사적으로 홍해를 건넌 적이 있어야 하며, 그것이 신의 은총에 의해 이루어진 사건이어야 한다. 그리고 그 신이 이집트의 신이나 메소포타미아 지방의 신이 아니라 이스라엘의 하나님 여호와이어야 한다.

역 자체가 불가능하다는 것은 아니다. 또한 완전한 번역은 번역의
목적이 아니다. 다만, "언어와 언어 놀이들은 외부자가 '채택'하는
것을 허용할 만큼 충분히 번역된다."[61] 각 종교의 언어 놀이들이
내재적인 가치를 지니고 있어서 공통된 가치 기준에 따라서 통약할
수는 없지만, 번역의 경우에서 보듯이 실제적인 의사소통은 이루어
지고 있다. 이것은 종교의 언어 놀이가 사실로 검증할 수 없는 주
관적인 내적 경험이나 비이성적인 행위가 아니라는 것을 말한다.[62]

둘째는 각 공동체가 도달할 수 있는 '가치들의 장소들'(loci of
values)이 존재한다.[63] 예를 들어 이웃이라는 개념을 생각해 보자.
각 공동체는 이웃에 대한 상이한 개념을 가지고 있다. 이웃에 대한
보편적 개념은 불가능하더라도 호소할 수 있는 장소가 존재한다.
예수와 율법사의 대화의 경우, "누가 내 이웃입니까?"라는 질문은
두 사람 사이의 이웃 개념이 상이하다는 것을 반영한다. 그러나 이
웃을 사랑하라는 기준에 호소하는 예수의 요구는 두 사람이 동의할
수 있다.

우리는 '진리'와 같은 개념에 대한 보편적 합의에 도달하는 것이
불가능하더라도, 적어도 '진리'에 호소하는 것은 각각의 언어 놀이
안에서는 소통이 가능하다. 진리를 근대적 합리성과 같이 순수히
객관적인 것으로 이해하는 것을 유지하기가 어렵다고 해도, 상대주
의자들이 이해하는 것처럼 텅 빈 개념은 아니다.[64] 임의적이고 주

---

61) *Witness*, 297.
62) McClendon, "How is Religious Talk Justifiable?" 325-26.
63) *Witness*, 298; *Convictions*, 154-62.
64) *Convictions*, 157.

관적인 깃이 아니다. 그러므로 '이웃', '진리' 등과 같은 개념은 상호 간의 의사소통을 가능케 하는 자리인 것이다.

셋째, 반대하는 그룹들의 확신은 언어와 확신의 모체(matrix)인 사회 안에서 해결된다.[65] 한 공동체가 다른 공동체의 확신과 조우하게 되면 다양한 형태의 거부나 또는 수용의 과정을 거치게 된다. 한편으로 개혁자들과 같이 자신의 기원으로 돌아감으로써 응답하기도 하고, 다른 한편으로 개종함으로 새로운 확신을 수용하기도 한다. 이러한 변화는 이전의 단계와 연속성과 불연속성을 동시에 가진다. 공동체를 떠나서는 정당화는 불가능하다.[66]

바울의 회심을 살펴보면, 과거 유대교와의 연속성과 불연속성을 한꺼번에 보여준다.[67] 바울의 하나님은 회심 이후의 하나님 이해가 회심 이전의 견해를 수정하기는 했지만, 동일한 하나님이라는 점에서 연속성을 보여준다. 하지만 유대교가 파악하지 못했던 이해를 개종을 통해서 더 확장하고 경계를 넓힌 점은 불연속성을 보여준다. 과학사의 경우, 물질의 최소 단위로서 원자라는 용어로 쓰인 적이 있었지만, 다른 의미로 여전히 연속성을 가지면서 사용되고 있다. 이러한 예들은 종교와 패러다임의 충돌에 따른 변화는 연속적인 면과 불연속적인 측면이 모두 있다는 것을 보여주는 사례들이다.

이렇게 맥클랜던이 변화는 연속적이며 불연속이라는 것을 말하는 의도는 경쟁하는 패러다임이나 종교 간의 갈등 상황이 상대주의로 진전하지 않는다는 것을 말하려는 것이다. 그러나 신학의 정당화가

---

65) *Witness*, 298-9: *Convictions*, 162-74.
66) McClendon, "How is Religious Talk Justifiable?" 337.
67) *Convictions*, 169-70.

다원주의 사회에서 상대주의로 전락하지 않기 위해서는 공동체라는 정당화의 자리를 인식해야 한다. 맥클랜던은 신학의 다원주의적 성격이 자유방임이나 주관주의를 피하기 위해서는 신학이 항상 공동체의 신학이라는 것과 공동체 간의 상호 작용의 산물이라는 사실을 기억해야 한다고 한다.[68] 따라서 신학의 정당화를 위한 반기초주의적 신학은 공동체적이여야 한다.

공동체가 확신을 정당화한다면, 공동체의 암묵적인 모든 전제와 세계관마저도 정당화되는가? 그리고 그 가정들은 비판받지 않는가? 틸리는 이 물음에 대해 필립스(Dewi Z. Phillips)는 그렇다고 대답할 것이라고 말한다.[69] 필립스는 철학자의 과제란 규범적(normative)인 것이 아니라 종교 현상과 사실을 있는 그대로 기술하는 것(descriptive)이라고 생각한다. 종교를 있는 그대로 보려고 하려면 종교를 비종교적인 것들, 예를 들어 사회학이나 역사적, 문학적인 것으로 설명하려고 해서는 안 된다. 오직 종교 자신의 시각으로 현상을 설명하여야 한다. 따라서 종교의 확신을 정당화할 필요 자체가 사라지게 된다.

틸리의 판단이 옳다면, 필립스의 주장은 공동체 내의 잘못된 합의마저도 비판할 수 없다는 것과 다원적 사회에서 자신의 확신을 정당화해야 할 현실을 간과하는 오류를 범하고 있다. 맥클랜던은 공동체에 의한 확신 정당화에도 불구하고 공적인 정당화 작업이 수

---

68) *Ethcis*, 36.

69) Terrence. W. Tilley, *Talking of God: An Introduction to Philosophical Analysis of Religious Language*(New York: Paulist Press, 1978), 104-09.

행뇌어야 할 이유들 두 가시로 세시한나.[70] 하나는 공동체 안의 나양한 입장들 간에 빚어지는 갈등과 모순, 그리고 새롭게 제기되는 문제의식들은 정당화를 요구한다. 다른 하나는 공동체 외부의 세계관과의 만남에서 발생하는 충격과 도전은 자신의 확신을 정당화하도록 만든다.

따라서 공동체의 확신은 무조건적으로 받아들여져서는 안 되며, 다원주의 역시 정당화의 거부가 아니다. 게다가 정당화는 단 한번 일회적으로 그치는 것이 아니라 계속적인 활동이다.[71] 변천하는 세계 속에서 정당화의 방법과 상황은 다를 수밖에 없기 때문이다. 그러므로 다원성을 환영하는 맥클랜던의 다원주의는 정당화의 필요성을 알고 있으며, 상대주의를 극복하는 다원주의를 지향하고, 그 방법을 제시하고 있다는 점에서 다원적 사회에 적절한 신학 방법으로 받아들일 수 있을 것이다.

III. 다원적 사회에서의 기독교

다원적 사회에서 기독교는 다양한 문화와 종교들을 한편으로 인정하면서도, 여전히 선교의 정당성을 옹호하여야 한다. 또한 선교 역시 기독교 복음과 서구 문화를 분간하지 못하고, 서구 제국주의

---

70) *Convictions*, 116-17.
71) *Convictions*, 174.

214 맥클랜던의 반기초주의 신학

와 구별되지 못한 채 선교하였던 오류를 극복하여야 할 것이다. 그런 점에서 다원화된 사회에서 선교는 한편으로 대화와 다른 한편으로 증언을 통한 선교가 모색되어야 할 것이다.

1. 대 화

다원적인 사회에서 피해야 할 자세는 상대주의와 제국주의이다. 다른 문화와 타 종교에 대해서 대화와 증언의 자세를 견지하기 위해서는 차이는 불가피한 본질이므로 어떠한 공통 본질도 찾을 수 없다는 상대주의나 각 종교의 차이는 사소한 것으로 쉽게 제거할 수 있다는 제국주의적 태도는 도리어 선교에 방해가 된다. 맥클랜던에게 다원성은 혼돈이나 갈등이 아니다. 서로가 다르다는 것은 옳고 그름이라는 기준으로 판단할 일이 아니다. 이것이 관점주의이다. 대화와 증언이 가능하기 위해서 종교적 다원성을 대하는 태도가 변경되어야 한다. 다원성은 신학을 성가시게 하는 귀찮은 존재가 아니다. 신학에 대한 중대한 도전이기는 하지만, 신학의 새로운 가능성을 열어주는 긍정적인 기회로 여기는 자세가 필요하다.

확신적 갈등은 예견되지만 불가피한 것은 아니며, 근본적이나 궁극적인 것은 아니며, 지속적이지만 본래적으로 제거할 수 없는 것은 아니다. 이 견해에 따르면 다양한 확신들 사이에는 공통적인 요소들이 있다. 그러나 갈등을 해소하고자 할 때에 그것을 발견하고 사용하는 것은 확신에 따라 제약받지 않는 조치를 필요로 한다. 다른 확신을 가진 사람들 혹은 공동체들은 세계를 다르게 경험하고 생각하고 그리고 말할 것이다. 그리고 이러한 차이들은 반드시 성격상의 흠이나 잘못된 결과는 아니다. 그러나 그것들은 벽이나 의사통신과 이해 심지어 세계들 사이의 설득도 불가능하도록 만드는 장벽이나 전자 주파수 대 변환기도 아니다.[72]

다원성은 종교의 외적 상황에 의해서 강요된 것만이 아니라 신학의 내부적 요구인 측면도 있다. 기독교 공동체 내부의 다양한 의견의 충돌은 기독교 신앙의 이해가 보편적인 일치가 존재하지 않고 완전히 일치되지 않는다는 것을 말한다.[73] 또한 신학 개념이 갈리(W. B. Gallie)가 말한 바와 같이 본질적으로 경쟁적인 개념이다.[74] 한 단어의 의미는 획일적으로 확정된 것이 아니다. 언어의 쓰임은 다양하며 심지어는 이질적이고 경쟁적이기까지 하다. 마찬가지로 '종교', '과학', '정의', '민주주의', 심지어 '기독교'와 같은 단어들도 경쟁적인 개념이다.

여기서 맥클랜던이 교회일치에 관한 그의 글을 통해서 다른 기독

---

72) *Convictions*, 9.

73) *Doctrine*, 43. 실제로 성서학자들은 성서의 다양성, 심지어는 갈등 구조를 이루면서도 통일성을 견지하고 있다고 말한다. 브레버드 차일즈에 따르면, 성서신학의 경우에도 구약과 신약의 지나친 분리에 따른 위기를 극복하려는 시도가 있음에도 불구하고 여전히 성서의 다양성을 파손하지 않는 범위 내에서 통일성을 지향한다. 성서 안의 폭넓은 다양성을 인정하면서도 계속해서 성서를 하나로 끌어당기는 구심력을 강조하고 찾고자 하였다. 더 나아가 폴 핸슨은 성서 안의 다양성은 갈등 구조를 이룬다고 한다. 다음의 그의 책을 보라. 「성서의 갈등 구조」, 이재원 옮김(천안: 한국신학연구소, 1991). 그리고 Brevard S. Childs, 「성경신학의 위기」, 박문재 옮김(서울: 크리스찬다이제스트, 1992), 37-40: 69-73.

74) *Witness*, 329-30.

교 공동체와 타 종교에 대한 태도를 살펴보고자 한다. 그는 관점주
의로 다원성을 보게 되면, 다른 공동체와의 만남은 놀라움이기도
하지만 즐거운 일이라도 말한다.[75] 즐겁고도 놀라운 만남이 되기
위해서는 무엇보다도 타자에 대한 인정과 존중이 선행되어야 한다.
기독교 공동체 내에 다른 공동체에게도 우리 자신에게 임한 하나님
의 은혜가 그들에게도 동일하게 현존하고 있다는 사실을 수긍하여
야 한다.

윌리엄 플래처 역시 종교 간의 대화에 있어서 요구되는 두 가지
원칙을 제시하는 데 맥클랜던의 것과 비슷하다.[76] 그가 제시한 원칙
은 차이를 인정하는 것과 자신의 전통 내에서만 다른 종교를 평가할
수 있다는 것이다. 이 원칙에 따르면, 모든 종교는 사실상 기독교의
아류라고 말하는 칼 라너의 "익명의 그리스도인"(anonymous
Christian) 개념이나, 모든 종교를 평가할 수 있는 철학적 관점이 있
다는 존 힉의 "신 중심적" 사고를 모두 비판받아 마땅하다. 두 사람
은 각 종교의 다양성과 차이를 존중하고 인정하기보다는 "익명의 그
리스도인"이나 "신" 혹은 "실재"(Real)라는 서구적 중심을 설정하고
각 종교를 평가하고자 한다. 차이를 인정한다는 것은 나 자신의 관
점에서 타 종교를 재단하지 않는다는 것을 말한다.

종교의 현실뿐 아니라 종교의 내부적 요구도 다원성을 긍정적인
시각으로 볼 것을 요구하며, 이는 타자와의 대화를 요청하는 것이
다. 종교들은 대화 속에서 만남을 통해 자신의 이해를 증진시킬 뿐
아니라, 심지어 자기 자신을 수정해야 한다. "대화의 빛 아래서 우

---

75) McClendon, "What is a Southern Baptist Ecumenism?" 73.
76) Placher, Ibid., 144-146.

리 자신의 신앙, 우리 자신의 신학이 재형성되기 시작한다. 살아 있는 신학은 살아 있는 물처럼 흐른다."[77] 그러나 다원적이라는 것, 그리고 대화가 필요하다는 것은 상호간의 차이를 긍정하는 데서 시작한다. 다원적이라는 것은 타 종교 공동체에 대해서도 존중하는 태도를 견지하는 것을 말한다.[78] 또한 다른 한편으로는 일치 못지않게 차이를 발견하게 된다.[79]

반면에 게리 콤스탁(Gary Comstock)은 "탈현대적 종교적 대화는 가능한가?"라는 논문에서 전근대적 사회에서나 근대, 그리고 탈현대 사회에서도 진리와 선, 그리고 미라는 기준은 여전히 유효한 대화의 기준이 될 것이라고 말한다. 그는 이 논문에서 대화가 가능하기 위해서는 첫째, 대화를 하기 위해서는 파트너에 대한 존중이 필요하고, 둘째, 우리가 진리라고 믿는 것에 관해서 말하려고 노력해야 하며, 그리고 셋째, 적절한 시기에 합의를 추구하여야 한다고 말한다.[80] 콤스탁에게는 시대와 공간을 달리해도 변하지 않는 유효한 공통적 기준이 있다.

반면에 플래처에 따르면, 종교다원주의에서 공통 경험이 없이도 대화는 가능하다.[81] 오히려 상호간의 차이가 도리어 대화를 촉진시킨다. 그는 종교 간의 대화에 세 가지 견해를 피력한다. 첫째, 기독교의 관점에서 말한다는 것을 깨달아야 한다. 둘째, 대화의 동반자

---

77) McClendon, "What is a Southern Baptist Ecumenism?" 76.
78) *Witness*, 292.
79) McClendon, "What is a Southern Baptist Ecumenism?" 78.
80) Gary Comstock, "Is Postmodern Religious Dialogue Possible?" *Faith And Philosophy*, vol.6 no.2(April 1989): 195.
81) Placher, Ibid., 147-49.

는 자신의 전통에 깊이 헌신하고 있어야 한다. 셋째, 타 종교 전통과의 대화는 개별적 전통과 대화의 형식에서 이루어져야 한다. 기독교와 유대교, 또는 기독교와 불교 등과 같은 대화이다. 대화의 목표는 반드시 합의나 공통 근거를 찾으려 해서는 안 된다. 오히려 대화를 통해 서로 배울 수 있으며, 회심이 대화의 유일한 의미나 결과는 아니다.

존 캅의 지적처럼 그리스도에 충실하면서도 그리스도에 충실할 것을 포기할 준비를 해야만 한다. 물론 수사적인 오류가 있기는 하지만 그의 지적은 정확하고 타당하다. 그러므로 한 종교 이상의 전통에 속할 수 있다는 폴 니터의 견해에 반대한다. 만약 우리가 정직하다면, 우리가 서 있는 곳을 인정할 것이고, 우리가 진지하다면, 우리가 서 있는 곳에 진지한 헌신을 느끼게 될 것이다.

그러므로 이 대화의 만남 속에서 한편으로 자신을 더 명료하게 이해하고 더 깊이 헌신하게 되며, 다른 한편으로 자신을 비판적 교정을 함으로 더 성숙하게 된다. 이 대화는 선전(propaganda)이 아니라 증언하는 대화이다. 그리스도 사건에 대한 증인으로서 신자는 자신의 증언을 통해 이방인을 그리스도와 만나게 한다.

> 그리스도를 위한 증인은 만일 그것이 그를 알고 있는 방법이라면 선전과 같은 종류의 것일 수 없다. 만약 그가 증인이라면, 증언에서 그리스도를 이방인들과 만나도록 하고, 그 증인은 그리스도를 이방인 안에서 발견할 수 있을 것이다.[82]

---

82) *Doctrine*, 243.

2. 증 언

　참된 에큐메니즘은 자신의 목소리를 포기하는 것이 아니라 증언하는 것이다.[83] 선교는 그리스도 사건에 대한 증언이다. 맥클랜던은 선교를 "우리가 선하다고 믿는 종말을 향해 현재의 역사를 통제하려는 시도가 아니고, 그리스도를 증언하는 책임이자, 증인이 포함하는 고난을 받아들이는 것으로 이해해야 한다"고 정의한다.[84] 이 정의의 앞부분은 서양 제국주의의 침략과 결탁한 근대적 선교 운동에 대한 자기 비판적 성찰을 담고 있다. "비록 더 자주 선교사들이 국가와 회사들의 규칙에 의해 반대와 도전을 받았다 할지라도, 일반적으로 인정하듯이 기독교 선교는 종종 경제적이고 민족주의적 목적들을 포함하는 다른 목적들에 의해 전도되고 왜곡되어 왔다."[85]

　선교의 목적의 왜곡이라는 내부적 문제뿐 아니라, 외적으로도 선교에 대한 의심이 제기된다. 모든 사람들의 존엄성, 그들 각자의 종교의 권리, 서구 식민주의와 결탁한 기독교 선교, 세계인들의 긴급한 정치적이고 물질적인 필요들, 그리고 타 종교의 진리 주장은 선교에 대한 회의를 불러일으키기에 충분하다.[86] 그러나 이러한 상황에서 맥클랜던은 선교를 포기하거나 선교를 종교간 대화로 한정하

---

83) McClendon, "The Mennonite and Baptist Vision", 213.

84) *Ethics*, 28.

85) *Doctrine*, 425. 근대의 선교 운동이 얼마나 서양의 문화우월주의 또는 문화제국주의에 입각한 활동이었는지에 관해서는 다음을 참조하라. 뉴비긴, 「다원주의 사회에서의 복음」, 297-317.

86) *Doctrine*, 419.

려는 시도를 거부한다. 도리어 선교는 다원적 사회에서 기독교의
정당한 반응이다.[87]

그렇다면 다원화된 사회에서 선교를 해야 하는 이유는 무엇인가?
첫째, 기독교는 출발하면서부터 경쟁적인 다종교적 상황이었고, 둘
째는 계속되는 성장에도 불구하고 미국을 포함한 많은 문화들이 복
음의 장애물이 되고 있고, 셋째는 예수는 자신을 죄인을 부르러 오
셨다는 것을 명백히 선언하셨고, 마지막으로 다른 종교를 악마적인
것으로 보는 견해를 포기했다고 해서, 낭만적으로 생각해서도 안
되기 때문이다.[88] 또한 선교의 목적이 종교 간의 대화나 상호 이해
로 전락될 수 없는 것은 선교가 그리스도의 지상 명령이며, 제자들
의 순종이기 때문이다.[89] "학자들이 오랜 동안 이 말씀(마
28:18-20)을 사도 시대나 새로운 땅으로 나아가는 선교들에게만 적
용되는 것으로 설명하여 왔지만, 평범한 16세기의 신자들은 그들에
게 향한 말씀으로 이해하였다."[90]

성서적인 진정한 선교는 말과 함께 삶으로 그리스도를 증거하는
증인의 삶이 새로운 선교 운동이다. 선교를 자신들을 향한 하나님
의 명령으로 받아들이는 신자들은 선교가 낳은 문제점에 압도당하
여 선교를 포기하거나, 대화와 상호 이해의 차원으로 전환시켜서는
안 된다. 선교에 있어서 한편으로 그리스도의 명령임을 잊어서는

---

87) Brad. Kallenberg, "The Gospel Truth of Relativism", *Scottish Journal of Theology*, vol.53, no.2.(2000) : 204.

88) *Doctrine*, 424.

89) *Doctrine*, 420.

90) *Witness*, 349

안 된다. 선교가 그리스도의 명령이라면, 선교이 수행은 제자의 마땅한 사명이므로 제자의 모습이다. 그런 점에서 선교의 궁극적인 동기는 제자도에 기초한다. 그런 점에서 "그리스도인이 된다는 것은 선교의 여정 위에 서 있는 것이다."[91]

다른 한편으로 선교는 신자의 삶과 교회 공동체의 실존으로부터 자유롭지 못하다. 신자의 삶이 배제된 채 단지 말로만 전파되어서는 안 된다. 맥클랜던이 굳이 증인이라는 용어를 사용하는 이유는 복음을 아는 것과 행하는 것의 구분을 없애고 복음을 실제로 살고 있는 자의 이야기로 보기 때문이다.[92]

> 예수에 대한 원래의 증인은 그들의 말뿐 아니라 그들의 삶으로 입증된다. (중략) 원래의 기독교는 대개 말이나 관념, 그리고 의견의 문제가 아니었다. 기독교는 새로운 삶의 문제이고, 새로운 삶의 양식을 함께 하는 것이다. 예수는 그 길을 보여주었다. 하나님은 주 예수와 그리스도가 이루신 길을 확증하셨다. 이제 그 길은 모두에게 열려져 있다. 그리고 증언하기는 그 길에 관해서 말하는 것일 뿐 아니라, 그 길을 취하는 것이다. 현자의 말과 같이 하나님은 우리들 중 극히 작은 사람을 변호사로 간직하신다. 그러나 하나님은 우리 모두를 증인으로 소환하셨다.[93]

---

91) *Doctrine*, 424. 제자도에 기초한 선교를 주장하는 맥클랜던과 달리 뉴비긴은 선교의 동기는 하나님에 대한 사랑이어야 한다고 말한다. Newbigin, Ibid., 208-09.

92) *Witness*, 357.

93) James Wm. McClendon, Jr., *Making Gospel Sense: To a Troubled Church*,(Cleveland, Ohio: The Pilgrim Press, 1995), 87.

그러므로 교회 공동체는 세상에 대하여 자기 자신을 증인으로서 자각한다. 교회는 예배(worship)하는 공동체이면서, 부활로 인해 선 취된 하나님 나라를 함께 나누는 사역(work)을 하며, 자신의 공동 체를 넘어서 외부 세계를 향하여 증인(witness)이 되어야 한다.[94]

이러한 삶을 가능케 하는 것은 바로 성령이시다. 성령은 신자들 을 교회 안에서 친교와 나눔의 장으로 초대하며, 교회를 세상에 대 하여 그리스도의 증인으로 부르시고 파송하신다. 선교는 성령이 하 시는 일이다. 이 성령은 먼저 자신이 선교사이며, 선교할 수 있도록 제자들을 구비케 하며, 교회가 선교하도록 인도하신다.[95] 그래서 누가는 사도행전에서 선교를 성령과 교회를 적절하게 연결하는 것 이다. 그런 점에서 기독교 신학은 린드벡과 같이 교회의 문법에만 제한되어서는 안 되고, 세상 안에서의 교회의 실존으로 자신을 이 해하여야 한다.[96]

하지만 증인이라는 용어는 개종을 일차적인 목적으로 삼는 선교 운동에 대한 반대의 의미도 포함된다. 맥클랜던은 선교를 하나님의 영광스러운 성품에 참여하는 것이며, 죄로부터의 구속이라기보다는 피조물의 궁극적 회복으로 이해한다.[97] 뉴비긴에 따르면 "교회는 선교 사명의 대행자라기보다는 오히려 선교 사명의 장소이다." 복

---

94) *Doctrine*, 240-42; 478.
95) *Doctrine*, 430-2. 맥클랜던은 선교는 오순절 성령 사건의 결과이므로 성 령론에서 다루고 있다.
96) *Doctrine*, 430. 교회 공동체의 정체성은 열린 대화 속에 있다는 것은 린 드벡의 비판과 함께 6장의 3) 신 증명의 재고에서 '(3) 대화 속에 현존 하는 확신 공동체'에서 설명할 것이다.
97) *Doctrine*, 439-41.

음의 전파를 우선시하는 복음주이아 사회적 봉사외 실천을 강조하는 에큐메니칼 선교 운동은 대립적인 것이 아닐 뿐 아니라 더 중요한 것은 "오직 성령의 능력으로 그리스도 안에 거하면서 그분의 고난과 부활의 능력에 함께 참여하는 공동체의 삶이다."[98] 그러므로 선교에 있어서 교회의 우선적인 과제는 교회 공동체가 성령에 의해 증인 공동체가 되는 것이다.

IV. 잠정적 결론: 반기초주의 신학은 상대주의 없는 다원주의이다.

지금까지 다원적 사회에서 종교의 이해는 종교적 가치 체계와 실천 현실과 무관한 외적인 관점이 아니라 종교 내적인 관점으로 이해하는 것이 다원주의 사회에서 적절한 태도라는 것을 살펴보았다. 다원성은 신학을 혼란스러울 정도로 다양한 지형으로 변모시켰다. 다원성은 신학의 정체성을 혼돈에 빠트리는 원인으로 보이기도 하지만, 대응 양식에 따라서 새로운 기회가 될 수도 있다. 종교적 다양성과 확신의 다원성을 적절하게 평가할 수 있는 자세는 한편으로 종교를 종교 자신의 가치와 기준으로 평가하는 내재적인 시각이고, 다른 한편으로는 각 확신을 다양한 확신들과의 열린 만남을 통해서

---

98) Newbigin, Ibid., 224.

자신의 주장을 정당화하는 노력이다. 종교를 내재적 관점으로 파악하는 것은 다른 확신에서 발견할 수 없는 그 확신의 고유한 주장을 인정하는 것을 말한다. 하지만 종교의 독특성을 존중하는 것은 다원적 사회에서 자신을 절대화하는 것을 의미하지 않는다.

다원적 사회는 각 확신으로 하여금 자신과 상이한 신념들과 경쟁하고 갈등하도록 만든다. 이 만남의 과정에서 자신의 확신을 끝까지 고수하기도 하지만, 새로운 신념체계를 받아들이기도 한다. 이러한 과정은 자신의 확신을 정당화하도록 요구한다. 따라서 내재적 관점으로 종교를 설명하려는 시도는 한편으로 외부적 시각으로 종교를 평가하려는 것과 싸워야 하고, 다른 한편으로는 모든 종교의 고유성과 독특성을 인정하여 모든 종교는 동일하다는 상대주의적 결론에 이르는 것과 싸워야 한다.

존 힉의 종교다원주의 신학은 종교를 외부적 시각으로 관찰하는 가장 적절한 경우였다. 그는 종교적 다양성을 동일한 궁극적 실재에 대한 다양한 반응으로 설명한 것은 서양의 보편적 가치나 개념으로 획일화하는 것이다. 이 주장이 다양한 반응이라는 점에서 다원성을 인정하는 것으로 보이지만, 한 실재에 대한 반응이라는 점에서 모든 종교를 한 개념으로 환원하고 있다. 이것은 각 종교 신자들의 신앙 현실을 간과한 것이다. 또한 단 하나의 실재를 전제하는 것은 근대적 기초주의적 사고방식이다. 따라서 진정한 다원주의는 각각의 가치와 신념을 있는 그대로 인정하고 설명할 수 있어야 한다. 다원성을 신학의 문제로 파악하고 설명하였다는 것만으로 다원적이라고 말할 수 없는 것이다. 그런 점에서 그의 다원주의 신학은 다원성에 대한 적절한 설명이 될 수 없다는 것이 판명되었다.

종교의 고유한 독특성을 존중히는 내재적 시각은 상대주의가 될 위험이 있는 것은 사실이다. 각 종교를 다른 종교나 비종교적 시각으로 제대로 이해할 수 없다면, 모든 종교와 확신은 본질적으로 옳으며, 타당하다. 이것은 기독교 신앙에 있어서 본질적인 실천인 선교가 원천적으로 부정되는 결과를 낳는다. 각 종교가 타당하다면, 선교의 필요와 의미는 상실된다. 맥클랜던의 반기초주의는 다른 확신과 커뮤니케이션이 가능하며, 서로 평가할 수 있다고 말한다. 그런 점에서 각 확신은 자신을 정당화하려는 노력을 수행하게 되는 것이다. 이 노력이 신학적으로는 선교라면, 철학적으로는 정당화라고 할 수 있을 것이다. 자신의 신념이 타당하기 때문에 선교하고 정당화를 시도하는 것이다.

맥클랜던은 관점주의에 따라 자신의 확신을 제국주의적 선교 방식을 지양하고, 신앙을 증언하는 증인이 되는 것이 다원주의에 대한 적절한 태도라고 말한다. 이러한 사실에서 관점주의에 따른 종교의 내재적 이해와 증언으로서의 선교 이해는 다원적 현실에 대한 적절한 태도이며, 앞으로 다원주의를 다루는 관점들을 평가할 수 있는 유용한 규준이 될 수 있을 것이다.

제6장 반기초주의 신학의
합리성(Rationality): 공동체

기독교 신앙의 합리성에 대한 전통적이며 가장 강력한 도전은 악과 고통의 존재와 과학의 문제였다. 반면에 신앙의 합리성에 대한 강력한 자기주장은 신 존재 증명이었다.[1] 신 존재 증명은 기독교 2000년의 역사상 뜨거운 감자와 같았다. 서양 신학과 철학의 역사는 신 존재 증명과 신 부재 증명으로 얼룩져 있고, 심지어는 난장판이라고 할 정도로 치열한 토론이 전개되었다. 그런 점에서 기독교 합리성 옹호에 있어서 신 존재 증명은 큰 비중을 차지하는 것이 사실이다.[2]

안셀름과 토마스 아퀴나스 이래로 신 존재 증명이 있었음에도 불구하고 근대에 들어와서 더욱 심각한 토론이 전개된다. 그 이유는

---

1) 존 힉은 고전적인 종교 철학 교과서가 된 그의 「종교철학」에서 하나님을 믿을 수 있는 논거로 신 존재 증명을, 하나님을 믿을 수 없는 논거로 뒤르켐의 사회학과 프로이트의 심리학, 그리고 현대 과학이 도전과 악의 문제라고 명시한다. John Hick, 「종교철학개론」, 황필호 역편(서울: 종로서적, 1987), 67-88.

2) *Convictions*, 113.

종교 인식이 확실하고 객관적인 토대를 가져야 한다는 근대 합리주의의 도전에 응전하는 것에 기인한다.[3] 신 존재 증명을 통해서 신앙의 확실성과 객관적인 토대를 구축하려는 노력이었다. 이 작업은 어떻게 하나님의 존재를 논증할 것인가에 초점이 맞추어져 있었다. 예수 그리스도 안에 계시된 하나님에게로 초대하는 것이 아니라 하나님의 존재를 예수 그리스도를 벗어나서 증명하려는 것은 근대적 전제에 불과하다.[4]

하지만 우리가 논구하려는 신은 어떤 신이며, 신의 증명을 원하는 이들은 누구인가에 대한 물음이 배제되어 있었다. 어떤 신을 누가 증명하는가에 관해 답변하지 않고서는 어떻게 신을 증명할 것인가라는 질문은 내용 없는 형식에 불과하다. 신앙의 합리적 형식만을 설명할 뿐이지, 신앙의 내용은 없는 것이다. 그러므로 이 장에서는 기독교 신앙의 합리성을 신 존재 증명을 통해서 설명하고자 하지만, 어떤 신을 증명하는가와 어떤 공동체가 신을 증명하는가에 관한 물음에 초점을 맞추어 설명하고자 한다.

---

3) Gill, *On Knowing God*, 60.
4) Curtis W. Freeman, "Can Baptist Theology be Revisioned?" *Perspectives in Religious Studies*, vol.24, no.3(Fall 1997): 296.

I. 서론: 신은 존재하는가?

데카르트와 근대가 추구한 기초의 특성 중 하나는 객관성의 추구이다. 객관성이란 의심할 수 없는 기초가 되기 위해서는 인식하는 경험 주체와 분리된 사실 그대로의 대상 지식을 말한다. 이는 인식에 있어서 주체의 인격적이고 주체적인 참여를 배제하는 것이다. 제리 길(Jerry H. Gill)은 객관성의 요구를 다음 세 가지로 정리한다. 첫째, 탐구자의 개인 소원과 희망으로부터 분리되어야 하며, 둘째, 이론 해석으로부터 완전히 자유로운 사실을 진술하여야 하며, 마지막으로 객관은 기술자의 활동과 분리된 사실의 존재를 기술하는 것이다.[5] 따라서 객관은 개인적인 것을 배제하고 오로지 사실에 의해 지지되고 확보될 수 있다.

이러한 순수한 객관성의 추구의 배경은 객관적인 것은 공적인 것이고, 주관적인 것은 사적이라는 이원론적 분리에 있다. 객관은 사실에 기초한 것으로 공적인 판별이 가능한 공공적인 세계인 반면에, 주관적인 것은 사실이 아니라 인식 주체의 개인적인 선호나 편견, 감각에 따른 것으로 공적인 영역에서 다룰 수 없는 사적인 것이다. 한나 아렌트(Hannah Arendt)에 따르면 공적이라는 용어는 사적인 것과 구별되는 세계로 누구나 볼 수 있고 들을 수 있는 것으로 우리 모두에게 공동의 것을 말한다.[6]

---

5) Gill, Ibid., 50-1.
6) Hannah Arendt, 「인간의 조건」, 이진우 · 태정호 옮김(서울: 한길사, 1996), 102-5.

반면에 사적인 것은 박탈되었다는 의미로 진정한 인간에게 필수적인 영역이 제거되었다는 것을 의미한다. 즉 "다수의 관찰자에게 제시하는 제 측면들의 총계로부터 생겨나는 실재성을 획득할 수 없"는 영역이다. "다시 말하면, 그들은 타인을 보지도 듣지도 못하며, 타인도 그들을 보거나 듣지 못한다. 그들은 모두 자신들만의 고유한 경험의 주관성에 갇혀 있다. 동일한 경험이 수없이 반복된다 할지라도, 이 주관성과 그 속에서 겪은 경험의 특수성은 상실되지 않는다."[7]

경제학은 공적인 것과 사적인 것의 분리를 잘 보여주는 경우이다. 경제학은 사람들이 사회적 존재가 되어 한결같이 일정한 행동 유형을 따르며, 이러한 규칙을 따르지 않는 사람은 비사회적, 비정상적이라고 간주될 경우에만 과학적 성격을 획득할 수 있다.[8] 그러므로 공적인 것은 객관성의 세계인 반면에, 사적인 것은 주관성의 영역이다. "공적인 세계는 개인적인 가치가 무엇이든지 간에 전체를 위해 똑같다는 사실의 세계이다. 사적인 세계는 그들의 가치를 자유롭게 선택할 수 있고 그 선택에 따라 행동의 가정이 추구되는 가치의 세계이다."[9]

그런데 공적인 사실과 사적인 가치의 이분법이 신학에도 그대로 적용되었다. 매킨타이어에 따르면 근대의 자유주의 신학은 종교적 경험과 언어를 내적인 것으로 이해하고 사적 의미로 파악하였다고 한다.[10] 슐라이어마허는 하나님 체험을 절대 의존의 감정이라는 내

7) Ibid., 111-2.
8) Ibid., 94.
9) Newbigin, 「현대서구문화와 기독교」, 43.

적인 경험으로 환원하여 사적인 의미로 휜원한다. 이는 한마디로 근대의 자유주의 신학은 신학의 합리성을 사적인 영역에서 확보하고자 한 것이다. 하지만 종교 언어는 우리와 친숙한 일상언어이고 그 의미는 누구에게나 명백한 것이다. 내적인 경험도 사적인 것이 아니다.

비트겐슈타인의 사적 언어 불가능성 논변은 우리가 지극히 사적인 체험이라고 말하는 아픔이라든가 기쁨과 같은 내적 감각들이 실상은 공적이라는 점을 잘 보여준다. 그리고 사적인 경험이라고 하는 것 역시 이해되고 있다. 다만 "중요한 것은 우리의 감각 인상들이 우리에게 거짓말을 할 수 있다는 점이 아니라, 우리가 그것들의 언어를 이해한다는 점이다."[11] 이 문장을 통해서 알 수 있는 것은 비트겐슈타인은 사적인 경험 자체를 원천적으로 부정하지 않는다. 사적인 경험과 그 의미가 이해되고 있다는 현상은 경험과 언어의 의미가 적절히 전달되고자 한다면 공적인 방식을 경유하여야 한다는 것이다.

그럼에도 사적 언어를 주장하는 사람들은 "다른 사람은 나의 고통을 가질 수 없다"라고 말한다.[12] 그러나 나의 아픔은 오직 나만

---

10) Alasdair MacIntyre, "The Logical Status of Religious Belief", in Stephen Toulmin, Ronald W. Hepburn, Alasdair MacIntyre, eds, *Metaphysical Beliefs: Three Essays*(London: SCM Press, 1957), 176-7. 매킨타이어는 자유주의 신학이 실패한 원인을 종교 경험과 언어는 철저히 친숙한 일상적 종류의 언어인데 내적 경험과 그것을 지시하는 것이 언어라고 이해하였다는 데서 찾는다.

11) Wittgenstein, 「탐구」, §355.

12) Ibid., §253.

이 알고 다른 사람이 나의 아픔을 알지 못한다고 말하기 위해서는 다음과 같은 전제가 성립되어야 한다. "내가 느끼는 고통을 타인은 느끼지 못한다는 것을 나는 알고 있다." 하지만 이 말은 다음과 같은 두 가지 논리적 모순을 범하고 있다.

첫째는 자신이 정의한 사적 언어에 모순이 된다. 사적 언어는 나의 고통은 오직 나만이 느끼고 알 수 있어야 하는데, 이 주장이 성립하려면 타인이 내가 느끼는 고통을 알고 있는지의 여부를 알아야 다른 사람은 나의 고통을 모른다고 말할 수 있다. 타인의 고통에 대한 앎을 전제로 하지 않으면 사적 언어 가능성을 주장할 수 없다. 타인의 고통에 대해서는 알 수 있는데, 자기의 고통은 타인이 알 수 없다고 말하는 것은 명백한 논리적 모순이다.

두 번째는 타인이 나의 사적 감각을 느낄 수 없다고 말하기 위해서는 나의 아픔과 타인의 아픔을 비교할 수 있는 기준이 있어야 한다. 비교할 수 있는 기준이 있다면, 그것은 사적인 감각이 아닐 것이고, 비교할 수 없다면, 비트겐슈타인의 정의처럼 타인이 이해할 수 없는 사적인 언어가 되고 만다. 따라서 근대 자유주의 신학과 같이 사적인 내면에서 신학의 근거를 모색하려는 시도는 실패할 수밖에 없다.

II. 신 존재 증명의 합리성: 어떤 신인가?

이상의 논의는 기독교 신학의 합리성이 사적인 영역이 아니라 사회적이거나 공동체적인 영역에서 이루어져야 한다는 것을 보여준다. 기독교의 합리성은 종래의 개인의 내면적 실존을 포기하지 않으면서도 사적인 방식이 아니라, 공적인 방식으로 확립되어야 할 것이다. 특히 신 존재 증명은 이 증명을 주장하는 이의 개인적인 확신으로부터 분리되어서는 안 되며, 그 공적인 공동체의 맥락에서 다루어져야 할 것이다. 기독교 신학의 합리성이 갖추어야 할 이 두 가지 점을 맥클랜던은 충족하고 있는 것으로 보인다.

1. 증명 가능성의 세 가지 전제

신 존재 증명에 대한 갖가지 의심과 냉소는 한편 증명의 한계를 드러내면서도 다른 한편으로 증명의 필요성을 제기한다. 신 존재 증명에 대해 "인간이 신을 증명할 수 있는가?"라는 '의심'과 "인간이 신을 증명한들 그것이 무슨 의미가 있는가?"라는 '냉소'가 존재한다. '의심'은 이성의 능력에 관한 것이고, '냉소'는 증명의 결과에 관한 것이다. 그러나 의심과 냉소는 증명의 가능성과 효용성에 대한 전적인 부정과 비판으로 이어져서는 안 된다. 신을 증명하려는 노력은 기독교 신앙의 합리성을 옹호하는 데 나름대로의 가치를 지니고 있기 때문이다.

1) 이성의 오류 가능성

'인간이 신을 증명할 수 있는가'라는 의심은 다음 두 가지 이유 때문이다. 첫째, 인간의 이성 능력은 한계가 있다. 유한한 인간은 무한한 신을 증명할 수 없다. 혹 증명할 수 있다고 해도, 증명하는 인간의 이성이 뚜렷한 한계를 지니고 있다는 점을 망각해서는 안 된다. 만약에 이성이 자신의 능력을 지나치게 과신하여서 월권을 행사한다면, 그것은 교만이라고 단정해도 좋을 것이다. 칸트는 그래서 신앙의 가능성을 위해 이성의 한계를 확고하게 그어야 한다고 말한다. 이성의 한계를 지적하는 것은 이성의 제거가 아니다. 부인할 수 없는 점은, 이성과 증명은 신앙에 필요하다는 것이다. 다만, 그것이 신앙과 신학에 토대가 되어서는 안 된다는 것이다. 그러므로 "이성과 증명은 신앙에 내재적인 것이지만 기초는 아니다."[13]

이성과 과학에게 신앙의 기초라는 지위를 부여할 수 없다. 신앙과 신학에 이성이 필요한 것은 사실이지만 이성이 신학의 토대가 될 수는 없다. 계시 신앙의 관점에서 보자면, 인간이 신에게 나아간 것이 아니라 신이 자신을 인간에게 계시함으로 인식될 수 있는 것이다. 칼 바르트의 선언과 같이 "성서는 신에 관한 인간의 말이 아니라, 인간에 관한 하나님의 말"이기 때문이다.[14]

---

13) Tilley, "In Favor of a 'Practical Theory of Religion: Montaigne and Pascal", in *TWF*, 58.

만약 인간의 이성 능력이 신을 승냉할 수 없다년, 시금까시 서양
철학과 신학의 역사를 난장판으로 만든 신 존재 증명은 해프닝에
지나지 않는다. 그 반대로 인간이 신을 증명할 수 있다고 해도 문
제가 해결되는 것은 아니다. 증명된 신은 한갓 사물의 하나가 되어
창조자가 아니라 인간의 창작품에 불과할 것이다. 그리고 증명된
신은 모든 신의 이름으로 불릴 수 있는 어떤 신이기 때문에 성서가
말하는 예수 그리스도의 하나님은 아니다. 그런 점에서 신 존재 증
명의 능력을 의심하게 된다. 당연히 신학은 이성의 한계를 인정해
야 한다.15)

둘째, 신의 본성은 인격적 존재이므로 논리적 형식으로 신을 설
명할 수 없다. 하나님은 인격이지 명제나 사물이 아니므로 증명의
대상이 아니다.16) 증명의 대상이 될 수 없는 하나님을 증명하려는
시도는 우상 숭배이다. 성서가 일관되게 우상을 배격하고 그 위험
성을 지적하는 것은 올바르다. 인간은 하나님의 존재를 하나님이
아닌 존재로 전락시키거나, 하나님이 아닌 것을 하나님으로 숭상하
는 것은 버릇이요, 천성이다.

그러면 왜 성서는 우상숭배를 그다지도 경계하는가. 그 이유는
간단하다. 성서의 하나님은 우리가 사랑한다고 고백할 수 있는 인
격적 존재이며, 인격적 관계 속에서만 인식된다. 명제와 사물은 소
유한 자에 의해 계산되고, 처분될 수 있는 한갓 피조물의 일부에

---

14) Karl Barth, *The Word of God & the Word of Man*(New York: Haper & Row Publishers, 1957), 43.

15) 배국원, "반기초주의와 신학", 47-48.

16) Alasdair C. MacIntyre, *Difficulties in Christian Belief*(Naperville: SCM Press, 1959), 64.

지나지 않는다. 마르틴 부버의 표현을 빌린다면, 하나님은 우리가 '당신'(Thou)이라고 말할 수 있는 존재이지, '그것'(It)이라고 말할 수 있는 객체가 아니다. '당신'은 사랑의 관계이지만, '그것'은 소유의 관계이다. 그러므로 신 존재 증명은 하나님을 '당신'이 아닌 '그것'으로 변질시키는 것이 아닌가 하는 의심을 받게 된다.

맥클랜던은 이성의 형식이 오류 가능하다는 것을 인정하자고 말한다.[17] 모든 원리는 거짓을 포함하며 수정이 요구된다. 칼 포퍼의 반증 원리가 말하는 바와 같이 과학적 진리도 틀릴 수 있는 가능성을 갖고 있다. 과학의 주장이 진리인 것은 반증되기 전까지이며, 반증이 되더라도 한두 가지 반증 사례로는 그 주장이 폐기되지 않는다. 점진적이고 누적적인 반대 사례가 제시될 때에, 그래서 더 이상 그 주장이 반박 자료를 감당할 수 없을 때에 새로운 이론으로 대체된다. 여기서 우리의 관심은 포퍼가 아니다. 중요한 점은 이성은 과학과 마찬가지로 본래적으로 오류와 한계를 지니고 있다는 사실이다. 따라서 오류를 내포한 원리는 시대적 상황에 맞게 변해야 한다.

그러나 이성이 틀릴 수 있다는 것이 이성이 전적으로 오류투성이어서 전혀 기능을 발휘할 수 없다는 것은 아니다. 예를 들어 소크라테스의 무지의 지를 살펴보자. 자신이 무지하다는 것을 인정한다는 것은 한편으로 자신의 앎이 오류를 내포하고 있다는 것을 인정하는 것을 말한다. 다른 한편으로 자신이 무지하다는 것을 확신하지 못한다면 소크라테스의 주장은 설득력을 상실하게 될 것이다. 자신의 무지에 대한 앎을 확신하지 않는다면, 공허한 주장인 것이

---

17) *Convictions*, 111-12.

다. 최소한 자신이 무지하다는 것에 대한 지, 곧 앎은 있다. 그러므로 무지에 대한 앎이라는 역설이 보여주는 것은, 칸트의 어법으로 말한다면, "오류 가능성 없는 확신은 맹목적이고, 확신 없는 오류 가능성은 공허하다."[18] 그러므로 이성이 오류가 있다는 점에서 이성도 테스트를 받아야 한다.[19]

이성이 오류가 있다는 점에서 이성 자체도 테스트를 받아야 한다. 이성도 절대적인 것이 아니다. 그 확실성을 의심하고 시험받아야 한다. 그렇다고 이성을 완전히 부인할 수는 없다. 이성의 포기는 종교적 회의주의와 상대주의가 될 수 있기 때문이다.[20] 이런 상황에서 우리가 취할 수 있는 길은 이성이 신을 증명할 수 있는 능력을 인정하면서도, 그 능력의 한계를 설정하는 것이 타당하다. 합의할 수 있는 최소한의 전제는 상대주의와 절대주의를 모두 위험하며 피하는 것이다.[21] 신 존재 증명에서 이성의 능력은 궁극적이지는 않더라도 최소한의 능력이 있다는 것을 시인하면서 동시에 그 한계를 지적해야 할 것이다.

이성의 능력에 대한 불신과 의심, 그리고 이성의 한계에 대한 인식은 우리로 하여금 신의 존재를 증명하려는 모든 시도에 대해서 쉽게 수용하지 못하게 하는 것이 사실이다. 그럼에도 이성이 한계가 있다는 것은 이성이 무용하다는 것을 함축하지 않는다. 한계 안에서 역할과 기능이 있다. 이성이 그 한계 안에서 신의 존재 여부

---

18) *Convictions*, 112.

19) McClendon, "How is Religious Talk Justifiable?" 342.

20) Stanley Grenz & John R. Franke. Ibid., 33.

21) *Ethics*, 48-51, 351.

를 알고자 하고 증명하고자 노력하는 것은 불가피하며, 정당한 일
이다.

2) 증명의 미결정성

"인간이 신을 증명한들 무슨 소용이 있는가?"라는 '냉소'는 두 가
지 측면에서 제기된다. 하나는 증명의 결과가 비효율적이라는 것이
고, 다른 하나는 증명된 신이 어떤 신인지를 또 다른 증명을 해야
한다는 것이다. 먼저 증명의 비효율성을 검토해 보자. 신을 증명할
수 있다고 하더라도 실제적으로 비신자를 설득하여 개종하게 하는
데는 비효과적이다. 그리스도교의 신의 존재를 믿지 않는 이들에게
하나님의 존재를 탁월하게 설명하더라도 실제로 신의 존재를 인정
하는 사람은 극히 적으며, 그 반대로 기독교인들에게 신의 부재를
입증하더라도 하나님의 존재 신앙을 포기하는 이들은 거의 없는 것
이 현실이다. 그런 점에서 비트겐슈타인은 신 존재 증명 문제에 대
해 시사하는 바가 크다. 그의 제자 노만 말콤은 신 존재 증명에 대
한 비트겐슈타인의 반감을 다음과 같이 전해 준다.

> 그는 신의 존재 '증명'이라든가 종교에 합리적 근거를 제시하려는
> 시도에 대하여 짜증을 내었다. 내가 언젠가 그에게 '그분이 나를 구
> 원해 주신 것을 알고 있는데 어찌 예수가 존재하지 않을 수 있겠는
> 가!'라는 키에르케고르의 말을 인용하자, '그것 보게! 그것은 어떤
> 것을 증명하는 그러한 문제가 아닐세'라고 비트겐슈타인은 소리쳤
> 다.[22]

신앙은 결코 논리를 배제하지 않는다. 그러나 어떤 신앙을 선택하는 것은 결단이요 선택이다. 논리적 과정을 삭제할 수는 없어도, 논리에 지배되지 않는다. 논리와 추론을 필요로 하지만, 논리를 벗어나는 비약이 감행된다. 철학적 논리와 과학적 증거에 기반을 두어서 특정 종교를 선택하거나 거부하는 경우는 드물다. 패러다임의 전환은 합리적 논증이나 과학적 증거에 의해서 사라지지 않는다. 그러므로 "그런 방식의 신 존재 증명에 대해서 모든 사람이 동의하는 것이 아니다."[23]

다음으로 신의 존재가 증명되었다고 해도, 그 신은 기독교의 하나님이 아니다. 인간이 신을 증명한다고 해도 그 신이 어떤 신인지를 증명할 수 없다. 예를 들어 어떤 독실한 기독교 철학자가 하나님의 존재를 아주 훌륭히 증명하였다고 하자. 바로 그 자리에 있던 타 종교인이 증명된 신이 자신의 종교의 신이라고 주장한다면, 그 신이 야훼 하나님이심을 어떻게 설명할 수 있는가? 존재론적 증명을 통해 존재한다고 입증된 신이 왜 '알라'나 '브라만'이 아니고, '야훼' 하나님인가? 왜 기독교의 하나님이고, 이슬람교나 힌두교의 신은 아닌가? 그러므로 "신의 존재 증명은 원래는 그걸 통해 우리가 신의 존재를 확신할 수 있는 그런 것이라야 마땅할 것이다"는 비트

---

22) Norman Malcolm, *Ludwig Wittgenstein: A Memoir*(London: Oxford University, 1958), 71.

23) *Convictions*, 114. 증명의 부적절성에 관해서 다음 논문을 참조하시오. Steven M. Cahn, "The Irrelevance to Religion of Philosophic Proofs for the Existence of God", in R. Douglas Geivett, & Brendan Sweetman, eds, *Contemporary Perspectives on Religious Epistemology*(Oxford: Oxford University Press, 1992), 241-245.

겐슈타인의 말은 정당하다.[24]

증명된 신이 어떤 신인지를 결정하는 것은 그가 어떤 신앙 공동
체에 속하였는가에 따라 다른 판단을 내린다. 그 신은 필연적인 존
재나 제일 원인, 또는 부동의 동자와 같은 철학적 개념으로 명명할
수 있는 신일 뿐, 결코 우리 주 예수 그리스도의 아버지이자 출애
굽의 하나님은 아니다. 이 이야기가 말하려는 점은 신을 증명할 수
있다고 해도, 그 신이 누구인지를 말할 수 없고, 단정할 수 없다는
것이다. 기독교 신학자의 사명은 그저 추상적인 어떤 신, 즉 타 종
교의 어떤 신을 그 증명된 신에 대입해도 괜찮을 그런 신을 증명하
는 일이 아니다. 기독교 신앙에서 증명하려고 하는 신은 일반적인
신 존재나 신에 대한 인간의 관념이 아니라 성서의 하나님이다.

놀라운 사실은 바울은 기독교 복음의 정당성은 이성적 추론이나
과학적인 증거가 아니라, 이미 하나님을 신앙하는 공동체에 의해
이루어진다고 이미 말하였다는 것이다.(고전 1:22-24) 기독교의 하
나님은 표적을 구하는 유대인들에게는 거리끼는 것이요, 지혜를 찾
는 그리스인들에게는 미련한 스캔들(skandalon)에 다름 아니다. 하
지만 이 복음은 부르심을 입은 자, 곧 이미 하나님을 믿는 자들에
게는 구원의 능력이요 구원에 이르는 지혜이다.

바울은 신 존재 증명의 정당성은 이미 신의 존재를 전제하는 또
는 신앙하는 이들에게 의미가 있다는 것을 가르치고 있다. 하나님
신앙이 있는 자들에게는 하나님의 존재는 정당화될 수 있는 믿음인
반면에, 하나님 신앙이 없는 자들에게는 증명 시도 자체가 원천적

---

24) Wittgenstein, Ibid., 168.

으로 어리석고 미련한 것이 되는 것이다. 이는 신 존재 증명이 자신의 종교 전통과 공동체로부터 자유로운 행위가 아님을 보여준다.

결국 증명이 공동체에 입각한 것이라면 존재 증명의 의의와 가치는 공동체를 위한 것이다. 신 존재 증명이 비효율적이고, 또한 증명하는 신자의 신앙 공동체의 확신으로부터 자유롭지 못하다는 사실은 역설적으로 신 존재 증명의 필요하다는 것을 말한다. 비신자들을 설득하는 데 비효율적이기는 하지만, 신자 자신에게는 의미 있는 행위이다.[25] 신 존재 증명의 효과와 대상은 불신자라기보다는 그 종교 공동체 내의 구성원들을 위한 것이다.

신 존재 증명이 합리적이기는 하지만 그 전제에 동의하는 자들에게는 중요한 행위이다. 반면에 그 전제나 권위를 인정하지 않는 자들을 설득할 수 없다. 따라서 설득 가능하려면 양자가 받아들일 수 있고 동일한 의미로 이해할 수 있는 전제를 갖고 있어야 하는데, 증명이 결코 중립적 행위가 될 수 없으며 공통된 합의를 도출할 수 없기에 불가능하다. 그래서 맥클랜던은 증명 자체의 방법과 전제들이 중립적이지 않고, 모든 사람이 동의할 만한 것이 못된다고 말한다.[26]

신 존재 증명이 중립적이지 못하기에 비합리적이라고 말하는 것은 부적절한 태도이다. 왜냐하면 증명은 최소한 증명하려는 이와 그 공동체에게는 합리적인 행위이기 때문이다. 존재 증명에는 신

---

25) MacIntyre, Ibid., 63. 매킨타이어는 증명이 완전히 부당하다고 말하는 것은 증명이 제한적이긴 해도 그 증명을 통해 격려를 받는 신자들의 현실을 무시하는 것이라고 말한다.

26) *Convictions*, 114.

존재 증명을 수행하는 이와 그의 공동체의 확신을 반영한다. 공동체의 확신에 관해서 철학적으로 증명하거나 반박하는 것을 부적절하다. 그러한 논증들은 자신들이 채택한 확신적 전제이거나 합리성의 기준에 호소하는 것이기 때문이다.

> 우리는 자유 의지나 신 존재의 철학적 증명과 반대증명의 정당성이나 관심에 대해 의문을 제기할 만한 근거를 갖고 있지 않다. 그러한 논증들은 자신들이 채택한 확신적 전제이거나 합리성의 기준에 호소하는 것이므로 이 책이 초점을 맞추는 확신의 갈등을 해결하지 못한다.[27]

증명의 의의는 자신에게는 증명 행위가 유의미한 활동인 것이다. 증명은 그럼에도 불구하고 내적인 일관성, 확신의 중요성과 의미, 다른 확신들과의 공통 근거를 지시하기 위해 불가피하다. 증명이 확신들 간의 갈등을 해결하지는 못하지만 각 확신의 합리성을 보여주는 역할을 한다. 따라서 제트기 엔진이 영구적으로 움직이는 기계가 아니라고 해서 슬퍼하고 그 기계를 폐기하는 것이 어리석은 행동이듯이, 신 존재 증명을 전적으로 부정하는 것은 부당한 처사이다.

3) 증명의 합리성

이상에서 증명의 한계를 살펴보았다. 이성의 능력에 대한 의심과

---

27) *Convictions*, 194.

그 한계를 주목함으로 우리는 증명이 기독교 신앙의 합리성을 안전
하게 변호해 주지는 못하더라도 결코 용도 폐기할 만큼 무익하거나
무용하지 않다는 것을 보았다. 그리고 증명의 결과에 대한 냉소가
지시하는 바는, 증명이 비신자에 대한 설득 능력이 현저히 약하더라
도, 신앙 공동체의 확신을 반영한 것으로 공동체로부터 떨어질 수
없다. 신 존재 증명이 중립적이지 못하기에 비합리적이라고 말하는
것은 부적절한 태도이다. 왜냐하면 증명은 최소한 증명하려는 이와
공동체에게는 합리적인 행위이기 때문이다.

존재 증명에는 신 존재 증명을 수행하는 이와 그의 공동체의 확신
을 반영한다. 공동체의 확신에 관해서 철학적으로 증명하거나 반박
하는 것을 부적절하다. 그러한 논증들은 자신들이 채택한 확신적 전
제이거나 합리성의 기준에 호소하는 것이기 때문이다. 따라서 그러
한 전제를 공유하는 이들에게는 자신들의 합리성을 주장하는 유용한
논리가 된다.

증명이 어느 정도 가능하고, 공동체에 입각한 것이라면, 존재 증
명의 의의와 가치는 공동체를 위한 것이다. 신 존재 증명이 비효율
적이고, 또한 증명하는 신자의 신앙 공동체의 확신으로부터 자유롭
지 못하다는 사실은 역설적으로 신 존재 증명의 필요하다는 것을
말한다. 비신자들을 설득하는 데 비효율적이기는 하지만, 신자 자신
에게는 의미 있는 행위이다. 증명이 완전히 부당하다고 말하는 것
은 증명이 제한적이긴 해도 그 증명을 통해 격려를 받는 신자들의
현실을 무시하는 오류를 범한다.[28] 신 존재 증명의 효과와 대상은

---

28) MacIntyre, *Difficulties in Christian Belief*, 63.

불신자라기보다는 그 종교 공동체 내의 구성원들을 위한 것이다.

증명의 의의는 자신에게는 증명 행위가 유의미한 활동인 것이다. 이는 토마스 아퀴나스의 증명 방식이 지지한다. 맥클랜던은 아퀴나스의 증명이 하나님을 아리스토텔레스적인 개념을 재진술하려는 것이 아니라 한계가 뚜렷한 개념이기는 하지만, 그 개념을 통해서 기독교가 말하는 하나님을 제한적이나마 진술하고, 그 한계를 밝히려는 시도였다고 평가한다.[29] 즉, 토마스의 다섯 가지 길은 피조물과 창조자의 전적 차이의 경계를 드러내는 것이다. 이 차이는 제한적이나마 증명의 의의를 가능케 하지만, 역설적으로 그 한계를 가리킨다. 증명은 내적인 일관성, 확신의 중요성과 의미, 다른 확신들과의 공통 근거를 지시하기 위해 불가피하다. 증명이 확신들 간의 갈등을 해결하지는 못하지만 각 확신의 합리성을 보여주는 역할을 한다. 그렇다면, 신 존재 증명의 합리성이 자주 의심을 받지만, 그 전제에 동의하는 자들에게는 중요한 행위이다.

하지만 그 합리성은 그 강도와 정도가 상대적으로 약하다. 그 전제나 권위를 인정하지 않는 자들을 설득할 수 없기 때문이다. 논리로 설득하려면 양자가 받아들일 수 있고 동일한 의미로 이해할 수 있는 전제를 갖고 있어야 하는데, 증명이 결코 중립적 행위가 될 수 없으며 공통된 합의를 도출할 수 없기에 불가능하다. 증명은 비록 합리적이기는 하지만 그 증명을 판단하고 비판하는 것은 확신에 따른 활동이다. 즉 논증의 정당성은 찬반론자의 종교적 신념에 의존하기 때문에 상이할 수밖에 없다. 그러므로 증명은 증명하는 자

---

29) *Doctrine*, 300-301.

와 그의 공동체의 확신에서 비롯된 것이기에 비중립적일 수밖에 없다.[30]

맥클랜던은 증명 자체의 방법과 전제들이 중립적이지 않고, 모든 사람이 동의할 만한 것이 못된다고 말한다.[31] 제트기 엔진이 영구하게 움직이는 기계가 아니라고 해서 슬퍼하고 그 기계를 폐기하는 것이 어리석은 행동이듯이, 신 존재 증명을 전적으로 부정하는 것은 부당한 처사이다.[32] 한마디로 말해서, 증명은 중립적이지는 않지만, 어느 정도 합리적이다. 강한 합리성(hard rationality)이 아니라 약한 합리성(soft rationality)을 지닌다.

2. 어떤 하나님인가?

신 존재 증명이 상대적인 합리성과 가치가 있다면, 증명하고자 하는 신은 과연 어떤 신인가를 묻지 않을 수 없다. 나는 맥클랜던을 의지해서 신 존재 증명이 증명하고자 하는 하나님이 어떤 하나님인가를 설명하고자 한다. 부정적으로 말해서 계몽의 하나님, 즉 근대적인 신 개념은 지양되어야 하고, 긍정적으로 말해서 성서의 하나님을 논증하려 한다.

---

30) 비트겐슈타인과 키에르케고르가 증명의 한계를 신앙의 결단으로 전개하는 반면에, 맥클랜던은 증명의 한계를 증명이 공동체의 확신을 보여주는 것이므로 공동체의 합리성을 입증하는 것이라고 본다. 이런 점에서 맥클랜던은 상대주의 혹은 신앙주의의 혐의로부터 멀리 벗어나게 된다.

31) *Convictions*, 114.

32) *Convictions*, 194.

1) 반계몽의 하나님

맥클랜던은 근대 기독교가 성서의 하나님으로부터 이탈한 것을 기독교의 잘못된 변증학에서 찾는다.[33] 무신론의 도전에 대해 근대 기독교는 기독교를 종교가 아니라 철학적 세계관의 일종으로 변형하였다. 이는 성서 이야기에 나타난 하나님을 뒷전으로 밀어내는 일이다. 신앙을 철학적으로 설명하고 변증하려고 할수록, 신앙의 토대인 성서 이야기로부터 멀어진다.

맥클랜던의 이 부분은 아무래도 한스 프라이를 생각나게 한다. 프라이에 따르면, 기독교 신학에서 현대성의 주된 특징은 변증학이다.[34] 기독교와 인간의 경험 사이의 공통 근거를 추출하고, 그 근거에 호소하는 변증학은 성서 이야기의 상실을 초래한다. "해석은 성경 이야기를 다른 이야기와 더불어 다른 세계 속으로 맞추는 것이지, 그 세계를 성경 이야기 속으로 끌어들이는 것이 아니다."[35] 여기서 해석이란 말을 변증학이라는 용어로 바꾸어도 그 의미는 하나도 변하지 않고 그대로 전달된다. 맥클랜던이 지적한 것처럼, 이러한 시도는 기독교를 기독교로 보는 것이 아니라, 앙상한 철학으로 변질시키는 것이다. 그 하나님은 그를 기뻐하는 것이 나의 힘이라고 고백할 수 있는 하나님이 아니다. 마른 뼈와 같은 신에 불과하다.

나는 성서적 기독교를 당대의 철학적 전제에 부합한 기독교로 만

---

33) *Doctrine*, 309-312. 그리고 Placher, *The Unapologetic Theology*를 보라.
34) Frei, Ibid. 특히 7장을 보라.
35) Ibid., 160.

들어서 기독교를 변증하려는 신학자이 전형을 루돌프 불트만이라고 생각한다. 불트만의 변증학은 그가 원래 의도했던 바와 전혀 달리 성서 이야기로부터 멀어져가는 근대성의 비극을 적나라하게 보여준다. 불트만의 출발점은 역사의 이야기가 아니라 인간의 내면적 실존이며, 그 안에서 신앙의 확실성을 발견한다. 불트만은 "신으로부터 말한다는 것은 무엇을 의미하는가?"라는 논문은 신앙 언어의 기초를 공적인 역사와 공동체적 지평이 아니라 사적인 내면에서 그 근거를 찾는다. 데카르트 이후의 근대적 사유 방식인 주객 도식이 서양 신학의 사고를 지배하고 있다.[36]

그가 보기에, 하나님을 객관적인 대상으로 설정하여 학문적 명제로 설명하는 것은 사실상 신 존재의 부정이며 무신론과 다를 바 없다. 하나님을 객관적 사유 대상으로 삼는 것을 피하기 위해서, 신에 의해 규정된 실존인 인간 역시 자신의 실존을 떠나서 하나님을 객관적으로 말하는 것을 피하기 위해서 실존적 방식으로 하나님을 말해야 한다. "신으로부터 말하는 것이 어떻게 가능할 것인가를 묻는다면, 오직 우리로부터 말하는 것으로서만 가능하다고 답변할 수밖에 없다는 것이다. (중략) 우리는 신으로부터 그가 우리에게 행하는 것만을 말할 수 있다."[37]

그러면 불트만이 말하는 실존은 무엇을 의미하는가? 그는 바울의 인간학에 의거해서 인간은 소마(Soma)인데, 이는 인간이 자기 자신에 대해 어떤 관계를 갖는다고 한다.[38] 자기 자신과의 관계라는

---

36) Rudolf Bultmann, "신으로부터 말한다는 것은 어떤 의미를 가지는가?", 「학문과 실존」 I, 127.

37) Ibid., 133.

것은 한편으로 인격적인 관계를 의미하지만, 타자와의 관계가 아니라 자신과의 관계라는 점에서 개인을 말하는 것이다. 그래서 "Soma는 몸으로 번역될 수 있는 것과 같이 '자아'로 번역될 수 있다."[39] 간단히 말해서 하나님을 말하는 자리로서의 실존은 사적이고 내적인 공간이다. 예수 신앙의 근거를 자아와 내면의 세계로 국한함에 따라서 신앙은 개인주의화되고, 신앙의 기초인 부활은 비역사적 사건이 된다.[40] 신앙의 주관화와 비역사화는 성서의 공동체적인 측면을 약화시킨다. "바울에 따르면 하나님의 능력이 **우리** 안에 활동하고, 성령이 **우리**에게 주어지고, 그리스도가 **우리** 안에 살아 계신다."[41]

그러나 성서에 나타난 하나님의 행위는 공적으로 식별할 수 있으며, 공동체적 지평 속에서 존재한다. '하나님이 우리에게 말씀하신다'와 같은 개념을 우리가 이해하고 가르칠 수 있다는 것은 그 개념이 사적인 실존 경험이 아니다. '나 자신의 경험'이 아니라 아담과 아브라함, 그리고 다윗과 예수 그리스도에게 자신을 말씀으로

---

38) Rudolf Bultmann, 「신약성서신학」, 허혁 역(서울: 성광문화사, 1976), 193.

39) Fergusson, Ibid., 141. 불트만의 개인주의적 이해 방식은 비신화화 프로그램에도 반영된다. 그는 신화의 본래 의도를 객관적인 세계상의 제시가 아니라 세계에 대한 인간의 자기 이해를 반영하고 있으므로 인간학적이고 실존적으로 해석되어야 한다고 한다. Bultmann, 「성서의 실존론적 이해」, 20.

40) Campbell, Ibid., 55.

41) Ernst Käsemann, "'The righteousness of God' in Paul", *New Testament Questions of Today*(London, 1969), 174. Fergusson, Ibid., 152에서 재인용. 강조는 나의 것임.

반복적으로 계시하셨던 공적인 지평 속에서 우리는 이 개념을 이해
할 수 있다.[42]

불트만에 대한 결론적인 비평은 그가 거부하려고 했던 근대적 사
유 방식을 극복하지 못하고 개인의 사적 영역 안에 신학의 가능성
과 근거를 구축하려고 했던 것이다. 우리라는 공동체적 차원을 상
실한 개인의 실존은 성서의 내용을 개인의 주관성과 자의적인 것으
로 만들 위험이 있다. 그러나 성서의 계시는 그 토대가 공적인 계
시로 관찰할 수 있는 역사의 자리에서 발생한 공적 사건이다. "신
학의 주장은 사적인 직관에 기초를 둔 신비적 논증이 아니다"는 린
츠의 말은 옳다.[43]

2) 성서 이야기의 하나님

그렇다면 기독교 공동체가 증명해야 할 기독교의 신은 어떤 존재
인가? 맥클랜던은 서양 신학이 파스칼이 말한 성서의 하나님이 아니
라 철학자의 하나님을 추구하였다고 본다.[44] 기독교 신학이 증명하

---

42) Anthony C. Thiselton, *The Two Horizons*(Grand Rapids: Eerdmans, 1980), 382.

43) Richard Lints, *The Fabric of Theology: A Prolegomenon to Evangelical Theology*,(Grand Rapids: Eerdmans, 1993), 238. 린츠는 탈현대적 상황에서 복음주의 신학이 간과한 공공성(publicness)을 회복하자고 한다. 그러나 공공성의 토대는 포스트모던 신학을 주장하는 이들이 신학적 보편성이 아니라, 신학적 배타성이어야 한다고 한다. Ibid., 239.

44) McClendon, "The God of the Theologians and the God of Jesus Christ", Axel D. Steuer & James Wm. McClendon, Jr., ed., *Is GOD*

고자 하는 하나님은 철학자의 하나님이 아니라 성서의 하나님이다.

> 여기서 논의하려는 하나님은, 즉 하나님의 나라나 통치하시는 하
> 나님이나, 또는 유대인들과 예수 그리고 그리스도인들에 대한 인간
> 의 이야기이기도 한 하나님의 이야기다. 그 하나님은 추상적으로 하
> 늘에 계셔서 인간과 초연한 절대자가 아니며, 어떤 철학이 가정하듯
> 이 제일 원리가 아니며, 대중문화에서 보이는 그저 좋기만 한 아빠
> (Nobodaddy)와 같은 하나님은 결코 아니며, 탈계몽주의적 무신론이
> 말하는 비존재로서의 테오스(theos)도 아니다. 도리어 여기서 '하나
> 님'은 그리스도인들이 복음이라고 말하는 이야기, 즉 예수의 이야기
> 의 그 충만한 깊이와 길이, 그리고 높이 속에서 알 수 있는 하나님이
> 다.45)

지금까지 철학자들과 신학자들이 증명하고자 했던 하나님은 성서
의 이야기와 역사의 하나님이 아니라는 지적은 종래의 신 존재 증
명이 부적절하고 부적합한 것이었다는 생각을 낳는다. 맥클랜던의
주장처럼 우리가 증명하고자 애쓰는 하나님은 그 누구도 아닌 바로
예수 그리스도의 하나님이다.

그러면 예수 그리스도의 하나님은 어떤 분이며, 어떻게 알 수 있
는가? 맥클랜던이 보기에 하나님은 성서의 하나님이다. 신약성서를
읽는 것이 하나님을 아는 올바른 방법이다.46) 신약은 신약 자체로
읽어야지 성서로부터 소원한 어떤 이념이나 개념으로 읽어서는 안
된다. 예수의 하나님은 십자가와 부활을 통해서만 이해될 수 있다.

GOD?(Nashville, Tennessee.: Abingdon Press, 1981), 181-205. 그리고
Doctrine, ch. 7. "The Identity of God", 280-323.
45) *Doctrine*, 281.
46) *Doctrine*, 284.

십자가아 부활이라는 예수 이야기는 예수의 하나님이 역사와 무관한 부동의 동자와 같은 추상적인 철학자의 신이 아니며, 계몽주의가 상정하는 것처럼 미래를 단지 과거나 현재와 연속적인 것으로 파악하는 것과 달리 역사를 변혁하는 종말론적인 차원을 포함하며, 자연과학의 사유방식과 같이 자연을 비신성화하기도 하지만, 자연을 신성화하기도 한다.[47]

여기서 주목해야 할 것은 맥클랜던이 예수의 이야기에 나타난 하나님을 강조하는 의도는 신학의 근거가 바로 공적이고 역사적 사건이라는 점을 부각시키기 위함이다. 결코 하나님은 무시간적인 존재가 아니다. 하나님의 역사성을 잘 보여주는 곳이 출애굽기 3장 14절이다. "에흐예 아셀 에흐예"를 "나는 스스로 있는 자"라고 번역하는 것은 플라톤적 서양철학의 영향으로, 이렇게 표현된 야훼의 이름은 무시간적이고 역사로부터 단절된 이미지를 주고 있다. 에흐예는 미완료와 사역동사이므로 개역표준판(RSV) 성서의 난하주와 같이 미래형으로 번역할 수 있다. 아니면, 본래 히브리적으로 그 의미를 풀어서 읽어내면 다음과 같다. "나는 항상 너희 앞에 있게 될 것이다: 네가 걷게 될 여정 가운데서 나를 발견하라."[48] 이러한 해석의 성서신학적 타당성이 있지만, 이에 관한 논의는 별개로 하자. 맥클랜던의 강조는 하나님 신앙의 공적이고 공동체적 성격에 있다. 성서는 공적인 역사의 장에서 경험된 하나님을 이야기한다.

---

47) McClendon, "The God of the Theologians and the God of Jesus Christ", 190-97.

48) McClendon, "The God of the Theologians and the God of Jesus Christ", 194.

3) 파스칼의 하나님: 역사의 하나님

이를 잘 보여준 사람이 맥클랜던이 보기에 파스칼이다. 파스칼은 그가 죽은 뒤 그의 양복 안쪽에 꿰매어져 있는 쪽지에 "철학자와 학자의 신이 아닌 아브라함의 하나님, 이삭의 하나님, 야곱의 하나님, 확신, 확신, 느낌, 기쁨, 평화, 예수 그리스도의 하나님"라는 글을 남긴다. 이 말은 더 이상 데카르트가 말한 바와 같이 이성의 추론 능력에 기초한 기하학의 정신이 아니라 사물에 대한 직관 능력인 섬세의 정신에 따라 하나님을 이해해야 한다는 것이다.[49]

그가 발견한 확신을 이해하기 위해서는 파스칼이 파악한 당시의 자연관과 인간관을 간단히 이해할 필요가 있다. 그는 자연과 세계를 무한하며, 그 세계에서 인간은 무한한 점으로 수축되어 종내는 자신을 잃어버리는 것으로 보았다. "인간은 '무한과 무라는 두 심연 사이에' 떠다니고 있다."[50] 이런 상황에서 인간에게 절실히 필요한 것은 지성적 확신이 아니다. 하나님은 이성의 확실한 근거로 요청될 수 없다.

중세와 달리 광대무변한 우주에서 지정된 자리를 확보하지 못하고 부유해야 하는 근대적 인간에게 데카르트가 말하는 이성의 확실성은 심연에서 방황하는 인간에게 삶의 안정을 제공할 수 없다. 데카르트에게서 하나님은 존재하는 나의 인식의 확실성의 근거이다. 이 하나님은 철학적 하나님일 뿐이다. 인간에게 필요한 신은 사유

---

49) Blaise Pascal, 「팡세」, 최현·이정림 역(서울: 범우사, 1985), 1.
50) Wilhelm Weischedel, 「철학의 뒤안길」, 이기상·이말숙 옮김(서울: 서광사, 1990), 189.

의 근거가 아니라 삶의 근거로서의 신인 것이다. "지식의 확실성이
란 삶의 안정성과는 거리가 멀"기 때문이다.[51] 이성으로는 충분하
지 않다. 그 참된 확실성은 철학자의 하나님이 아니라 예수 그리스
도의 하나님이다.

맥클랜던은 파스칼이 신앙의 확실성을 사적인 내면성이나 내적인
경험이 아니라 공적인 외적인 역사에서 찾는다는 것을 주목한다.
자신이 경험했던 아브라함의 하나님에 대한 신앙의 근거를 역사에
호소한다.[52] 신앙의 기초를 말하기 위해서 "모세나 예수 그리스도
나 사도들의 기적에 대해서도 말하지" 않는다. 왜냐하면 "그 기적
은 쉽사리 납득할 수 있는 것으로 보이지 않기 때문이다." 그 대신
에 그는 "놀라움을 금할 수 없고, 주의를 끌 만한 유대인의 역사
이야기가 신앙의 토대가 된다"고 말한다.[53] 이것이 함축하는 바는
하나님이 어떤 분인지를 이해하기 위해서는 역사적 이야기로 돌아
가야 한다는 것이다.[54]

> 파스칼은 이러한 하나님을 옹호하기 위해 호소해야 할 곳은 역사
> 적이어야 한다는 것을 알고 있었다. 개인적 경험에 대한 사적인 기
> 억이 비록 그의 코트에 꿰매어져 있었다고 하더라도 그것에 호소해
> 서는 안 된다. 그러나 역사적인 출발점은 기독교 유럽의 군대, 제국,

---

51) Hans Küng, 「신은 존재하는가 Ⅰ」, 성염 옮김(왜관 : 분도출판사,
   1994), 71-143.
52) McClendon, "The God of the Theologians and the God of Jesus
   Christ", 186.
53) Pascal, Ibid., 618-19.
54) McClendon, "The God of the Theologians and the God of Jesus
   Christ", 187.

종교, 성공과 같은 부유한 복음이어서는 안 된다. 오히려 그는 다음과 같은 사실에 호소하였다. 멸시받고 거절당했으며 기이하게 살아남은 사람들을 생각하라. 즉 유대인들을 생각하라. 따라서 그는 상스러운 대중 운동이나 성공한 이야기들이 아니라 그 깊은 의미에서 드러나는 역사로부터 실마리를 얻었다. 그 완전한 의미는 예수 그리스도의 하나님, 아브라함의 하나님에게로 되돌아가는 것이다. 그 의미는 모든 역사가 아니라(이 이야기와 반목하는 많은 역사) 세상이 세상으로 남아 있는 한 결코 깨달을 수 없는 역사의 의미이다. 왜냐하면 이 역사를 깨닫는다는 것은 캄캄한 밤중에 파스칼이 붙잡고자 했던 다양한 일자에 의해서만 깨달을 수 있는 것이기 때문이다.[55]

사적인 기억이나 왜곡된 역사가 아니라 공적인 예수 이야기가 기독교 신앙의 근거이다. 맥클랜던은 파스칼의 '예수 그리스도의 하나님'을 통해서 성서 이야기에 나타난 하나님의 계시는 사적인 내면이 아니라 공적으로 판단할 수 있는 역사라고 주장한다. 성서의 하나님을 공적인 역사가 아니라 사적인 실존으로 하나님을 이해하였던 계몽주의적 방식에 대한 거부이다. 그 좋은 예가 위에서 살펴본 것처럼 불트만의 실존적 하나님 이해이다.

그와 달리 하나님은 공적인 역사의 하나님이시다. 공적인 역사의 현장에서 일어난 그리스도의 십자가와 부활은 하나님의 공동체를 창조한다. 이 공동체의 지평에서 신 존재 증명은 존재한다. 이 범위 안에서 존재 증명은 힘을 발휘한다. 그렇다면 다음에서 논의하여야 할 것은 파스칼이 말한 '예수 그리스도의 하나님'이 어떻게 공적인 역사의 하나님으로 정당화할 수 있는가 하는 문제이다.

---

55) McClendon, "The God of the Theologians and the God of Jesus Christ", 204.

3. 누구의 하나님인가?

신 존재 증명이 공동체에 입각한 것이라면, 공동체가 합리성을 형성하는 근간이 된다는 것을 함축한다. 예수가 말하는 사랑과 석가의 자비, 기독교의 정의와 이슬람교의 정의 개념은 각 공동체가 서있는 지점에 따라 다를 수밖에 없다.[56] 하지만 이 공동체는 5장에서 보았듯이 냉소적 무관심에 함몰되는 닫힌 공동체를 넘어서는 열린 공동체가 되어야 할 것이다.

1) 합리성의 장소

서두에서 기독교 신앙의 합리성을 유력하게 대변하는 논의가 신 존재 증명이라고 하였다. 그리고 위에서 증명을 통해서 밝히고자 하는 신은 다름 아닌 예수 그리스도의 하나님이라고 하였다. 예수의 사건이 공적이고 공동체적이라면, 응당 우리는 신 증명에서 중요한 것이 신 존재 확신을 정당화해 주는 조건이나 목록이 아니라, 공동체를 주목해야 할 것이다. 합리성은 곧 공동체에 의존한다. 레슬리 뉴비긴은 매킨타이어에 근거해서 합리성은 공동체와 그 전통에서 시작해야 한다고 말한다.[57] 맥클랜던 역시 매킨타이어의 논의에 많이 기대고 있다. 다음 네 가지 이유에 의해서 합리성은 장소

---

56) *Convictions*, 107.
57) Alasdair MacIntyre, *Whose Justice? Which Rationality*(Notre Dame: University of Notre Dame Press, 1988. Newbigin, 「다원주의 사회에서의 복음」에서 특히 4-6장을 보라.

에 의존하며, 시작하고, 완성된다.

첫째, 합리성의 목록(list)이 갖는 한계 때문이다. 그 까닭은 신 존재 증명이 각자가 채택한 확신이나 공동체의 신념에 따라 평가가 다르다면 결국 증명의 합리성을 판단하는 것은 일관성, 정합성 등 과 같은 합리성의 목록이 아니라 증명하는 자의 삶의 자리가 무엇 인가를 파악하는 것이 더 중요한 관건인 셈이다. 어떠한 사람도 완 벽하게 논리적 일관성을 지닌 믿음체계를 가질 수 없다. 따라서 정 합성이나 일관성 같은 정당화의 목록으로는 믿음을 정당화하는 데 실패할 수밖에 없다.[58]

둘째, 신 존재 증명은 자신과 공동체의 신앙을 정당화하기 위한 것이다. 정당화는 그 확신을 견지하는 공동체나 개인의 시각 안에 서 이루어져야 한다. 만약 그들 자신의 눈으로 정당화되지 않는다 면, 그것은 정당화가 아니며, 무슨 소용이 있는가? 그러므로 정당화 는 공동체를 위한 것이고, 공동체에 의해서 정당화된다.[59] 그런 점 에서 신 존재 증명을 통해서 합리성을 설명하려는 시도는 '목록'이 아니라 '장소들'이어야 한다.

셋째, 합리성의 기원과 근거, 호소의 최종심급이 바로 공동체이기 때문이다. 매킨타이어에 따르면 개별 신념의 정당화는 전체 구조 안에서 이루어지며, 권위의 기준에 따라 증명이 의미가 있다. 즉 증 명의 문제는 권위의 문제이다.[60] 권위의 기준이 다르면 증명은 무

---

58) 손병홍, "경험적 지식의 정당화", 강영안·김유신·손병홍, 「과학적 지 식과 인간다운 삶」(서울: 소화, 2000), 107.

59) *Convictions*, 172-73.

60) MacIntyre, *The Logical Status of Religious Belief*, 202-04.

용하다. 차이는 역사에 대한 차이가 아니라 권위에 대한 것이다. 믿는다는 것은 다르게 행동한다는 것을 의미한다. 왜냐하면 새롭고 다른 관점으로 자신의 삶 전체를 바라보는 것이기 때문이다.[61]

마지막으로 신학은 공동체 문화의 산물이기 때문이다. 예를 들어 슐라이어마허의 경우를 보면, 그는 「종교를 경멸하는 문화인」들에게 종교의 정당성을 옹호하고자 한다. 그 옹호는 그들의 언어와 세계관을 통해서 설명되어야 한다. 따라서 그의 신학은 자신의 시대에 대한 신학적 반응이자 산물이다.[62] 신학이 공동체의 산물이라면, 신학의 합리성은 공동체에 의해서 이루어진다. 「확신」에서 보듯이 가치와 관점은 공동체적인 것이다. 기독교 신앙의 합리성은 공동체 의존적일 수밖에 없다.

그렇다면 추상적 공동체가 아니라 구체적으로 어떤 공동체가 기독교 신앙의 합리성을 보증할 수 있는가? 참된 교회 정체성을 갖고 있는 교회 공동체는 어떤 공동체인가? 따라서 교회 공동체의 참된 정체성 회복은 다원적 사회에서 기독교 신앙의 합리성과 정당성을 입증해주는 근거가 되는 것이다.[63] 신이 존재한다는 신념이나 그 가치를 긍정하는 것은 독립적인 것이 아니며, 그 신앙과 가치의 합

---

61) Ibid., 208-10.

62) *Witness*, 316-17, 320. 신학을 비롯한 학문이 그의 시대뿐 아니라 민족적 기질과도 관련 있다. 다음을 보라. 배국원, 「현대 종교철학의 이해」, 25-30.

63) 맥클랜던이 교회의 정체성 회복이 기독교 신앙의 합리성을 입증하는 것이라고 말한다면, 윤리학자로서 존 요더는 교회의 정체성 회복이 기독교 사회윤리의 전략이라고 말한다. Yoder, *The Politics of Jesus*, 147-53.

리화는 보다 넓은 맥락을 요구한다.[64] 그것은 그가 속한 공동체의
확신이다.

2) 증명의 공동체적 성격

이제 맥클랜던이 해야 할 일은 신 존재 증명이 공동체의 확신의
표명이라는 것을 실제로 보여주는 일이다. 그는 극단적으로 대조될
만한 유신론자인 파러(Farrer)와 무신론자인 스크라이번(Scriven)
을 통해서 증명이 증명하는 자와 공동체의 확신의 표현이라는 것을
입증한다. 파러는 유신론적으로 사유하는 것은 특정한 방식으로 사
물을 이해하는 것, 즉 세계를 구성하는 것이라고 한다.[65] 우리가
신이 존재한다고 사유한다는 것은 그것에 대해 확신이 없이는 사고
할 수 없다. 하나님에 대해 생각하는 것은 자기 자신에 대해 생각
하는 것이고, 자신을 존재하는 하나님과의 연관 속에서 생각하는
것이다. 그런데도 실제 상황에서는 하나님의 존재에 대한 사유는
은폐되어 있다. 따라서 파러는 일반인들이 소유하고 있는 '숨은 유
신론'(cryptotheism)을 설명해 줌으로써 숨은 유신론을 포기하거나
일관되게 하려는 것이다.

이 목적을 달성하기 위해서는 일반인들도 공유할 수 있는 출발점
이나 가치를 발굴하는 것이다. 그는 출발점을 우리 모두가 경험하
는 유한한 세계에서 찾는다. 하지만 그의 시도는 실패할 수밖에 없
다. 그 이유는 누구나 공유할 수 있는 가치를 찾아내는 것이 원천

---

64) McClendon, "Narrative Ethics and Christian Ethics", 384.
65) *Convictions*, 115-7.

적으로 불가능하기 때문이다. 그렇다고 완전히 실패한 것은 아니다. 제한적인 가치를 지니고 있기에 완전히 실패한 것은 아니다. 하나님의 존재를 신앙하는 것은 확신이고, 그것은 특정한 방식으로 세계를 사유하는 것을 의미한다. 그렇다면 보편적인 가치가 아니라 제한적인 가치를 지니게 된다.

반면에 스크라이번은 합리성이란 합리적으로 받아들이도록 하는 목적을 달성하기 위해 가장 효과적으로 사용할 수 있는 수단이라고 정의한다.[66] 가장 효과적인 수단은 '증거'이다. 증거가 없거나 지지받을 수 없다면 그것은 불합리하다. 그는 신 존재 증명이 아주 중요한 문제이긴 하지만, 이 논증에 결함이 있다면 참으로 합리적인 태도는 무신론을 취하는 것이라고 말한다.

그러나 맥클랜던은 스크라이번이 말하는 증거와 기독교의 증거가 다르다는 점을 지적한다. 2002년 7월의 대전의 날씨는 역사상 가장 더울 것이다는 주장의 경우 이 주장을 뒷받침할 만한 관찰 현상이 결여되었다면 부정하는 것이 마땅하다. 하지만 신이 존재한다는 주장과 대전의 날씨에 대한 주장은 같지 않다. 오히려 신이 존재한다는 주장은 윌리엄 제임스(William James)가 말하는 것처럼 살아있으며, 강제적이며, 중대한 선택이다.[67]

여기서 맥클랜던이 파러와 스크라이번에게 주목하는 것은 그들이 틀렸다는 것이 아니라 두 사람의 주장은 각자의 확신이라는 것이다. 확신을 갖는다는 것은 다른 확신을 주장할 때와 아주 다른 사

---

66) *Convictions*, 119-20.
67) 클리포드와 제임스의 논쟁의 개요는 다음을 참조하라. Kelly James Clark, 「이성에로의 복귀」, 이승구 옮김(서울: 여수룬, 1999), 145-69.

람이 된다는 것을 의미한다. 스크라이번이 말하는 증거의 경우를
생각해 보자. 그가 말하는 경험적 증거에 호소하는 것은 결코 중립
적인 태도가 아니며, 동일 증거에 대해서도 상이한 설명을 할 수
있다. 자연 현상 속에서 하나님의 신비와 임재를 경험하는 이들 –
함마숄트의 경우 – 에게는 스크라이번과 달리 신의 존재를 입증하는
자료가 될 수도 있다. 이것은 증거가 그가 생각하는 것과 달리 도
리어 신 존재 증명의 근거가 될 수 있음을 보여주는 것이다.

이러한 사실은 스크라이번의 주장과 그 전제도 확신적이며, 모든
사람이 받아들이도록 증명을 시도하거나 반대하는 것은 부자연스럽
다는 사실이다. 도리어 이 두 사람이 보여준 것은 그들의 주장은
가치중립적인 행위가 아니므로 모든 사람이 공유할 수 있는 주장이
될 수 없다는 것이고, 그 주장의 정당성은 자신의 확신 내부에서
드러난다는 것이다.[68] 따라서 유신론과 무신론 증명이 확신을 견지
하는 자의 전제에 의존한다면 그 확신의 합리성이나 정당성을 추구
하기 위해서는 다른 방식이 요청된다. 그것은 각 확신의 자리를 주
목하는 것이다.

유·무신론자의 증명 주장과 반박이 그들의 확신의 산물이라는
것은 안셀름에게도 적용된다.[69] 즉, 가장 강력한 신 존재 증명의
옹호자이며 최초로 주장한 안셀름도 위와 같은 방식으로 신 존재를
설명하고 있다. 그는 신 존재 증명을 통해 기독교 신앙의 합리성이
나, 증명 자체의 합리성을 주장하지는 않는다. 그의 관심은 이 증명

---

68) *Convictions*, 122.
69) Anselm, 「프로스로기온: 신 존재 증명」, 전경연 옮김(서울: 한들,
    1997).

이 공동체 안에서 어떤 역할과 기능을 수행하는가에 있다. 다른 한 편으로 안셀름의 증명이 불신자를 설득을 통해 전도하려는 목적이 아니었다는 판단에 따른 것이다.

맥길(A. C. McGill)에 따르면 안셀름의 신 존재 증명의 동기는 이성으로써 불신앙을 반박하기 위해 신 존재를 확립하려는 합리적인 동기가 아니었다고 한다. 증명을 통해 자신의 신앙을 합리적으로 설명하려는 신자의 시도이며, 철학적 반성을 사용하여 하나님께로 향하는 신비적인 순례의 시도이다. 이것은 프로슬로기온(Proslogion)이 기도로 이루어졌다는 것에서 잘 나타난다. 그러므로 하나님이 존재한다는 안셀름 논증이 정당한가를 합리적으로 증명하려는 시도는 초점을 잃은 것이고 우리가 해야 할 일은 그 논증이 참으로 그리고 일관되게 그 공동체를 통솔하는지를 밝히는 일이다.[70]

콜링우드는 안셀름의 신 증명의 합리성은 우리의 신 관념이 '더 이상 생각할 수 없는 존재'이기 때문이 아니라 우리가 하나님 존재에 대한 신앙에 이미 헌신했기 때문이라고 지적한다.[71] 실제로 뷰렐에 따르면 전통적인 증명은 논증이 아니며 하나님 신앙의 기초 기능도 아니다. 신앙 맥락 안에서 회고적 정당화를 제공하고 종교적 신앙으로 기울도록 한다. 즉 정당화는 종교 내에서 이루어지는 것이다.[72] 따라서 안셀름의 증명은 이미 신의 존재를 전제로 한 공

---

70) *Convictions*, 129.

71) *Convictions*, 125.

72) D. Burrell, "Religious Belief and Rationality", in Delaney, ed., *Rationality and Religious Belief*(Notre Dame: University of Notre Dame Press, 1979), 84-115.

동체, 그리고 신의 존재가 공동체의 근거인 곳에서 타당하다는 것
이다.

그렇다고 공동체에 참여하지 않는 이들, 안셀름이 말한 어리석은
자를 배제하자는 것은 아니다. 그의 논증이 국외인들이 보기에도
이해할 수 있는 언어라는 것과 역사적으로 숱한 논의들이 있었다는
것, 그리고 계시로부터의 논증이 아니라는 점은 그의 논증이 단지
개인적이고 주관적인 차원이 아님을 보여준다.[73]

논증은 정당화될 수 있는 방식과 그 공동체의 전제를 보여준다.
다시 말하면 하나님이 존재한다는 논증은 공동체 확신의 전제이자
공동체의 모든 주장과 행동의 정당화의 근거가 된다. 따라서 이 논
증이 정당하다는 것은 그 공동체의 전제와 근거의 역할을 제대로
수행하고 있다는 것을 말하며, 반면에 정당하지 못하다면 이 논증
이 실제 신앙인의 삶과 확신과 독립적으로 이루어졌기 때문이다.[74]

3) 대화 속에 현존하는 확신 공동체

맥클랜던은 종교 언어의 정당화는 공동체 안에서 이루어진다고
하였다. 열린 공동체는 자기 자신의 모순과 문제를 은폐하거나 합
법화하는 것이 아니라 스스로 비판하는 것을 용인할 수 있는 공동
체이다. 즉, 공동체 안의 왜곡된 이데올로기에 의한 정당화가 용인
되어서는 안 된다. 하버마스의 지적처럼 공동체의 습관과 문화 안
에는 잘못된 지배 이데올로기가 분명히 상존하고 있다.

---

73) *Convictions*, 129-30.
74) *Convictions*, 131-32.

더욱이 공동체가 새로운 노선에 적절히 대응하기보다 도리어 정체되어 있을 경우에, 새로운 현상을 억압하는 역할을 수행하게 된다. 그렇다면 종교 언어의 정당화가 공동체 안에서 이루어진다면, 그리고 공동체 안의 잘못된 이데올로기에 대한 비판을 할 수 있는 장치가 없다면 이것은 상대주의로 나아갈 수밖에 없다. 정당화의 자리는 분명히 공동체이다. 바로 이런 점에서 공동체의 정당화에 대한 식별(discernment)이 필요하다.

그러나 공동체에 의한 정당화가 공동체 이기주의나 폐쇄적인 공동체로 전락해서는 안 된다. 애초에 신학의 공동체적 성격은 사적인 언어, 즉 상대주의를 극복하는 유력한 대안으로 제시되었던 것이다.[75] 상대주의를 무력케 하는 근거로서의 공동체가 자기 폐쇄적 체계 안에 갇힌다면, 그것은 또 다른 상대주의가 아닐 수 없다. 체계와 본문에 갇힌 채 심원한 역사적 지평을 상실하거나 삶의 현장을 포기할 수는 없는 것이다.

다원적 상황에서는 각자의 신앙과 배리되는 다양한 현상과 가치들에 직면하게 되면서 자신의 신앙을 어떻게 이해하고 정당화할 것인가 하는 문제가 야기된다. 자유로운 배라고 해서 돛이나 닻이 없지 않다. 없다면 그것은 죽음이지 자유가 아니다.[76] 그러므로 기독교 교리체계는 선교적 맥락에서 의사소통 가능하고 선교 가능한 패러다임을 구축하여야 한다.

---

75) *Ethics*, 210-11.
76) *Convictions*, 106.

우리의 과제는 신앙의 문법을 명료하게 하는 것일 뿐 아니라, 혀
짤배기 세상 한가운데 현존하는 그리스도를 적절한 언어로 제공하
는 것이다. 그것은 궁극적인 선교의 목적이 아니라 선교의 필수적인
선제 조건으로서 종교들과 세계관들의 대화로 필수적인 것이다.[77]

오늘날의 현대 사회에서 다문화적이고 다종교적 맥락은 피할 수
없는 사실이다. 자연히 공동체 간의 신앙들이 충돌하기도 하고, 갈
등을 빚기도 한다. 그렇다고 자신의 정체성을 닫힌 체계 안에서 구
하는 것은 다원성을 회피하려는 것이다. 다원주의를 피하기보다는
긍정적으로 파악하는 적극적인 자세가 필요하다. 우리가 공동체로
부터 결코 자유롭지 못하다는 사실은 억압적 현실이 아니다. 우리
를 제한하는 것이 아니라, 도리어 우리를 자유롭게 하는 것이 공동
체이다.[78] 그러므로 다원적 사회에서 신학의 정당화는 열린 공동체
안에서 이루어져야 한다.[79]

---

77) *Doctrine*, 430.
78) H. Richard Niebuhr, 「계시의 의미」, 52. "기독교 공동체는 자신의 역
사 가운데서 자신에게 일어났던 사건들에 관해 고백적인 표현으로 말
해야 하는 것이 괴로운 필연이었던 것이 아니라 오히려 유익한 일이었
으며 또한 역사적 관점을 받아들이는 것이 제한하는 것이 아니라 자유
롭게 하는 것이었음을 느낀 것 같다."
79) 그런 점에서 틸리는 필립스의 신 존재 증명 방식은 비판적 평가와 토
론을 인정하지 않는 닫힌 설명 방식이라고 본다. 필립스는 비트겐슈타
인이 말하는 확실성은 이미 주어진 것으로 의심할 수 없다고 말한다.
그러나 확신은 오류 가능성을 갖고 있으며, 주어진 것에 대해 의심과
비판적 물음이 불가능하다면 그것은 지적 제국주의에 불과하다고 비판
한다. Tilley, *Talking of God*, 115.

Ⅲ. 합리성의 자리인 공동체: 어떤 공동체의 하나 님인가?

    기독교 신앙의 합리성의 자리가 공동체라면, 맥클랜던이 말하는 공동체는 침례교도의 공동체 또는 신자의 교회이다.[80] 이 공동체가 근대적 개인주의와 인식론적 기초주의를 극복하는 대안이다. 그러나 레이맨(David Wayne Layman)은 맥클랜던의 공동체관은 비역사적인 소종파 공동체라고 비판한다.[81] 앞으로 그의 비판과 맥클랜던의 반론을 살펴보겠지만, 신자의 교회가 합리성을 갖기 위해서는 첫째, 근대적 방식의 교회 이해를 불식시켜야 한다. 둘째, 신자의

---

80) James Wm. McClendon, Jr., "The Believers Church in Theological Perspective", in Hauerwas, Stanley. et. al., eds *The Wisdom of Cross: Essays in Honor of John Howard Yoder*(Grand Rapids: William B. Eerdmans Publishing Company, 1999), 309-26. 드와이트 무디(Dwight A. Moody)는 신자의 교회 전통 안에 있는 현대신학자로 칼 헨리(Carl F. H. Henry), 가브리엘 파크르(Gabriel Fackre), 데일 무디(Dale Moody), 토마스 핑거(Thomas Finger) 등과 함께 맥클랜던 을 포함시키고 있다. "Contemporary Theologians Within the Believers' Church", Paul Basden & David S. Dockery, eds, *The People of God*, 333-54.

81) David Wayne Layman, "The Inner Ground of Christian Theology: Church, Faith, and Sectarianism", *Journal of Ecumenical Studies*, vol.27, no.3(Summer 1990): 480-503. 그리고 "Evangelical Catholicity and Baptist Ecumenicity: A Response to 'Christian Identity in Ecumenical Perspective'", *Journal of Ecumenical Studies*, vol.27, no.4(Fall 1990): 773-81.

교회가 소종파 공동체가 아님을 보여주어야 한다. 시간적으로는 사
도적 교회와 역사적 연속성이 있어야 한다. 셋째, 신자의 교회는 세
상 속의 그리스도인의 진정한 실존을 반영하여야 한다. 공간적으로
는 교회와 세상과의 관계에서 도피하는 은둔 공동체가 아니라, 도
리어 참여하는 공동체라는 것을 설명하여야 한다.

1. 신자의 교회: 근대를 넘어서

맥클랜던의 공동체는 곧 자유교회 혹은 신자의 교회를 가리킨다.
신자의 교회는 중생한 신자의 지역 교회 모임을 말한다. 아나뱁티
스트들의 다양한 입장에도 불구하고 신약 교회의 회복은 신자의 교
회라고 주장한다는 점에서 일치한다.[82] 아나뱁티스트들은 모든 외
적 권위는 거부하고 그리스도의 주되심(Lordship)과 영감 받은 성
서 아래에 있는 신자의 지역 교회를 참된 교회이며, 이 교회가 사
도적 교회를 회복한다고 믿는다.[83] 이 교회의 참된 기초와 근거는
그리스도와 성서라고 말하는 점에서 반기초주의적 공동체이다.

반면에 종교개혁자들은 교회를 신자들만의 교회가 아니라 시민
사회와의 관련 속에서 이해한다. 그들은 성서나 신학보다 그들이
속한 사회의 정치적 입장에 따라 교회를 이해하였다.[84] 츠빙글리의

---

82) John J. Kiwiet, "Anabaptist Views of the Church", in Paul Basden
& David S. Dockery, eds. Ibid., 227.

83) C. Penrose St. Amant, "Reformation Views of the Church", in Paul
Basden, & David S. Dockery, eds, Ibid., 212-6.

성우, 그는 개인적 신앙의 강조는 신자와 교회를 전체 사회로부터
분리된 그룹으로 만든다고 본다. 이것은 스위스에 대한 그의 애정
과 헌신이 스위스와 교회를 동일시하도록 한 것이다.[85]

그리고 요한 칼빈에게서 교회와 국가는 한 실재의 두 측면이다.
그가 살았던 제네바 시의 시민이 된다는 것은 그리스도인이 된다는
것에 의존한다. 그래서 그는 세상의 통치자들이 하나님 나라를 진
전시키고, 교리의 순수성을 유지해야 한다고 믿는다.[86] 이러한 개
혁자들의 교회관은 근대적 발상의 산물이지 성서와 예수 그리스도
에게서 기초한 것은 아니다. 개혁자들은 교회와 완전히 침례 받은
사회가 수적으로 일치하는 사회에서 교회를 국가와의 관계 속에서
이해하고 있는 것이다.[87]

개혁자들의 교회관은 근대적이며 콘스탄틴적 기독교이므로 극복
되어야 한다. 근대적 기초와 관점으로 이해한 개혁자들의 교회관을
넘어서야 한다. 교회와 세상과의 상호 연관성을 부정할 수는 없지
만, 명백한 것은 교회는 세상이 아니라는 사실이다. 교회는 세상과
다른 자원과 기초를 갖고 있다. 그럼에도 불구하고 교회와 세상의
공통분모를 만드는 것은 국가 권력과 종교 집단의 결탁일 뿐이다.

보편적 진리에 접근하면서 그리스도인들에게 유용한 진리, 즉 교
회는 세상이 아니며, 교회의 이야기는 세상이 수용할 수 없는 것이
며, 교회의 신학은 세상의 신학이 아니라는 것을 포기하는 것은 하

84) Ibid., 221.
85) Ibid., 212.
86) Ibid., 214.
87) Ibid., 222.

나의 악덕이다. 만약 우리가 이점을 양도하거나 교회와 세상의 차이
점을 감추는 것에 공모한다면, 우리는 단기적으로 세상을 꾀어낼 수
있을 것이다. 그러나 우리는 교회를 배반함으로써만 그렇게 할 수
있을 것이다.[88]

세상과 결탁하지 않는 참된 교회는 자유(Liberty)와 자원
(Voluntary)에 의해서 모여진 교회이다.[89] 특별히 신자의 침례는
회심한 자의 자유로운 의지와 온전한 자원을 통해서 실행된다. 자
유교회와 자발적으로 모여진 교회는 동일한 의미이다.

그러나 자유와 자원이라는 개념이 1650년을 지나면서 계몽주의의
영향으로 그 의미가 변한다. 양심의 자유는 계몽주의가 아니라 복
음이 그 기초인데도 철학적이고 정치적인 것으로 이해되었다.[90] 예
를 들어 에른스트 트뢸취(Ernst Troeltsch)는 신자의 자유를 정치적
으로 이해하였고, 에드가 멀린스는 지나치게 개인주의적으로 이해
하였다.[91] 첫째는 인간을 자유로운 존재가 아니라 개인으로 이해하
여서 인간의 자유 의지는 약화되기 시작한다. 둘째는 과학의 영향
으로 종교적 담론에 대한 이분법적 사고가 생겨나서 성서를 문자적
사실 아니면, 경험의 산물로 이해한다. 셋째는 불확실성에 대한 새
로운 두려움이 확산되면서 기초주의로 알려진 방식으로 신앙의 기

---

88) *Ethics*, 18.

89) McClendon, "The Believers Church in Theological Perspective", 310-12.

90) Curtis W. Freeman, "Can Baptist Theology be Revisioned?"
   Perspectives in Religious Studies, vol.24, no.3(Fall 1997) : 280-81.

91) *Ethics*, 29-30. 멀린스와 근대의 관계에 관해서는 다음을 참조하라.
   Curtis W. Freeman, "E. Y. Mullins and the Siren Songs of
   Modernity", *Review and Expositor*, vol.96, no.1(Winter 1999) : 23-42.

조인 성서의 무오류를 주장하였다. 이러한 변화는 성서의 가르침에
서 비롯된 것이 아니라 그 당시의 지적인 분위기 영향이며, 더 나
아가 성서적 운동이나 흐름이 아니라 근대주의의 운동이었던 것이
다. 근대와 기독교가 구별이 되지 않았던 것이다.[92]

이제 새로운, 그러나 성서로부터 발원한 고대의 목소리를 들어야
한다. "인간의 본성과 자유, 그리고 성서, 하나님과 인간의 지위에
관한 신학적 전투는 시대정신(Zeitgeist)에 의해 결정되어 있다. 즉
이 전투의 장소는 근대 자체에 의해 감시되었다. 만약 근대가 드디
어 끝나간다면, 침례교도들은 또 다시 다른 목소리를 들어야 할 것
이다."[93] 그 목소리는 바로 성서의 목소리이다. 이 목소리를 힘차
게 울려 퍼지게 한 것이 바로 맥클랜던과 함께 침례교 신학자들이
참여하여 발표한 "침례교 정체성 재고 : 북미 침례교 공동체의 선
언"이다.[94] 이 선언문은 "우리는 정치적 이론들, 정사들과 권세들
에 의존하기보다는 하나님 아래에 있는 독특한 백성으로서 강제를
거부하며, 자유를 옹호한다"고 말한다.[95] 즉 그리스도인의 자유와
하나님의 은혜이고, 세상을 향한 교회의 실존은 정치적인 이론이나

---

92) McClendon, "The Believers Church in Theological Perspective", 314-19.

93) McClendon, "The Believers Church in Theological Perspective", 319.

94) James Wm. McClendon, Jr. et. al. "Re-Envisioning Baptist Identity : A Manifesto for Baptist Communities in North America", *Perspectives in Religious Studies*, vol.24, no.3(Fall 1997) : 303-10.

95) Ibid., 308. 이 선언은 근대적 교회관을 탈피하기 위해서 우선적으로 국교제의 폐지를 주장한다. "국교제의 폐지는 다른 어떤 공동체에서도 맛볼 수 없던 하나님의 도래하는 통치를 사전에 미리 보여주는 하나님이 불러내신 공동체의 정체성을 구성한다."

권력에 의존하지 않는다. 그러므로 교회는 세상이 아니다.

2. 신자의 교회: 소종파 공동체를 넘어서

신자의 교회를 향한 오해는 소종파 공동체라고 생각하는 것이다. 소종파는 한편으로 시간적으로는 역사적 연속성이 없다는 것이고, 다른 한편으로 공간적 측면에서는 교회와 사회의 관계에서 분리주 의적이라는 것이다. 먼저 성서적인 교회와 신자의 교회와의 역사적 연속성에 관해서 살펴보도록 하자.

맥클랜던은 현재의 교회와 사도적 교회 사이의 연속성을 설명하 는 두 가지 모델을 제시한다. 하나는 나무 모델(tree model)이고, 다른 하나는 시내와 강물 모델(rivulet-and-river model)이다.96) 나 무 모델은 현재의 교회들은 같은 뿌리에서 나온 가지와 같다는 유 비이다. 참교회인 줄기에서 유래한 가지들은 서로 유기적인 혈연관 계를 갖고 있다. 하지만 이 모델은 원래 나무로부터 유래한 각 교 회 공동체들의 실패와 교회 공동체들이 갖고 있는 진정성의 차이를 제대로 설명하지 못하는 한계가 있다.

반면에 시내와 강물 모델은 기독교 공동체의 풍부한 다양성을 설 명하는 데 더 긴요하다. 기독교 역사에서 다양한 기독교 공동체가 형성되었으나 일부는 메마른 반면에 다른 일부는 더 풍부하여 졌 다. 이 모델의 장점은 기독교의 참된 흐름이 단일한 것이 아니며,

---

96) *Witness*, 333-4.

이단과 같은 공동체의 부침을 잘 설명하여 준다. 나무 모델은 가톨
릭의 입장이라면, 시내와 강물 모델은 개신교와 아나뱁티스트의 입
장을 대변한다.

그러면 같은 시내와 강물 모델을 지향하는 종교개혁주의와 아나
뱁티스트의 입장은 어떻게 다른가? 칼빈과 루터는 잃어버린 역사의
회복(restore)을 강조한 반면에 아나뱁티스트들은 사도적 교회의 재
연(re-enact)을 주장한다. 종교개혁자들이 말하는 회복은 이전 세대
가 간과하였던 것을 복원하고 재현하려는 것이다. 반면에 급진 종
교개혁자들은 예수와 제자들의 연속성이 각 세대에 반복되어 나타
나야 한다고 말한다.[97] 이것은 역사적 사실의 부정이나 그 의미의
거부가 아니라 현재를 위한 역사적 의미를 묻는 것이다.[98]

사도적 교회의 의의를 현재화하는 것은 역사적 연속성이 아니라
신비적 동일성에 의해 이루어진다.[99] "그러므로 '이것은 저것이다'
에서 침례교도의 '이다'(is)는 발전이나 계승이 아니다. 신비적이고
직접적이다. 그것은 형이상학자나 교의학자 보다는 예술가나 시인
에 의해서 더 이해될 수 있을 것이다."[100] 초대 교회와 현재 교회
와의 역사적 발전이나 계승보다는 반복을 마치 가톨릭의 화체설과
같은 논리를 가지고 있다. "지금의 교회는 초대 교회이다." 여기에
서 '이다'(is)는 가톨릭의 화체설 주장과 일맥상통한다.[101] 주의 만

---

97) *Witness*, 330.

98) Ibid ; *Ethics*, 31.

99) *Witness*, 331. 맥클랜던에게서 현재의 교회와 사도적 교회 사이의 신비
   적 동일시는 그의 조직신학 3부작의 작업가설이다.

100) *Ethics*, 33.

101) *Ethics*, 32-33.

찬에서 나누는 빵과 포도주는 예수 그리스도를 상징하는 것도 재현
하는 것도 아니다. 그것은 그리스도의 몸과 피'이다'.

그러나 현재의 교회와 초대 교회와의 동일성은 역사적 연속성보
다는 신비적 동일성이라는 맥클랜던의 주장은 역사성의 문제를 야
기한다. 레이맨은 그가 보기에 맥클랜던은 현재 교회와 초대 교회
와의 역사적 연속성을 제거하지는 않았지만, 간과하고 있다.[102] 진
정한 교회의 정체성은 역사적 연속성을 놓쳐서는 안 된다는 것이
다. 그 연속성은 교회는 육화된 그리스도의 몸이므로 역사를 건너
뛰려는 맥클랜던은 역사 안에서 하나님의 현존과 활동을 거부하는
것이다. 그런 점에서 교회의 역사성 거부는 객관적인 하나님의 현
존을 거부하는 것이다.[103] 그러므로 제도적 교회에 오류가 있다는
것이 제도적 교회는 필연적으로 오류라고 말하는 것은 잘못이다.
역사적 전통을 무시하는 것은 소종파주의의 특징이다.[104]

하지만 역사적 연속성을 주장하는 레이맨의 생각은 지난 교회의
역사 속에 나타난 명백한 오류들을 재가하고, 비판 능력을 상실한
것이다. 그는 순수한 교회와 콘스탄틴적 기독교 사이를 깔끔하게
구분할 수 있는 경계선이 없다고 말한다. 그는 맥클랜던과 요더의
비판에 대답하면서 다음과 같이 말한다. "콘스탄틴주의가 선하다고
'내적 근거'를 주장하지 않았다. 단지 순수한 사도적 기독교와 배교

---

102) Layman, "Inner Ground", 482-3. 여기서 레이맨은 맥클랜던에 대해
   두 가지를 지적한다. 하나는 역사적 연속성에 관한 것이고, 다른 하나
   는 그의 교회관이 보편성을 갖지 못하고 소종파주의를 벗어나지 못했
   다는 것이다. 후자에 관해서는 보편적 공동체에서 다룰 것이다.

103) Ibid., 492.

104) Ibid., 488.

한 콘스탄틴주의 사이에 경험직인 구분선이 없다는 것을 보여주려고 했을 뿐이다."[105]

이러한 위험성을 맥클랜던은 이미 간파하고 지적하였다. "만약 참교회(True Church)가 사도들의 계승자라는 것이 참이라면, 이단이나 거짓 교회라고 불리는 모든 교회도 역시 계승자라는 것도 마찬가지로 참이다."[106] 역사적 발전과 연속성에 근거한 교회는 결국 현존하는 문제점마저도 발전과 연속이라는 미명으로 합리화하게 된다. 따라서 제도화된 역사적 기독교를 성서적 공동체라는 이상으로 복원하기 위해서 필요한 것은 역사적 발전이나 계승이 아니다.

레이맨은 맥클랜던의 공동체 이해가 소종파적이어서 보편성을 상실한다고 지적한다.[107] 지금의 교회에 대한 전면적인 부정에 가까운 소종파적 교회관은 역사성과 함께 보편성을 상실하고 있는 것이다. 전통적인 교회와의 역사적 단절을 추구하고, 그 역사를 전면적으로 부정하는 것은 보편성을 얻을 수 없다는 것이다.

그러나 맥클랜던은 신자의 교회는 소종파 공동체가 아니라고 분명하게 밝힌다. 도리어 신자의 교회는 보편적일 뿐 아니라 에큐메니칼하다고 한다.[108] 그가 말하는 보편성은 근대적 보편성과 다르다. 기독교의 보편성은 그리스도와의 일치에 기인한다. 다시 말해

---

105) Layman, "Evangelical Catholicity and Baptist Ecumenicity", 779.

106) *Doctrine*, 46. 그래서 맥클랜던은 어떤 종류의 공동체가 국가 폭력으로부터 자유로운가를 묻는다. *Doctrine*, 360.

107) Layman, "Inner Ground", 491.

108) James Wm. McClendon, Jr., & John H. Yoder, "Christian Identity in Ecumenical Perspective", *Journal of Ecumenical Studies*, vol.27(Summer 1990): 561-2, 572.

진정한 그리스도인의 정체성을 확보하는 것이 기독교적 보편성이다. 즉, 역사적인 정통성을 주장하고 그것에 입각해서 보편성을 말하는 것은 성서에 기반을 둔 것이 아니라 세상에 근거로 확보되는 보편성에 지나지 않는다. 그러기에 맥클랜던은 진정한 그리스도인의 실존 확보가 보편성을 획득하는 것이라고 말하는 것이다.109)

맥클랜던은 모든 교회는 완전하지 않다는 사실을 기억해야 한다고 말한다. 그 어떠한 교회도, 레이맨이나 맥클랜던 자신도 완전한 교회의 이상을 실현할 수 없으며, 그렇다고 주장해서도 안 된다. 따라서 현존하는 교회들의 오류 가능성을 인정하는 데서 출발해야 한다. 현재의 교회가 성서적이고 보편적인 공동체이지 못하다. 가톨릭교회뿐만 아니라 회중교회 역시 오류 가능성이 있다는 것을 인정하지 않으면 안 된다.110)

그러므로 종말론적인 지향을 가져야 한다. "기독교 교회론은 잠정적인 종말론이다. 다시 말해서 완성을 지향하지만 아직 성취되지 않았다."111) 이 말은 교회의 보편성은 한편으로는 기원으로부터, 다른 한편으로는 미래와 종말에 이루어지며, 또한 종말의 현재화이어야 한다. 맥클랜던이 말하는바, 자유교회가 참으로 자유하고, 신자의 공동체라는 이상을 실현했다고 말할 수 없다. 실현해 나가는 과정이요, 일부이다. 그렇다고 무관해서는 안 된다. 종말을 미리 맛보는 시식으로서의 교회, 부분적으로나마 종말에 될 일을 실현하는 것이 교회의 과제이다.

---

109) *Witness*, 336-7.

110) *Witness*, 328-9; *Convictions*, 111 이하를 보라.

111) *Doctrine*, 344.

문제는 어떤 관점으로 보편성을 이해하느냐이다. 보편성은 각자
와 공동체에 따라 다르다면 다른 관점으로 볼 필요가 있다.[112] 기
독교의 과거 역사를 새로운 시각으로 볼 필요가 있다. 기독교 신앙
과 공동체의 보편성은 성서의 진정성을 갖고 있는가 여부에 따라
판가름된다. 역사적 정통성에 있지 않다. 그래서 맥클랜던은 "그것
은(자유교회 운동) 소종파적인 것이 아니라 다른 것이다"라고 말한
다.[113] 이러한 맥클랜던의 생각을 하우어와스는 과거를 다르게 봄
으로써 새로운 이해를 열어 주었다고 평가한다.

      나는 맥클랜던이 우리의 일치를 위한 자원으로서 과거를 다르게
   사용함으로써 이 세계에서 우리는 오로지 살아남을 수 있는 지점으
   로 하나님은 우리를 지금 인도하고 계신다고 믿고 있거나 혹은 적
   어도 소망한다고 생각한다.[114]

과거를 다르게 사용한다는 것은 다양한 기독교 전통 중에서 취사
선택하는 방법이 아니라, "오히려 신실한 실천을 통하여 하나님의
통치를 표명하기 위하여 그리스도인의 신실함으로" 기독교의 정체
성을 형성한다고 말한다.[115] 다른 시각으로 볼 때에 아나뱁티스트

---

112) James Wm. McClendon, Jr., "How is Christian Morality
   Universalisable?" Hardy, D. W. & P. H. Sedgwick. ed. *The Weight
   of Glory: A Vision and Practice for Christian Faith: The Future of
   Liberal Theology: Essays for Peter Baelz*(Edinburgh: T&T Clark,
   1991), 101-15.

113) McClendon, "The Mennonite and Baptist Vision", 223. 인용문에서
   괄호 안의 말은 이해를 위해 내가 덧붙인 것이다.

114) Hauerwas, "Reading James McClendon", 185

115) Ibid., 185.

공동체는 더 이상 소종파주의 공동체가 아니다. 예를 들어 요셉, 애굽에서 이스라엘, 엘리야, 제자 등에 관한 성서 이야기는 박해자의 시각으로 보자면 그들은 소종파주의자임에 틀림없다. 아나뱁티스트와 같이 "예수처럼 되는 것을 그리스도인의 규범으로 삼는 자들이" 도리어 소종파주의자라는 비판을 받고 있다. 그러나 성서는 도리어 박해하는 자들이 소종파주의자라고 말한다.116)

그렇다면 어떻게 현재의 교회가 보편성을 획득할 수 있는가? 교회의 보편성은 신자의 침례를 통해서 이루어진다. 신자의 교회는 신자의 침례를 통해서 이루어진다면, 신자의 침례를 이해하는 것이 관건이다.117) 그 단초를 가톨릭적 아나뱁티스트라고 명명한 발타자르 휘브마이어(Balthasar Hubmaier)에 관한 맥클랜던의 논문에서 찾을 수 있다. 맥클랜던은 그가 아나뱁티스트가 된 것은 가톨릭의 영향과 배경에 기인한다고 말한다. 더 나아가 가톨릭 신자와 아나뱁티스트로서 그는 연속성이 있다.118)

휘브마이어는 가톨릭이 추구하는 보편성을 신자의 침례 통해서 가시적이고 보편적 교회를 추구하였다. 그는 성서적이고 무엇보다도 신약적인 신자의 침례를 주장하였다. 중세 기독교에 만연된 잘못들, 예를 들어 재정 오용, 텅 빈 스콜라주의, 벙어리 마냥 말 못하는 미사들을 치료하고 진정한 보편교회가 되기 위해서는 신자의 침례를 통해 그리스도를 공적으로 고백하고 뒤따르겠다고 헌신하는

---

116) McClendon, "How is Christian Morality Universalisable?" 110.

117) Kiwiet, Ibid., 228.

118) James Wm. McClendon, Jr., "Balthasar Hubmaier, Catholic Anabaptist", *Mennonite Quarterly Review*, vol.LXV(January 1991): 20-33, 특히 31을 보시오.

이들로 구성된 교회를 회복하는 것이 가장 중요하였다.

교회가 중생한 신자가 아닌 관습과 혈연에 의해서 모인 집단이 된다면 교회의 정체성은 심각하게 훼손되기 때문이다. 따라서 그에게서 참된 보편교회는 침례 받은 자들의 가시적이면서도 보편적인 교회를 말한다. "츠빙글리와 같은 관료적 개혁주의자들은 비가시적인 보편 교회에 만족하였지만, 휘브마이어의 보편성은 지상에서 성도의 가시적인 친교가 있어야만 한다."119) 이것은 레이맨이 제시한 육화된 그리스도의 몸으로서 역사적 연속성이 교회 역사 안에 내재된 모순과 문제점을 극복할 수 있는 대안이다. 하나님의 현존은 성도의 교제 속에 이루어져야 한다.120)

3. 신자의 교회: 교회를 넘어서

교회와 세상은 어떠한 형태로든지 상호 연관을 맺고 있다. 교회 역사에 에세네파와 같이 사회에서 사해로 은둔한 경우는 없다. 각각의 모습이 다를 뿐 교회는 세상에 속하지는 않지만, 세상 속의

---

119) McClendon, "Balthasar Hubmaier, Catholic Anabaptist", 25.
120) McClendon, *Making Gospel Sense*, 184-5. 맥클랜던은 하나님의 현존을 하늘(in heaven)과 역사(in history), 그리고 성도의 교제(in the fellowship itself) 안에 있다고 말한다. 하늘에 계시기에 우리는 무신론자가 아니며, 이 땅의 역사 가운데 예수 그리스도의 십자가와 부활이 있었기에 우리는 우상 숭배자가 아니다. 하나님의 현존의 세 가지 모습은 결국 삼위일체와 관련이 있다. 하늘은 성부, 역사는 성자, 성도의 교제는 성령 하나님과 연결된다. 이것은 우리가 하나님을 알 수 있는 세 가지 방식이기는 하지만 한 분인 하나님에 대한 앎이다.

교회이다. 세상 속의 그리스도인이 피해야 할 두 가지 함정을 자크 엘룰은 지적한다.[121] 하나는 영과 육의 이원론으로 오직 영적인 문제를 내면화하여 골몰하는 것이다. 다른 하나는 세상에 참여하는 신자의 활동을 기독교화하려는 시도이다. 이러한 시도는 엘룰이 보기에 세상을 걸림돌이 되지 않도록 만드는 것으로 그리스도인이 선택 가능한 방법 중에서 가장 반기독교적인 태도다. 이는 마치 악마에게 금색 물감을 칠하고 흰 옷을 입혀서 천사를 만들려는 것과 같은 허망한 생각이다.

여하튼, 교회는 세상과의 모종의 관계 속에 존재하는 것만은 분명하다. 예수께서 제자들을 위한 기도, 곧 대제사장적 중보기도는 이 사실을 다시금 확인해 준다. "내가 비옵는 것은 저희를 세상에서 데려가시기를 위함이 아니요 오직 악에 빠지지 않게 보전하시기를 위함이니이다. 내가 세상에 속하지 아니함 같이 저희도 세상에 속하지 아니하였나이다."(요 17:15-16) 예수의 이 기도는 세상 가운데 현존해야 하는 교회의 정체성이 잘 요약되어 있다. 교회는 세상 속에 존재해야 한다. 그리고 그 존재 양식은 세상적 가치관에 물들지 않고 하나님 나라의 공동체로 자기 정체성을 유지하는 것이다. 따라서 교회는 세상 한가운데서 이 세상 안에 현존하시는 하나님을 증언하며, 세상 속에 거하는 하나님의 현존에 적합한 방식을 반영한다.[122]

---

121) Jacques Ellul, 「세상속의 그리스도인」, 이문장 옮김(서울: 대장간, 1992), 22-23.

122) James Wm. McClendon, Jr., "Can There be Talk about God-And-The-World?" *Harvard Theological Review*, 62(1969): 33.

그렇다면 교회와 세상의 바른 관계는 무엇인가? 맥클랜던은 교회와 세상의 관계를 모델로 설명하면 세 가지 모델이 있는데, 그 세 가지 모델의 공통점은 리처드 니버(H. Richard Niebuhr)가 말하는 상호 작용이라고 한다.[123] 니버는 참된 실재인 그리스도와 또 다른 현실인 문화 사이의 상호 작용을 주장한다.[124] 그는 그리스도와 문화를 각기 떨어진 독립적인 것으로 이해하지 않고, 상호 관련 속에서 파악한다. 그럼으로써 교회는 하나님 나라의 백성 공동체로서 세상 한가운데 어떤 존재 양식으로 존립할 수 있을지를 알게 된다. "따라서 교회와 세상은 관계적 개념으로 상대방이 없다면 이해할 수 없게 된다."[125]

니버는 다섯 가지 유형으로 교회의 존재 양식을 구분하지만, 결국 그가 옹호하는 것은 마지막 다섯 번째 모델이다. 그가 보기에 이 양자의 바른 관계는 터툴리안처럼 그리스도의 이름으로 문화를 거부하거나(유형 1), 그 반대로 문화개신교주의와 근본주의자들과 같이 문화와 그리스도를 동일시(유형 2)해서는 안 된다. 그리고 토마스 아퀴나스와 같이 양자를 종합(유형 3)하거나 마르틴 루터와 같이 이원론적으로 분리해서는 안 된다(유형 4). 아우구스티누스와 칼빈의 모델을 따라 세상을 변혁하는 교회가 되어야 한다(유형 5).

맥클랜던은 근본적으로 교회와 세상은 상호 관련되어 있다는 사실을 인정한다. 교회와 세상의 상호 작용을 거부할 아무런 이유가

---

123) *Ethics*, 232-33.
124) H. Richard Niebuhr, 「그리스도와 문화」, 김재준 역(서울: 대한기독교서회, 1958).
125) Hauerwas, *The Peaceable Kingdom*, 101.

없다. 하지만 양자의 관계를 단지 '책임'과 도피로 대조하고 사회로
부터 도피하는 아나뱁티스트를 비판하는 것은 문제가 있다. 그 까
닭은 첫째로, 역사적으로는 아나뱁티스트의 자유의 이념은 순수한
종교적 자유에서 사회 경제적 차원으로 확장하였다.126) 주류가 낙
인찍은 것처럼 자기 안에 함몰되어서 외부를 향해서는 그 어떤 시
선도 돌리지 않는 것이 아니다.

둘째, 니버가 도피라고 명명한 그 행위가 실상은 책임적 행위이
다. "전쟁 참여하는 것에 대해 양심적 도피는 평화 혹은 교육, 그리
고 경제 혹은 예술 활동에서의 양심적 참여와 결부될 수 있다."127)
전쟁과 폭력을 거부하는 행위는 예나 지금이나 혹독한 값 지불을
요구한다. 그것은 세상으로부터 도피하는 것이 아니라 세상의 본질
을 드러내고 거부하는 그리스도인다운 책임적 행동이다. 그런 점에
서 다원적 사회에서 교회의 사회적 실천은 다양하다는 것을 인정해
야 한다.

셋째, 무엇보다도 니버가 규정한 바대로 백번 양보해서 도피라고
하더라도, 그것이 또 하나의 성서적 모델이자 변혁적 모델이다. 성
서적이라 함은 특히 요한복음이 이러한 반문화적 교회론을 함축하
고 있기 때문이다. 그리고 초대 교회가 오늘 우리가 본받고자 하는

---

126) Kiwiet, Ibid., 229.
127) *Ethics*, 231. 이러한 관점에서 니버의 그리스도와 문화의 관계를 비판
한 글은 다음과 같다. Charles Scriven, *The Transformation of
Culture: Christian Social Ethics after H. Richard Niebuhr*(Scottdale:
Herald Press, 1988). 그리고 Glen H. Stassen, D. M. Yeager, John
Howard Yoder, *Authentic Transformation: A New Vision of Christ
and Culture*(Nashville: Abingdon Press, 1996).

하나의 이상이라는 점에서, 그리고 로마를 실제적으로 변혁하였다
는 점에서 또 하나의 개혁 모델이 될 수 있다. 그런 점에서 니버가
이 모델을 필요하지만 부적절한 입장이라는 평가는 필요하지도 않
고 부절적한 것이라 할 수 있다.[128] 니버는 교회를 세상과의 관련
속에서 파악해야 한다는 점에서 의의를 갖지만, 그 적절한 관련에
관해서는, 특히 반문화 모델에 대해서는 오해한 점이 많다고 보아
야 한다.

바르트와 하우어와스는 니버가 말한 상호 작용의 또 다른 실례를
보여준다.[129] 바르트는 상호 관련을 '모범'(exemplarity)이라는 용
어로 설명한다. "기독교 공동체의 과제는 그리스도 안에서 하나님
이 모든 인간 공동체를 위해 계획하신 하나의 모범이자 시식이 되
어야 한다." 교회가 세상을 위해 해야 할 수고와 봉사의 목록은 상
당히 길다. 지역 사회에 걸맞은 봉사들, 예컨대, 농촌 지역은 도시
교회와 연결하여 직거래 운동이나 농업 문제에 관련된 발언, 도시
지역의 경우는 교통이나 환경 문제 등에 깊이 관여할 수 있다. 이
런 구체적인 봉사가 없는 한, 교회의 사회적 발언은 그 힘을 얻을
수 없다.

그러나 그 어떤 봉사보다도 우선하는 것은 교회가 세상의 모범이
되는 것이다. 바르트는 말한다. "진정한 교회는 진정한 국가의 모본
이요, 원형이어야 한다."[130] 바르트의 말에서 주목해야 할 단어는

---

128) Richard Niebuhr, Ibid., 71.
129) *Ethics*, 231-32.
130) Karl Barth, "기독교 공동체와 시민 공동체", 「공동체, 국가와 교회」,
　　 안영혁 옮김(서울: 엠마오, 1992), 247.

'진정한'이다. 다시 말해서 교회가 교회다워질 때, 하나님의 부르심에 선명하게 응답할 때, 그때 교회는 세상의 모본이요 원형이 될수 있는 것이다. 교회는 그 현존으로 인하여 세상의 빛과 소금이되어야 한다. 교회가 창출해 내는 그리스도 안의 새로운 삶의 양식은 세상과 분명한 대조를 이루면서 세상의 모범이 되는 것이다. 교회는 그 존재만으로도 세상에 대한 발언이다. 그러므로 "그리스도인이 사회에 이바지할 수 있는 가장 중요하고 가장 대치될 수 없는봉사는 아주 간단하다. 교회가 참으로 교회가 되는 그것이다."131)

교회가 세상의 모범이 되는 것이 중요한 것은 기독교에게는 생존이 걸린 사활적 과제이기 때문이다. 다시 말해서 교회가 교회답게되는 것은 세상에 대한 봉사이며, 동시에 교회의 존재 이유이다. 그래서 다음의 엘룰의 말은 언제나 귀를 기울이지 않으면 안 된다. "기독교 고유의 삶의 방식을 창조하느냐 그렇지 않느냐의 문제는기독교가 이 세상에 통합될 것인가 아니면 세상 안에서 창조적 힘을 발휘하게 될 것인가 하는 문제에 대한 가장 중요한 시금석이 될것이다."132)

그러므로 "교회를 교회되게 하라"(Let the Church be the Church)는 말은 사회변혁의 과제를 방기하는 것이 아니라 교회의본질과 사명에 부합하며, 효과적인 사회전략이다. 교회가 세상의 빛이라는 말은 이 시대에 교회가 윤리적 영역에 있어서 그 자체가 윤리이며, 모범인 것이다. 그래서 맥클랜던은 "사회의 변혁에 있어서교회의 역할은 우선적으로 공동체적(내적) 삶을 살아냄으로써 사회

---

131) Lohfink, Ibid., 277.
132) Ellul, 「세상 속의 그리스도인」, 53.

적 모범. 곧 산 위의 동네가 되는 것이다"라고 말한다.[133]

하우어와스는 바르트보다 훨씬 더 교회의 역할을 강조한다. 그는 교회가 사회 윤리라는 점을 강조한다. "교회는 사회윤리를 가지는 것이 아니라, 교회가 사회윤리이다."[134] 그는 기독교 사회윤리는 보다 정의로운 사회. 곧 더 나은 민주주의 사회나 그러한 사회를 위한 사회적 기구를 만드는 것이 아니라 그리스도의 이야기를 따라 사는 하나님 나라의 삶을 증언함으로 교회 자체가 세상을 향한 정치적 대안이 되어야 함을 역설한다.[135] 교회는 민주주의를 강화하거나 발전시키는 것이 아니라 새로운 대안 사회가 되는 것을 추구해야 한다.

교회가 교회의 정체성 속에 윤리를 내포하는 것이 아니라 그 자체가 윤리라는 것. 그리고 세상 속의 다양한 단체나 제도 중의 하나가 아니라 세상에 대한 대안 공동체라는 것은 세상에 대한 모범이라는 바르트의 논의를 능가하는 것이다. 그것은 교회가 세상의 기준이 되는 것이다. 하우어와스가 여기서 사용한 예는 분열된 세상 한가운데서 교회는 하나님의 보편성을 실현함으로써 참된 보편성의 기준이 되는 것이며, 또한 세상의 분열을 치유한다는 것이다. 교회는 온갖 이데올로기와 이해관계로 분열된 세상 한가운데서 모든 인간을 구원하는 그리스도에 충실함으로써 모든 사람을 포용하게 된다.[136]

---

133) *Ethics*, 232.

134) Hauerwas, *The Peaceable Kingdom*, 99.

135) Stanley Hauerwas, *A Community of Character: Toward a Constructive Christian Social Ethic*(Notre Dame: University of Notre Dame Press, 1981), 12.

더 나아가 교회의 대안적 삶은 세상을 해석하고 판단하는 가늠자가 된다. 교회는 하나님의 이야기를 신실하고도 충실하게 이 땅에서 살아냄으로써 세상의 삶의 이야기와 삶의 형식을 해석하는 담론이자 해석이 된다.[137] 뉴비긴은 진지하게 묻는다. 어떻게 복음이 믿을 만한 것이 될 수 있는가? 그가 내린 유일한 해답은 이것이다. "복음의 유일한 해석은 복음을 믿고 그에 따라 살아가는 남자와 여자들이 모여 이루는 회중에서 얻을 수 있다는 것이 나의 생각이다."[138]

이러한 논의를 전개함으로써 맥클랜던이 의도하는 바는 첫째, 니버를 통해서 교회는 세상과 상호 소통함으로써 존재한다는 것을 확인하고자 한다. 교회는 세상으로부터 도망가서는 안 된다. 세상 한 가운데가 교회가 있어야 할 자리이다. 둘째, 바르트를 통해서는 교회는 세상의 모범이 되어야 한다는 것이다. 교회는 악한 세상 한가운데서 세상의 희망이 되어야 한다. 셋째, 하우어와스를 통해서 교회는 세상의 모본이어야 할 뿐 아니라 세상을 해석하고 식별하는 공동체가 되어야 한다는 것을 말한다. 교회는 악한 세상에서 희망을 보여줄 뿐 아니라 세상을 판단할 수 있는 능력이 있다.

니버의 장점은 교회와 세상과 어떤 형태로든지 관계를 맺고 살아간다는 것을 환기시켜 준다. 교회는 교회 안에서만 머물러서는 안 된다. 반면, 바르트와 하우어와스는 세상 속에 존재하는 교회의 양태가 무엇인지를 뚜렷이 보여준다. 그들은 바르트와 하우어와스는

---

136) Hauerwas, Ibid., 92.

137) Ibid.

138) Newbigin, 「다원주의 사회에서의 복음」, 364.

니버와 달리 교회와 세상을 일 대 일로 대응하지 않고, 세상 속에 존재하는 교회의 중요성을 강조하였다. 즉 세상에 참여하는 것은 그리스도인에게 선택이나 우연이 아니라 제자로 부르신 그리스도에게 순종하는 행위이다. 마태에게 제자가 된다는 것은 세상으로부터 도피하지 않고 세상으로 가서 침례를 베풀고 가르치는 것이다.(마 28:19-20)

그렇다면, 맥클랜던이 생각하는 세상 속의 교회는 어떤 점에서 모범이 되고 해석 능력이 되는가? 한마디로 제자도의 삶을 사는 것이다. "제자도는 교회의 공동체적 삶과 실천 속에서 공유될 수 있을 것이다."139) 한 신앙 공동체에서 한 몸을 이루어 서로 용서하며 살아가는 것은, 다시 말해 주기도문처럼, 용서받은 자로써 용서하는 자가 되는 것은 세상 속에서 하나님의 현존을 가장 잘 드러내는 것이다. 그리스도의 십자가는 다름 아닌 세상과 사람의 죄를 용서하기 위한 것이다. 교회는 그 용서를 미리 맛본 자로 아직 용서받지 못하고 보복과 원한에 사로잡힌 이들에게 하나님 나라의 용서 안으로 들어오도록 하는 하나님의 초청장이다.

빈부 격차, 분열, 전쟁과 미움의 영에 사로잡힌 세상 한가운데서 교회는 나눔, 하나 됨, 평화와 사랑의 삶을 살아냄으로써 세상의 모범이 되고, 세상의 실존을 해석해 내며, 세상을 심판하는 것이다. 그러므로 교회와 세상의 관계에서 최우선적인 것은 교회가 먼저 교회의 모범인 그리스도의 이야기에 신실하게 반응하는 백성이 되는 것이다. 예수 그리스도의 이야기를 말하는 것은 "만약 우리가 그리

---

139) *Ethics*, 235.

고 세상이 그 이야기를 진실하게 듣고자 한다면, 우리가 특정한 종
류의 백성이 될 것을 요구한다."[140]

하지만 이러한 맥클랜던의 주장에 대해 강력한 반론이 제기될 수
있다. 무엇보다도 교회의 초라한 현실이다. 그가 말하는 교회는 하
나의 이상으로 보일 수 있다. 이를 질문으로 정리한다면 다음과 같
다. "현재 세상은 교회를 통해서 하나님의 각종 지혜를 보고 있는
가?(엡 3:10) 아니면 하나님의 이름이 교회로 인해 이방인들 중에
서 모독을 받고 있는가?(롬 2:24)" 사실 이 물음 앞에 우리의 대답
이 궁색한 것은 사실이다.

그럼에도 대답은 분명하다. 첫째, 그것이 성서가 말하는 교회라는
것이고, 둘째, 교회가 세상의 가치와 기준이 아닌 성서를 따라 사는
반기초주의적 공동체가 되는 것은 종말을 지향하는 잠정적인 공동
체라는 것이고, 셋째, 교회가 그렇게 할 수 있는 것은 우리 인간의
내재적 자원과 힘에 의한 것이 아니다. 그리스도께서 '누가 구원을
얻을 수 있으리이까?'라는 제자들의 질문에 대해 "사람으로는 할
수 없으되 하나님으로서는 다 할 수 있느니라."(마 19:25-26)고 대
답한 것처럼 하나님의 전적인 은혜에 의해 가능한 것이다.[141]

---

140) Hauerwas, *The Peaceable Kingdom*, 100.
141) *Ethics*, 239.

IV. 잠정적 결론: 반기초주의 신학은 교회 공동체 의 하나님 이야기이다.

서두에서 제기하였던 것처럼 전통적인 형태의 신 존재 증명은 신을 어떻게 합리적으로 논증할 것인가에 골몰하였다. 이런 방식으로 설명된 신은 실제로 신앙 공동체에서 예배 대상이 아니라 일반적인 신 관념에 불과하였다. 그런 점에서 맥클랜던이 신 존재 증명에서 더욱 중요한 문제는 어떤 신을 증명하는가 하는 것과 그 증명의 자리인 신앙 공동체를 주목한 것은 놀라운 성과이다.[142]

하지만 그는 기독교 신앙 공동체가 신앙하는 하나님의 존재를 합리적 형식으로 설명하려는 작업은 거의 하지 않는다. 틸리는 정당화가 제기되고 진행되는 다양한 사회적 모체들은 진리의 개요일 뿐 진리를 채우지 그것만으로 진정한 방어나 변호가 될 수 없다. 아쉽게도 맥클랜던은 신앙을 정당화하는 장소에 치중하여 정작 신앙을 정당화하는 일은 소홀히 하고 있는 것으로 보인다.[143]

그런 점에서 신 존재 증명을 부정적으로 평가하였으나, 후에는 보다 적극적으로 재언명하려는 플란팅가의 시도는 긍정할 만하다.[144]

---

142) 뷰렐은 맥클랜던이 신앙고백을 공동체의 담론임을 철학적으로 설명한 것은 개신교 신학의 전통적인 개인주의 편향을 극복한 것으로 평가한다. 다음을 보라. Burrell, "Convictions and Operative Warrant", in *TWF*, 46.

143) Tilley, *Talking of God*, 119-20.

144) Alvin Plantinga, *God and Other Minds: A Study of the Rational*

신학의 과제는 공동체의 확신을 발견하고 이해하는 것과 함께 비판
적 수정과 변혁인 것이다.[145] 그러므로 신 존재 증명의 장소와 함께
보다 적극적인 신 존재 증명의 재구성이 필요할 것이다.

그럼에도 맥클랜던의 신 존재 증명 이해는 랄프 우드가 말한 바
와 같이 기초주의자들의 보편적 이성에 기초한 복음을 역사적이고
공동체적인 정당화로 무너뜨렸다는 점은 높이 평가받아야 할 것이
다.[146] 하나님을 증명하려는 공동체를 따뜻한 시선으로 바라보아야
한다. 그래서 리처드 마우는 맥클랜던의 이야기 윤리를 평가하면서,
그가 기독교 공동체 내에서 사회윤리를 추구하는 강한 제사장적이
고 목회적 차원을 가지고 있다고 한 것은 적절한 평가인 것이
다.[147] 하지만 위에서도 지적한 바와 같이 제사장적이고 목회적 차
원뿐 아니라 예언자적인 비판과 수정도 요청된다.

다음으로 그의 "침례교도 공동체" 개념이 너무 포괄적이어서 실
제적인 내용이 빈약해 보인다. 맥클랜던의 "침례교도"의 구성원들

Justification of Belief in God,(Ithaca: Cornell University Press,
1967). 그리고 *God, Freedom, and Evil*(Grand Rapids: Wm. B.
Eerdmans Publishing Co. 1974) 전자의 책에서 플란팅가는 신 존재
증명을 부정적으로 평가하였으나, 후자의 책에서는 특히 존재론적 증
명을 긍정적으로 파악한다.

145) James Wm. McClendon, Jr., "Theology", William M. Pinson, Jr., &
   Clyde E. Fant, Jr., *Comtemporary Christian Trends: Perspectives on
   The Present*(Waco: Word Books, 1972), 170-185.

146) Ralph Wood, "James Wm. McClendon Jr.'s Doctrine: An
   Appreciation", *Perspectives in Religious Studies*, vol.24, no.2(1997):
   199.

147) Richard Mouw, "Ethics and Story", *Reformed Journal*, vol.37(1987):
   24.

익 공통점이 너무 희박해 보인다. 즉, "침례교도"에 포함되는 가족
들의 유사성이 너무 부족해 보인다. 세상과의 차이를 상실한 교회
론을 비판하면서 구교는 아니면서도 신교도 아닌 제삼의 공동체를
침례교도라고 하였다. 여기에는 메노나이트 공동체와 같은 아나뱁
티스트와 함께 침례교회와 감리교회, 그리고 오순절 교단까지를 아
우르고 있다.[148] 이들의 공통점이란 단지 가톨릭과 종교개혁기의
개신교가 아니라는 것 외에는 거의 없는 것으로 보인다.

　근대적 사유 방식처럼 본질적인 공통분모는 없더라도 최소한 이
질적인 공동체의 집합이어서는 안 된다. 비트겐슈타인에 따르면 가
족 유사성이란 "몸집, 용모, 눈 색깔, 걸음걸이, 기질 등등 한 가족
의 구성원들 사이에 존재하는 다양한 유사성들은 그렇게 겹치고 교
차하기 때문이다."[149] 한 단어의 의미에는 무시간적으로 보편적이
고 공통적인 본질은 없지만, 다양한 맥락에서 다르게 사용되는 것
을 통해서 함께 묶을 수 있는 유사성은 존재한다. 맥클랜던의 개념
은 침례교도가 단지 신교와 구교가 아니라는 점 외에는 어떠한 유
사성도 발견하기가 쉽지 않은 것이 사실이다. 신학이 사실을 기술
하는 측면과 당위를 진술하는 측면이 있음은 사실이다. 그런 면에
서 맥클랜던의 "침례교도 공동체" 개념은 그의 소망을 피력한 측면
이 많은 것으로 보인다.

　마지막으로 그의 교회론은 신자의 교회로, 이 교회는 반기초주의
와의 관련 속에서 세 가지 특징을 지닌다고 나는 보았다. 그것은
교회가 근대적 발상을 벗어나야 한다는 것이다. 교회가 세상 속에

---

148) *Ethics*, 34-35.
149) Wittgenstein, 「탐구」, §67.

거해야 하며, 세상과의 교류를 벗어날 수는 없지만, 교회의 정체를 주류 종교개혁자들이 상정한 바와 같이 일반 사회와 연결하거나 환원해서는 안 된다. 그렇다고 신자의 교회, 곧 자유 교회가 소종파적 공동체가 아니다. 소위 교회사에서 정통이라 불리는 기관의 역사적 정통성의 관점에서 보자면, 아웃사이더요 소수이기는 하지만, 성서 이야기에 충실하다는 점에서 도리어 보편적이다. 교회가 세속적 이해관계와 결부되어 있는 한, 교회는 보편성을 획득할 수 없다. 그리고 복음에 신실한 교회는 그 자체로 세상의 모범이 되며, 세상을 해석하는 능력을 지닌다.

맥클랜던은 합리성을 논리적 일관성이나 사적인 한 개인의 이성이 아니라 공동체에서 찾았다. 그러기에 하나님이 존재하느냐라는 물음도 공동체 속에서 전개되어야 하며, 교회 공동체 역시 세상과의 관련 속에서 존립해야 한다고 강조하였다. 기독교 신학이 추구해야 할 합리성은 교회 공동체의 삶과 이야기를 반영하는 것이어야 한다. 이것이 탈현대적이고 탈기독교적 시대 속에서 신학이 추구해야 할 합리성의 규준이다.

제7장 결 론

Ⅰ. 요 약

지금까지 이 연구에서는 맥클랜던의 반기초주의 신학의 특징을 이야기적이고, 실천 지향적이며, 다원주의적이고 합리적임을 살펴보았다. 2장에서는 이 연구를 전개하기 위한 두 가지 배경을 검토하였다. 하나는 맥클랜던의 삶의 전환이었고, 다른 하나는 기초주의에서 반기초주의로의 신학의 전환이다. 맥클랜던이 침례교인에서 침례교도로 개종을 하게 된 상황을 보았다. 전쟁의 경험과 존 요더, 그리고 에큐메니칼 신학교에서 만난 다른 교파 신자들과의 만남이 그의 신학을 형성하는 데 중요한 계기가 되었다. 데카르트에게서 극명하게 드러나는 확실한 기초가 부정되는 것을 설명하였다.

3장에서는 반기초주의 신학은 전통적인 명제 신학과 달리 삶의 이야기에 입각한 것임을 보았다. 이는 성서에 대한 이해를 반영한다. 맥클랜던은 성서를 이야기로 해석한다. 성서 이야기는 사실적이고, 역사적이며, 현재적 이야기이다.

맥클랜던은 성서가 사실적 언어라는 점을 인정한다. 성서는 자유주의 신학이 생각했던 것처럼 인간의 주관적 경험의 산물만은 아니다. 그럼에도 성서 언어의 사실성 주장은 오늘을 사는 현대인들에게 선포되는 기능을 약화시켰다. 성서의 의미가 역사적 사실성 진위 여부에 의해서 판단된다면, 삶과 무관한 역사와 과학 교과서가 될 뿐이다. 그런 점에서 역사적 간격을 뛰어넘어 현재적 의미로 교회 안에서 증언되어야 한다.

성서의 역사성과 현재성을 동시에 설명할 수 있는 유용한 범주가 바로 이야기이다. 역사적인 측면에서는 이야기는 성서의 사실적인 면을 간과하지 않는다. 성서는 분명 명제적 의미를 지닌다. 그러나 명제의 위치와 역할은 이야기 안에서 혹은 맥락 안에서 성서의 사실적 의미는 확보될 수 있다. 명제 신학에 대해 이야기 신학이 보다 근본적이고 우위를 차지한다.

성서의 현재적인 면에서는 '침례교도의 비전'을 통해서 그때의 이야기가 지금의 이야기이고, '이것이 그것이다'를 통해서 현재적 사건이 성서를 통해서 조망되고, 성서의 의미가 확장된다. 무엇보다도 맥클랜던이 이야기 신학에 끼친 공헌은 '전기'의 발견과 강조이다. 자기기만의 위험을 내포하고 있는 자서전과 달리 성자들의 전기에 나타난 주도적 이미지를 통해서 성서가 성자들의 삶 가운데 반영되고, 그들의 삶을 통해서 성서의 이미지가 더욱 확장되고 새롭게 이해될 수 있다.

성서를 이야기로 이해하고, 전기를 통해서 신학을 재구성하는 작업은 한편으로는 근대적 기초주의에 대한 명백한 부정이고, 다른 한편으로는 계승의 측면이 존재한다. 성서의 요체가 성서 밖의 사심과의 일지 여부에 따라 평가될 수 있는 것이 이니고, 이야기로 이해해야 한다는 것은 기초주의에 대한 부정이다. 그러나 이야기가 성서의 사실성을 고집하는 명제 신학과의 대립이 아니라 포괄해 낸다는 점에서 연속성이 있다. 만약 성서의 진리가 외적 대상과 아무런 연관이 없다면, 자의적이고 주관적인 진리가 된다. 이는 역사적 사실성을 부정하고 개인의 내면에서 신학의 근거를 찾은 자유주의의 오류를 그대로 반복하는 것이다. 그러므로 맥클랜던의 이야기 신학은 근대적 의미의 기초주의를 극복하였다고 판단할 수 있다.

4장에서는 맥클랜던의 반기초주의적 실천을 다루었다. 기초주의에 따르면 이론과 실천은 분리된 독립된 실재들이고, 이론에서 실천으로 나아간다. 그러나 이론과 실천이 분리된 이상 이론은 실천이 되지 못하고 현실과 동떨어진 추상적 관념이 되었다. 맥클랜던은 명제의 우위를 이야기를 통해서 재조정한 것과 같이 이론을 실천 속에서 얻어지는 것으로 본다. 이론에서 실천으로 진행되는 것이 아니듯이, 교리에서 윤리로 전개되지 않는다. 도리어 교리는 이차적인 데 반해 윤리와 실천은 일차적이다. 따라서 교리는 교의의 내적인 일관성이나 통일성에 의존하지 않고, 실천을 통해서 정당화된다.

교리의 주요한 형태인 신앙고백은 그에 합당한 반응을 통해서 정당화된다. 고백의 문법이나 사실성 못지않게 고백은 경외에 찬 감사와 같은 반응이 없다면, 정당화될 수 없다. 경외에 찬 감사와 같은 신자의 실천은 사회적이고 정치적이다. 사회적인 면에서 실천은 사회, 곧 공동체를 형성하여 신자의 성품과 덕을 함양하고, 정치적인 측면에서는 실천은 공동체의 왜곡된 행위를 바로잡는 역할을 한다.

교정해야 할 교회 공동체의 실천들은 침례와 평화주의이다. 침례를 받음으로 그리스도의 이야기와 신자의 이야기는 하나가 된다. 이 하나 됨은 주술적인 것이 아니라 실천을 통한 이야기의 하나 됨이다. 또한 그것은 행동이다. 침례를 시행하는 목사가 '성부, 성자, 성령의 이름으로 아무개에게 침례를 베푸노라'는 말과 '아멘'이라고 응답하는 것은 내적인 감정의 표현의 측면도 있지만, 순종의 표지이다. 그런 점에서 유아 세례는 유아들이 신앙고백에 상응하는 실천을 수행할 수 없다는 점에서 부정된다.

침례가 교회 내적인 실천이라면, 평화주의는 교회와 세상과의 관계에서 바로잡아야 할 교회의 중요한 실천이다. 예수 그리스도의 삶과 성서는 폭력과 전쟁을 정당화하지 않는다. 전쟁의 정당화는 성서가 아니라 국가의 요구에 따른 것으로 콘스탄틴주의이다. 따라서 맥클랜던은 이론과 실천의 분리라는 근대적 기초주의와 실천을 성서 이야기가 아닌 국가의 지배 이데올로기에 근거한 콘스탄틴주의를 모두 극복하고 있다.

5장에서는 반기초주의 신학의 다원주의적 측면을 검토하였다. 현재 교회 공동체는 내적으로는 교회 안의 다원성과 외적으로는 다종교적 상황에 직면해 있다. 다원주의는 각 확신의 가치를 존중하면서도 자신의 확신을 주장할 수 있어야 한다. 순교하기까지 자신의 확신을 고수하지만, 개종을 통해서 자신의 확신을 포기하기도 한다. 순교는 각 공동체의 확신이 쉽게 부정되지 않는다는 점을, 그리고 개종은 그 확신이 때로는 새롭게 변화할 수도 있다는 점을 말한다.

그런 점에서 다원주의는 존 힉과 같이 궁극적 실재라는 개념을 통해서 모든 종교를 포괄하려는 시도는 부적절한 자세이다. 신앙 현상과 신자의 실천을 외부적 시각으로 바라보는 것이다. 그리고 각 종교의 다양성을 하나의 본질로 환원하고, 그들의 삶의 이야기를 추상화는 오류를 범하였다. 이것은 각 종교의 독특성을 배제한다는 점에서 다종교에 대한 적절한 대응 체계가 아니다.

하지만 맥클랜던은 각 종교의 내재적 가치를 인정한다. 외부적 시각으로 판단할 수 없는 독특한 가치를 각 종교 공동체는 갖고 있다. 내재적 접근이 타 종교에 대해 배타적이거나, 외부에서는 다른 공동체를 전혀 이해할 수 없다는 상대주의로 나아가지는 않는다. 각 종교를 통약할 수 있는 공통분모가 없다는 것이 곧 이해불가능이 아니기 때문이다. 실제로 다른 종교의 언어를 이해하고, 번역할 수 있다는 것은 각 종교의 내재적 접근이 상대주의가 되는 것은 아님을 보여준다.

그런 맥락에서 기독교의 선교는 정당한 실천이다. 절대주의와 같이 제국주의적 강요와 같은 방식의 선교와 상대주의와 같이 냉소적 무관심에 사로잡혀 선교를 포기하는 것은 잘못이다. 교회 공동체 간의 다원성은 대화를 통해, 타 종교들과의 관계에서는 증언을 통하여 각 확신을 존중하면서도 자신의 확신을 담대하게 주장할 수 있다.

마지막으로 6장에서는 맥클랜던의 반기초주의 신학의 공동체적 합리성을 설명하였다. 기초주의에 따르면 합리성은 공적이고 객관적이어야 하는데, 종교는 개인적이고, 주관적이다. 따라서 종교는 비합리적인 행위이다. 맥클랜던은 기독교 신앙의 합리성을 재는 척도인 신 존재 증명이 실상은 공동체 의존적임을 입증하였다. 신이 존재한다는 것을 믿는 신자와 공동체를 전제하지 않고서 신 존재 증명은 유효하지 못하다. 종래의 신 존재 증명은 신앙의 내적 일관성을 추구하였다. 반면에 맥클랜던이 증명의 자리인 공동체를 주목한 것은 신앙이 공적이고 객관적이라는 것을 반증한다.

기독교 신앙의 합리성을 담지하는 공동체를 맥클랜던은 신자의 공동체, 보다 정확히 역사적인 이름을 붙이면, 아나뱁티스트 공동체를 옹호한다. 이 공동체의 교회론은 일반적으로 생각하는 것과 달리 소종파 공동체가 아니다. 교회가 세상이 아니며, 세상이 될 수 없다는 반기초주의는 교회를 세상과 국가와 연계하려는 것에 대해 반대한다. 또한 '침례교도의 비전'을 통해서 성서의 사도적 교회와 연속성을 확보하며, 보편성을 갖는다. 기독교에게서 참된 보편성은 성서와의 일치 여부에 의해 결정된다는 점에서 아나뱁티스트의 공동체도 에큐메니칼하다.

II. 평 가

이상에서 살펴본 바와 같이 맥클랜던의 반기초주의는 교회와 교회의 이야기를 세상의 논리로 설명하려는 것을 거부하는 탈콘스탄틴주의와 교회 공동체의 다양성과 각 확신 공동체의 다원성을 긍정하는 탈현대주의이다. 다른 반기초주의 신학과 달리 정치적으로 탈콘스탄틴주의이고, 반기초주의는 상대주의에 빠질 가능성에 대한 우려를 불식시켜 준다. 교회의 이야기와 실천을 교회가 아닌 세상의 이야기와 실전에 근거하지 않으며, 상대주외에 함몰하지 않는 다원주의와 합리성을 옹호한다.

이러한 맥클랜던의 반기초주의는 배국원이 지적하는 반기초주의의 두 가지 문제점을 극복하고 있다. 그는 기독교 신학은 반기초주의 철학자과 달리 성서가 신앙의 기초가 된다는 것을 절대로 포기하지 못하는 기초주의라는 혐의를 제기하였다. 이 지적처럼 신학은 기초주의를 벗어날 수 없다. 그러나 기초주의는 지식의 기초를 지향한다는 의미보다는 절대로 의심할 수 없는 확고한 토대이며, 이성 외에는 그 어떠한 것도 기초가 될 수 없다는 주장이다. 맥클랜던의 반기초주의는 이성이라는 기초주의를 부정하고, 지식의 다양한 토대를 긍정한다.

배국원의 두 번째 비판은 반기초주의가 비판 능력이 사라진 맹목적 신앙이 될 가능성이 있으며, 이것은 다원적 상황에서 신학의 위상 정립에 치명적인 약점이 된다는 것이다. 이성과 같은 확실한 기초를 제출할 것을 강요당했던 종교가 반기초주의를 통해서 더 이상 다른 확신에 대한 냉소적인 무관심을 보이고, 무비판적으로 자신의 확신을 정당화할 수 있다. 이성이 신학의 정당성을 판단하는 심문관이 될 수는 없지만, 이성이라는 규칙이 완전히 제거할 수는 없다. 그런 점에서 맥클랜던은 린드벡과 같은 탈자유주의 신학과 달리 다원성을 심각하게 고민하고 상대주의 없는 다원주의를 제시한다는 점에서 의의가 있다.

맥클랜던의 신학은 정당화될 수 있는 반기초주의일 뿐 아니라, 탈현대 상황에서 신학의 진정성 여부를 판단할 수 있는 규준의 역할을 한다. 규준은 어떤 것이 참인지를 판단할 수 있는 증거가 되는 것을 말한다. 이야기와 실천, 그리고 다원성과 합리성은 신학의 참된 증거이면서도 그 증거를 판단하는 기준인 것이다. '왜 반기초주의 신학인가'라는 물음보다는 '어떤 반기초주의 신학인가'라는 질문이 더 중요한 현 시점에서 신학의 나아갈 방향을 지시해 준다.

반기초주의 신학의 첫 번째 규준은 이야기이다. 신학은 신앙을 딱딱한 객관적 언어인 명제적 형식이 아니라, 살아 있는 이야기에 근거해야 한다. 이 말은 신학이 이성적인 논증이나 합리적인 설명을 버려야 한다는 것을 의미하지 않는다. 신학의 공동체의 확신을 야기하는 이야기를 벗어날 수 없다. 신학이 전기여야 한다는 것이 아니라 전기는 신학적 가치가 있다. 따라서 신학은 전기를 통해서 공동체의 확신을 발견하고, 기존의 생각을 수정하기도 한다. 신학의 정당성은 객관적 명제에 의존하는 것이 아니다. 성서 이야기를 살아내는 신자의 삶을 통해서 정당화된다. 신학은 살아 있는 공동체의 확신을 발견하고 풍성하게 하는 이야기에 근거해야 한다. 이 이야기가 신학의 정당성을 판단하는 첫 번째 규준이다.

반기초주의 신학의 두 번째 규준은 신학의 주제와 대상에 참여하는 실천이다. 신학의 이야기적 성격은 이야기하는 자의 실존을 이야기로부터 분리시키지 않는다. 그 이야기는 다름 아닌 자신의 공동체 이야기이다. 공동체 이야기에 참여하는 실천을 통해서 신학은 정당화될 수 있다. 하나님에 대한 사변적인 관념은 신학을 정당화할 수 없다. 신학이 자신의 정의에 충실하여 하나님에 대한 과학이고자 하는 것은 자연스러운 일이다. 그러나 오스틴에게서 보듯이 언어를 말함은 곧 행함이다. 신앙을 고백하는 것은 곧 그 고백의 내용을 지적으로 동의하는 것이며, 자신의 삶에서 순종하고 실천하

는 것을 말한다. 교회가 침례를 행하는 것은 침례에 대한 해석이
아니다. 신앙을 실천하는 것이다. 그러므로 규준은 경외에 찬 감사
와 같은 실천을 통해서 신학은 정당화된다.

실천이 신학을 정당화하는 규준이라고 해서 모든 실천이 정당화
되는 것도 아니며, 규준이 되는 것도 아니다. 신앙이 요구하는 실천
은 성서 이야기에 근거한 것이다. 맥클랜던의 반기초주의는 세속적
이해와 철학에 기초한 실천을 수용하지 않는다. 따라서 실천이라는
규준은 신학이 실천적일 뿐 아니라, 그 실천이 성서 이야기에 근거
해야 한다는 것을 말한다. 이 규준에 따르면 폭력을 승인하는 교회
의 실천은 정당화될 수 없다. 비폭력적인 평화주의가 그리스도인의
정당한 실천 양식인 것이다.

반기초주의 신학의 세 번째 규준은 다원성이다. 배국원의 지적처
럼 다원적 상황에서 신학은 다른 종교들의 확신을 무시할 수는 없
다. 그렇다고 존 힉의 종교다원주의처럼 삶의 현장에서 일어나는
신앙 실천을 단일한 개념과 현실로 설명하려는 것은 근대적 사유
방식에서 벗어나지 못한 행태이다. 또한 린드벡과 같이 타자와의
소통이 단절된 소종파적 공동체로 도피하는 것은 신앙의 비판적 기
능을 상실하고, 공동체 내부의 잘못된 관행도 합리적인 것으로 정
당화하는 우를 범할 수 있다. 그러므로 반기초주의 신학은 힉과 같
이 절대주의로 회귀해서도 안 되고, 린드벡처럼 상대주의로 나아가
서도 안 된다. 맥클랜던의 다원성이라는 규준은 다원주의를 검토하
는 신학이 힉이나 린드벡과 같은 잘못을 피할 수 있는 방향을 지시
해 준다.

마지막으로 반기초주의 신학의 규준은 합리성이다. 기독교 신앙

의 합리성은 내적 일관성에만 의존할 수 없으며, 현실과 적절한 관계를 유지하는 것이 필요하다. 즉, 합리성은 공동체 의존적이므로 교회의 특성으로부터 자유롭지 못하다. 플란팅가의 신 존재 증명이 맥클랜던에 비해 더 적극적인 진술을 하고 있다는 점에서 의미가 있지만, 그의 논리는 다종교적 현실을 전혀 감안하지 않는다. 또한 고전적 기초주의를 공박한다는 점에서 반기초주의적이기는 하지만, 약화된 기초주의를 통해 신앙의 합리성을 변호하려고 한다는 점에서 반기초주의적 성격이 부족하다.

이상의 논의를 통해서 나는 맥클랜던이 제시한 이야기, 실천, 다원성, 합리성은 반기초주의 신학을 정당화하는 규준이 될 수 있다는 것을 설명하였다. 이 규준들의 역할은 첫째, 반기초주의 신학이 직면한 문제들이 무엇인지를 보여주며, 둘째, 반기초주의 신학이 지향해야 할 방향을 지시하며, 셋째, 반기초주의 신학의 방법을 가리키는 지표이기도 하다.

맥클랜던은 반기초주의 신학이 전개해야 할 투쟁이 교회는 세상이 아니라는 것과 교회 공동체의 다양성을 존중하는 것이라고 하였다. 그 투쟁은 예수와 신자의 삶의 이야기가 일치되는 실천이며, 다원성을 고려하는 합리적인 행위이다. 이 투쟁은 예수 그리스도를 뒤따르는 제자의 삶의 본질이다. 맥클랜던은 모든 그리스도인을 놀랍고 새로운 땅에 계신 그리스도를 뒤따르도록 모든 신자를 초대한다.

> 예수에 대한 원초적 증언들은 증인들의 말뿐 아니라 삶에 의해서도 입증됩니다. (중략) 본래적 기독교는 주로 말이나 관념 그리고 의견에 관한 것이 아닙니다. 기독교는 새로운 삶, 즉 삶의 새로운 방식으로 함께 하느냐의 문제입니다. 예수는 그 길을 보여주셨습니

다. 하나님은 주 예수와 그리스도가 이루신 그 길을 확증하십니다.
이제 그 길은 우리 모두에게 개방되어 있습니다. 그리고 승언하는
것은 그 길에 관하여 단지 말하는 것이 아니라 그 길을 따르는 것
입니다.[1]

  증언하기는 값을 지불하는 것입니다. 만약 우리가 증인으로서 예
수를 따르고자 한다면, 당신의 삶을 지출하여야 하고, 당신의 인생
을 소비하여야 합니다. ……넓은 의미에서 예수에 대한 신실함은 당
신에게 당신의 인생이라는 대가를 지불해야 한다는 것은 확실합니
다. 당신이 선교의 현장이나 아니면 집 안의 침대에서 죽던지 간에
당신이 그분을 따른다면, 당신은 순교자요 증인입니다. 저는 여러분
들이 예수를 좋아가는데 드는 비용을 숙고하기를 바랍니다. 그리고
저는 예수를 따르는 그 길을 함께 가자고 여러분들을 초대합니다.[2]

 맥클랜던은 모든 그리스도인들을 그리스도를 뒤따르는 제자의 길
을 보여준다. 그의 반기초주의 신학은 한편으로 콘스탄틴적 허장성
세를 벗어버리도록 하며, 그리스도의 복음 외에는 다른 어떤 것도
의존하지 않는 새로운 용기와 지혜를 제공할 것이다. 이 점을 간파
한 머피는 맥클랜던이 "기초가 없는 신학이라는 놀랍고 새로운 땅
으로 우리를 인도할 것이다"라고 말한다.[3] 따라서 맥클랜던의 반기
초주의 신학은 탈현대적 상황에서의 신학이 어떤 모습인지를 알려
주는 지표이자, 그 신학들을 평가하는 규준이 될 것이다.

---

1) James Wm. McClendon, Jr., "The Witness", in *Making Gospel Sense*,
   87.
2) Ibid., 91.
3) Murphy, "Introduction", *TWF*, 31.

참고 자료

I. 1차 자료

1. 단행본

McClendon, Jr., James Wm. *Biography as Theology: How Life Stories Can Remake Today's Theology.* new edition. Philadelphia: Trinity Press International. 1990.

_____. *Ethics: Systematic Theology I.* Nashville: Abingdon, 1986.

_____. *Doctrine: Systematic Theology II.* Nashville: Abingdon, 1994.

_____. *Making Gospel Sense: To a Troubled Church.* Cleveland, Ohio: The Pilgrim Press, 1995.

_____. *Witness: Systematic Theology III.* Nashville: Abingdon, 2000.

_____. & James M. Smith. *Convictions: Defusing Religious Relativism.* revised edition. Valley Forge: Trinity Press International, 1994; *Understanding Religious Convictions.* Notre Dame: University of Notre Dame Press, 1975.

Steur, Axel. & James Wm. McClendon, ed. *Is God God?* Nashville: Abingdon Press, 1981.

2. 정기간행물

McClendon, Jr. James Wm. "Baptism as Performative Sign", *Theology Today*, vol.23(October 1966): 403-16.

_____. "Some Reflection on the Future of Trinitarianism", *Review and Expositor*, vol.43, no.2(Spring 1966): 149-56.

_____. "Why Baptists Do Not Baptize Infants", In Küng, Hans. ed. *The Sacraments: An Ecumenical Dilemma*. Concilium. New York: Paulist. 1967. 7-15.

_____. "Christian Philosophers or Philosopher Christians?" *Christian Century*, vol.85(1968): 255-58.

_____. "How is Religious Talk Justifiable?" Novak, Michael. ed. *American Philosophy and the Future*. New York: Charles Scribner's, 1968. 324-47.

_____. "What is a Southern Baptist Ecumenism?" *Southwestern Journal of Theology*, vol.10, no.2(Spring, 1968): 73-78.

_____. "Can There Be Talk about God-And-The-World?" *Harvard Theological Review*, vol.62(1969): 33-49.

_____. "Martin Luther King: Politician or American Church Father?" *Journal of Ecumenical Studies*, vol.8(Winter 1971), 115ff.

_____. "Theology", Pinson, Jr. William M. & Clyde E. Fant, Jr. *Comtemporary Christian Trends: Perspectives on The Present*. Waco: Word Books, 1972. 170-185.

_____. "The Twice-Born Religion of Dag Hammarskjöld",

Review and Expositor, vol.LXX, no.2(Spring 1973)ᐧ 223-38.

_____. "Three Strands of Christian Ethics", *Journal of Religious Ethics*, vol.6, no.1(Spring 1978): 54-80.

_____. "The God of the Theologians and the God of Jesus Christ", Steur, Axel. & James Wm. McClendon, ed. *Is God God?* Nashville: Abingdon Press, 1981. 181-205.

_____. "What is a 'baptist' theology", *American Baptist Quarterly*, vol.1, no.1(1982): 16-39.

_____. "Narrative Ethics and Christian Ethics", *Faith and Philosophy*, vol.3, no.4(1986): 383-96.

_____. "The Concept of Authority", *Perspectives in Religious Studies*, vol.16(1989): 101-7.

_____. "How is Christian Morality Universalisable?" Hardy, D. W. & P. H. Sedgwick. ed. *The Weight of Glory: A Vision and Practice for Christian Faith: The Future of Liberal Theology: Essays for Peter Baelz*. Edinburgh: T&T Clark, 1991. 101-115.

_____. "In the Light of Last Things: A Theology for the Believers Church", *Perspectives in Religious Studies*, vol.18(Spring 1991): 71-78.

_____. "Philippians 2:5-11", *Review and Expositor*, vol.88(Fall 1991): 439-44.

_____. "Balthasar Hubmaier, Catholic Anabaptist", *Mennonite Quarterly Review*, vol.LXV(January 1991): 20-33.

_____. "In the Light of Last Things: A Theology for the Believers Church", *Perspectives in Religious Studies*, vol.18(1991): 71-78.

_____. "Towards an Ethics of Delight", Runzo, Joseph. ed. *Ethics, Religion, And The Good Society: New Directions in a Pluralistic World.* Louisville: Westminster/John Knox Press, 1992. 53-71.

_____. "Protestant Theology: USA", McGrath, Alister E. ed. *The Blackwell Encyclopedia of Modern Christian Thought.* Cambridge: Blackwell Publishers, 1993. 524-31.

_____. "The Mennonite and Baptist Vision", Toews, Paul. ed. *Mennonites And Baptists: A Continuing Conversation.* Hillsboro: Kindned Press, 1993. 211-224.

_____. "Toward a Conversionist Spirituality", Furr, Gary. and Curtis Freeman. ed. *In Ties That Bind: Life Together in the Baptist Vision.* Macon: Smith and Helwys. 1994.

_____. "Four New Theologies: A Review Essay", *Perspectives in Religious Studies*, vol.22, no.2(Summer 1995): 183-91.

_____. "The Practice of Community Formation", Murphy, Nancey. & Brad J. Kallenberg. & Mark Thiessen Nation. eds. *Virtues & Practices in the Christian Tradition: Christian Ethics after MacIntyre.* Harrisburg, Pennsylvania: Trinity Press International, 1997. 86-110.

_____. "The Believers Church in Theological Perspective", Hauerwas, Stanley. et. al. eds. *The Wisdom of Cross: Essays in Honor of John Howard Yoder.* Grand Rapids: Eerdmans, 1999. 309-26.

_____. "The Radical Road One Baptist Took", *The*

Mennonite Quarterly Review, vol.74, no.4(October 2000): 503-10.

_____. & James M. Smith. "Ian Ramsey's Model of Religious Language: A Qualified Appreciation", *Journal of American Academy of Religion*, vol.43, no.3(September 1973): 413-24.

_____. & James M. Smith. "Saturday's Child: A New Approach to the Philosophy of Religion", *Theology Today*, vol.27(1970): 302-14.

_____. & John H. Yoder. "Christian Identity in Ecumenical Perspective", *Journal of Ecumenical Studies*, vol.27(Summer 1990): 561-80.

_____. with Brad J. Kallenberg. "Ludwig Wittgenstein: A Christian in Philosophy", *Scottish Journal of Theology*, vol.51, no.2(1998): 131-61.

_____. et, al. "Re-Envisioning Baptist Identity: A Manifesto for Baptist Communities in North America", *Perspectives in Religious Studies*, vol.24, no.3(Fall 1997): 303-10.

Murphy, Nancey. & James Wm. McClendon, Jr. "Distinguishing Modern and Postmodern Theologies", *Modern Theology*, vol.5(1989): 191-214.

Smith, James M. & James Wm. McClendon, Jr. "Religious Language After J. L. Austin", *Religious Studies*, vol.8(1978): 55-63.

Ⅱ. 2차 자료

1. 단행본

강사문. 「구약의 하나님」, 서울: 한국성서학연구소, 1999.

강영안. 「주체는 죽었는가: 현대 철학의 포스트 모던 경향」, 서울: 문예출판사, 1996.

강영안·김유신·손병홍. 「과학적 지식과 인간다운 삶」, 서울: 소화, 2000.

배국원. 「현대 종교철학의 이해」, 서울: 동연, 2000.

분석철학연구회 편. 「비트겐슈타인의 이해」, 서울: 서광사, 1984.

이진우. 「이성은 죽었는가: 포스트모더니즘의 철학」, 서울: 문예출판사, 1998.

전성용. 「칼 바르트의 성령론적 세례론」, 서울: 한들출판사, 1999.

한정선 외. 「현대와 후기현대의 철학적 논쟁」, 서울: 서광사, 1991.

Allen, Joseph L. 「기독교인은 전쟁을 어떻게 볼 것인가?」, 김흥규 옮김. 서울: 대한기독교서회, 1993.

St. Anselm. 「Proslogion: 신 존재 증명」, 전경연 옮김. 서울: 한들, 1997.

Arendt, Hannah. 「인간의 조건」, 이진우·태정호 옮김. 서울: 한길사, 1996.

Austin, J. L. 「말과 행위: 오스틴의 언어철학, 의미론, 화용론」, 김영진 옮김. 서울: 서광사, 1992.

Bainton, Roland H. 「전쟁 평화 기독교: 그 역사저 연구와 비판적 재평가」, 채수일 옮김. 서울: 대한기독교출판사, 1981.

Bultmann, Rudolf. 「성서의 실존론적 이해」, 유동식·허혁 역. 서울: 대한기독교서회, 1969.

_____. 「학문과 실존 Ⅰ」, 허혁 역. 서울: 성광문화사, 1980.

_____. 「학문과 실존 Ⅱ」, 허혁 역. 서울: 성광문화사, 1981.

Burnham, F. B. ed. 「포스트모던 신학」, 세계신학연구원 역. 서울: 조명문화사, 1990.

Campbell, Charles L. 「프리칭 예수」, 이승진 옮김. 서울: 기독교문서선교회, 2001.

Clark, Kelly James. 「이성에로의 복귀」, 이승구 옮김. 서울: 여수룬, 1999.

Craigie, Peter C. 「기독교와 전쟁 문제: 구약성서를 중심으로」, 김갑동 역. 서울: 성광문화사, 1985.

Descartes, Rene. 「방법서설·성찰·데까르뜨 연구」, 최명관 역·저. 서울: 서광사, 1983.

Dunne, John S. 「시간과 신화」, 김승환 옮김. 서울: 새남, 1989.

Estep, William R. 「재침례교도의 역사」, 정수영 역. 서울: 요단출판사, 1986

Fann, K. T. 「비트겐슈타인의 철학이란 무엇인가」, 황경식·이운형 옮김. 서울: 서광사, 1989.

Fergusson, David. 「불트만」, 전성용 옮김. 서울: 대한기독교서회, 2000.

Frei, Hans. 「성경의 서사성 상실」, 이종록 옮김. 서울: 한국장로교출판사, 1996.

Green, Garrett. 「하나님 상상하기: 신학과 종교적 상상력」, 장경철 옮김. 서울: 한국장로교출판사, 1996.

Gutiérrez, Gustavo. 「해방신학」, 성염 역, 왜관: 분도출판사, 1977.

Hick, John. 「종교철학 개론」, 황필호 역편. 서울: 종로서적, 1987.

_____. 「하느님은 많은 이름을 가졌다」, 이찬수 역. 서울: 창, 1991

Kee, Alistair. 「콘스탄틴 대 그리스도: 이데올로기의 승리」, 이승식 옮김. 서울: 한국신학연구소, 1988.

Kliever, Lonnie D. 「현대신학사상 Ⅱ」, 맹용길 옮김. 서울: 성광문화사, 1982.

Knitter, Paul. 「오직 예수 이름으로만?」, 변선환 역. 천안: 한국신학연구소, 1992.

Krentz, Edgar. 「역사적 비평 방법」, 김상기 옮김. 서울: 한국신학연구소, 1988.

Kuhn, Thomas. 「과학 혁명의 구조」, 조형 역. 서울: 이화여자대학교출판부, 1980.

Küng, Hans. 「신은 존재하는가 Ⅰ」, 성염 옮김. 왜관: 분도출판사, 1994.

_____. & David Tracy, ed. 「현대신학은 어디로 가고 있는가」, 박재순 옮김. 서울: 한국신학연구소, 1989.

Lohfink, Gerhard. 「예수는 어떤 공동체를 원했나?」, 정한교 옮김. 왜관: 분도출판사, 1985.

Lyotard, Jean-François. 「포스트모던적 조건」, 이현복 옮김. 서울: 서광사, 1992.

_____. 「지식인의 종언」, 이현복 편역. 서울: 문예

출판사, 1993.

MacIntyre, Alasdair. 「덕의 상실」, 이진우 옮김. 서울: 문예출판사, 1997.

McCann, Dennis. 「기독교 현실주의와 해방신학」, 김쾌상 옮김. 서울: 대한기독교출판사, 1984.

Newbigin, Lesslie. 「기독교의 새로운 출발을 위하여」, 이문장 옮김. 서울: 대장간, 1994.

_____. 「다원주의 사회에서의 복음」, 허성식 옮김. 서울: IVP, 1998.

Niebuhr, H. Richard. 「그리스도와 문화」, 김재준 역. 서울: 대한기독교서회, 1958.

_____. 「계시의 의미」, 박대인·김득중 역. 서울: 대한기독교서회, 1968.

Niebuhr, Reinhold. 「기독교 윤리학」, 노진준 역. 서울: 은성, 1991.

Powell, Mark A. 「서사비평이란 무엇인가?」, 이종록 옮김. 서울: 대한예수교장로회 총회교육부 편, 1993.

Quine, W. V. O. 「논리적 관점에서」, 허라금 옮김. 서울: 서광사, 1993.

Rorty, Richard. 「철학 그리고 자연의 거울」, 박지수 옮김. 서울: 까치, 1998.

Schleiermacher, Friedrich D. E. 「종교론: 종교를 멸시하는 교양인을 위한 강연」, 최신한 옮김. 서울: 한들출판사, 1997.

Schmithals, Walter. 「불트만의 실존론적 신학」, 변선환 옮김. 서울: 대한기독교출판사, 1983.

Stiver, Dan R. 「종교언어철학」, 정승태 옮김. 대전: 침례신학대학교 출판부, 2001.

Suter. Ronald. 「비트겐슈타인과 철학」, 남기창 옮김. 서울: 서광사,
    1998.

Trocmé, André. 「예수와 비폭력 혁명」, 박혜련·양명수 역. 서울: 한
    국신학연구소, 1986.

Winch. Peter, 「사회과학과 철학」, 김기현 옮김. 서울: 서광사, 1985.

Wittgenstein, Ludwig. 「논리 철학 논고」, 이영철 역. 서울: 천지사,
    1991.

_____. 「문화와 가치」, 이영철 역. 서울: 천지사, 1990.

_____. 「철학적 탐구」, 이영철 역. 서울: 서광사, 1994.

_____. 「확실성에 관하여」, 이영철 역. 서울: 서광사, 1990.

Wolterstorff, Nicholas. 「종교의 한계 내에서의 이성」, 문석호 옮김.
    서울: 성광문화사, 1991.

Barth, Karl. *The Word of God & the Word of Man.* New York:
    Haper & Row Publishers, 1957.

_____. *ANSELM: Fides Quaerens Intellectum.* London: SCM
    Press, 1960.

Basden, Paul. & David S. Dockery. eds. *The People of God:
    Essays on the Believer's Church.* Nashville: Broadman Press,
    1991.

Bultmann. Rudolf. *Jesus Christ and Mythology.* New York: Charles
    Scribner's Sons, 1958.

Carter, Craig A. *The Politics of The Cross: The Theology and
    Social Ethics of John Howard Yoder.* Grand Rapids: Brazos
    Press, 2001.

D'Costa, Gavin. ed. *Christan Unipueness Reconsidered: The Myth of a Pluralistic Theology of Religions.* Maryknoll: Orbis Books, 1990.

Dockery, David S. ed. *The Challenge of Postmodernism: An Evangelical Engagement.* Grand Rapids: Baker Books, 1995.

Erickson, Millard J. *The Evangelical Left: Encountering Postconservative Evangelical Theology.* Grand Rapids, Michigan: Baker Books, 1997.

Ford, David F. ed. *The Modern Theologians: An Introduction to Christian Theology in the Twentieth Century.* Cambridge: Blackwell Publishers, 1997.

Frei, Hans W. *The Identity of Jesus Christ: The Hermeneutical Bases of Dogmatic Theology.* Philadelphia: Fortress Press, 1975.

_____. *Types of Christian Theology.* Hunsinger, George & William C. Placher, eds. New Haven and London: Yale University Press, 1992.

_____. *Theology And Narrative: Selected Essays.* Hunsinger, George & William C. Placher, eds. New York: Oxford University Press, 1993.

Furr, Garry. & Curtis Freeman. eds. *Ties That Bind: Life Together in the Baptist Vision.* Macon, Georgia: Smyth & Helwys Publishing, Inc., 1994.

Geivett, R. Douglas. & Brendan Sweetman. eds. *Contemporary Perspectives on Religious Epistemology.* Oxford: Oxford University Press, 1992.

Gill, Jerry H. *On Knowing God: New Directions for The Future of Theology.* Philadelphia: The Westminster Press, 1981.

Goldberg, Michael. *Theology and Narrative: A Critical Introduction*. Philadelphia, PA: Trinity Press International, 1991.

Green, Garrett. *Scriptural Authority and Narrative Interpretation*. Philadelphia: Fortress Press, 1987.

Grenz, Stanley. *A Primer on Postmodernism*. Grand Rapids: Eerdmans, 1996.

_____. & John R. Franke. *Beyond Foundationalism*. Louisville: Westminster/John Knox Press, 2001.

Griffin, David. William A. Beardslee, Joe Holland. *Varieties of Postmodern Theology*. Albany: State University of New York Press, 1989.

Harvey, Van A. *The Historian And The Believer: The Morality of Historical Knowledge And Christian Belief*. New York: The Macmillan Company, 1966.

Hauerwas, Stanley. *The Peaceable Kingdom*. Notre Dame: Univ. of Notre Dam Press, 1983.

_____. *Vision and Virtue: Essays in Christian Ethical Reflection*. Notre Dame: University of Notre Dam Press, 1983.

_____. *Wilderness Wanderings: Probing Twentieth-Century Theology and Philosophy*. Boulder: Westview Press, 1997.

_____. & L. Gregory Jones. ed. *Why Narrative?: Readings in Narrative Theology*. Grand Rapids, Michigan: William B. Eerdmans Publishing Company, 1989.

_____. & Nancey Murphy & Mark Nation. eds.

Theology Without Foundations: Religious Practice and the Future of Theological Truth. Nashville: Abingdon Press, 1994.

Hershberger, Guy F. ed. *The Recovery of the Anabaptist Vision*. Scottdale: Herald Press, 1957.

Hick, John. *An Interpretation of Religion: Human Responses to the Transcendent*. New Haven: Yale University Press, 1989.

_____. & Arther McGill. eds. *The Many-Faced Argument: Recent Studies on the Ontological Argument for the Existence of God*. London: Macmillan, 1968.

Hobbs, Herschel H. *The Baptist Faith And Message*. Nashville, Tennessee: Convention Press, 1971.

Kelsey, David H. *The Uses of Scripture in Recent Theology*. Philadelphia: Fortress Press, 1975.

Kenneson, Philip D. *Beyond Sectarianism: Re-Imagining Church and World*. Harrisburg: Trinity Press International, 1999.

Lindbeck, George. *The Nature of Doctrine: Religion and Theology in a Postliberal Age*. Philadelphia: The Westminster Press, 1984.

Littell, Franklin H. *The Anabaptist View of the Church: A Study in the Origins of Sectarian Protestantism*. Boston: Starr King Press, 1958.

MacIntyre, Alasdair C. *Difficulties in Christian Belief*. Naperville: SCM Press, 1959.

McBeth, H. Leon. *The Baptist Heritage: Four Centuries of Baptist Witness*. Nashville, Tennessee: Broadman Press, 1987.

McGrath, Alister E. ed. *The Blackwell Encyclopedia of Modern Christian Thought.* Cambridge: Blackwell Publishers, 1993.

Marshall, Bruce D. ed. *Theology And Dialogue: Essays in Conversation with George Lindbeck.* Notre Dame: University of Notre Dame Press, 1990.

Mitchell, Basil. *The Justification of Religious Belief.* New York: The Seabury Press, 1973.

Murphy, Nancey. *Theology in the Age of Scientific Reasoning.* Ithaca and London: Cornell University Press, 1990.

_____. *Beyond Liberalism & Fundamentalism: How Modern and Postmodern Philosophy Set the Theological Agenda.* Valley Forge: Trinity Press International, 1996.

_____. *Anglo-American Postmodernity: Philosophical Perspectives on Science, Religion, and Ethics.* Westview Press, 1997.

_____. *Reconciling Theology and Science: A Radical Reformation Perspective.* Kitchener, Ontario: Pandora Press, 1997.

_____. Brad J. Kallenberg & Mark Thiessen Nation. eds. *Virtues & Practices in the Christian Tradition: Christian Ethics after MacIntyre.* Harrisburg: Trinity Press International, 1997.

Newbigin, Lesslie. *Proper Confidence: Doubt and Certainty in Christian Discipleship.* Grand Rapids: Wm. B. Eerdmans Publishing Co., 1995.

Phillips, Dewi Z. *Faith After Foundationalism: Critiques and Alternatives.* Oxford: Westview Press, 1988.

Phillips, Timothy, & Dennis L. Okholm. *The Nature of Confession: Evangelicals & Postliberals in Conversation.* Downers Grove, Illinois: InterVarsity Press, 1996.

Placher, William C. *Unapologetic Theology: A Christian Voice in a Pluralistic Conversation.* Louisville, Kentucky: Westminster/ John Knox Press, 1989.

Plantinga, Alvin. *God and Other Minds: A Study of the Rational Justification of Belief in God.* Ithaca: Cornell University Press, 1967.

_____. *God, Freedom, and Evil.* Grand Rapids: Wm. B. Eerdmans Publishing Co. 1974.

_____. & Nicholas Wolterstorff. eds. *Faith and Rationality: Reason and Belief in God.* Notre Dame: University of Notre Dame Press, 1983.

Polanyi, Michael. *Personal Knowledge: Towards a Post-critical Philosophy.* Chicago: The University of Chicago Press, 1962.

Scriven, Charles. *The Transformation of Culture: Christian Social Ethics after H. Richard Niebuhr.* Scottdale: Herald Press, 1988.

Stroup, George W. *The Promise of Narrative Theology.* Atlanta: John Knox Press, 1981.

Thiel, John E. *Nonfoundationalism.* Minneapolis: Fortress Press, 1994.

Thiselton, Anthony C. *The Two Horizons.* Gradn Rapids: Eerdmans, 1980.

_____. *New Horizons in Hermeneutics.* Grand

Rapids, Michigan: Zondervan Publishing House, 1992.

Tilley, Terrence, W. *Talking of God: An Introduction to Philosophical Analysis of Religious Language*. New York: Paulist Press, 1978.

_____. *Story Theology*. Wilmington, Delaware: Michael Glazier, 1985.

_____. *Postmodern Theologies: The Challenge of Religious Diversity*. Maryknoll: Orbis, 1995.

Toulmin, Stephen. *COSMOPOLIS: The Hidden Agenda of Modernity*. Chicago: The University of Chicago Press, 1990

van Huyssteen, J. Wentzel. *Theology and the Justification of Faith: Constructing Theories in Systematic Theology*. Grand Rapids: Eerdmans, 1989.

_____. *Essays in Postfoundationalist Theology*. Grand Rapids: Eerdmans, 1997.

_____. *The Shaping of Rationality: Toward Interdisciplinarity in Theology and Science*. Grand Rapids: Eerdmans, 1999.

Wiggins, James B. ed. *Religion as Story*. New York: Harper & Row Publishers, 1975.

Wilson, Jonathan R. *Living Faithfully in a Fragmented World: Lessons for the Church from MacIntyre's After Virtue*. Harrisburg: Trinity Press International, 1997.

Wink, Walter. *Engaging The Powers: Discernment and Resistance in a World of Domination*. Minneapolis: Fortress Press, 1992.

Yoder, John H. *The Priestly Kingdom: Social Ethics as Gospel*.

Notre Dame: University of Notre Dame Press, 1984.

_____. *Nevertheless: The Varieties and Shortcomings of Religious Pacifism*. Revised and Expanded Edition. Scottdale: Herald Press, 1992.

_____. *The Politics of Jesus*. 2nd Rev. ed. Grand Rapids: Eerdmans, 1994.

_____. *The Royal Priesthood: Essays Ecclesiological and Ecumenical*. Cartwright, Michael G. edited with an Introduction. Grand Rapids: Wm. B. Eerdmans Publishing Co, 1994.

2. 정기간행물

강영안. "현대 철학의 반데카르트적 경향", 「철학과 현실」, 8집 (1991): 232-40.

김경재. "종교 다원론의 해석학적 조명", 「철학과 현실」, 13집(1992, 여름): 50-66.

김영진. "오스틴의 언어철학과 헤어의 규정성 이론", In 한국분석철학회 편, 「비트겐슈타인과 분석철학의 전개」, 서울: 철학과 현실사, 1991. 246-71.

배국원. "포스트모더니즘의 신학적 반성", 「현대와 신학」, 18집 (1994): 173-204.

_____. "21세기 침례교 종교철학", 「복음과 실천」, 19집(1996): 204-29.

_____. "반기초주의와 신학", 「복음과 실천」, 28집(2001 가을): 31-64.

신원하. "존 요더의 아나뱁티스트적 사회윤리: 그의 교회공동체적 윤리를 중심으로", 「개혁신학과 교회」, 3호(1993): 119-49.

_____. "창조론과 사회윤리: 개혁주의와 재침례파의 정치윤리의 신학적 기초에 대한 비교연구", 「개혁신학과 교회」, 5호(1995): 152-77.

_____. "존 요더 신학윤리학의 성경해석학", 「개혁신학과 교회」, 8호(1998): 193-210.

정대현. "종교다원주의", 「철학과 현실」, 12집(1992): 327-30.

피영민. "급진 종교개혁가들의 침례론", 「복음과 실천」, 25집(2000): 313-50.

황필호. "비트겐슈타인적 싱앙형태주의", In 한국분석철학회 편, 「비트겐슈타인과 분석철학의 전개」, 서울: 철학과 현실사, 1991. 166-85.

Gutiérrez, Gustavo. "해방의 신학과 복음선포", 「신학전망」, 30(1975): 38-58.

Adam, Robert Merrihew. "Book Reviews: Ethics(Systematic Theology, Volume Ⅰ), by James Wm. McClendon, Jr", *Faith and Philosophy*, vol.7, no.1(1990): 117-23.

Alston, William. "Two Types of Foundationalism", *The Journal of Philosophy*, vol.73(April 1976): 165-85.

Braaten, Carl E. "A Harvest of Evangelical Theology", *First Things* [온라인 학술지] 61(march 1996): 45-48; http://print.firstthings.com/ftissues/ft9605/articles/braaten.html; 2001년 5월 11일 접속.

Braithwaite, R. B. "An Empiricist's View of the Nature of Religious Belief", Mitchell, Basil. ed. *The Philosophy of Religion.*

Oxford: Oxford University Press, 1971. 72-91

Comstock. "Is Postmodern Religious Dialogue Possible?" *Faith And Philosophy*, vol.6 no.2(April 1989): 189-97.

Conyer, A. J. "The Changing Face of Baptist Theology", *Review and Expositor*, vol.95, no.1(winter 1998): 21-38.

Culpepper, Allan. "Story and History in the Gospels", *Review and Expositor*, vol.81(1984): 467-78.

DiNoia, O. P., J. A. "Doctrine: Systematic Theology, Volume II by James Wm. McClendon, Jr", *Modern Theology*,(1996): 117-19.

Duke, David N. "Theology and Biography: Simple Suggestions for a Promising Field", *Perspectives in Religious Studies*, vol.13, no.2(Summer 1986): 137-49.

Fackre, Gabriel. "Narrative Theology: An Overview", *Interpretation*, vol.37, no.4(October 1983): 340-52.

Falk, Bennett K. "Biography as Theology: How Life Stories Can Remake Today's Theology", *Sciences Religieuses/Studies in Religion*, vol.5, no.4(1975): 419-21.

Fergusson, David. "Meaning, Truth, and Realism in Bultmann and Lindbeck", *Religious Studies*, vol.26(1990): 183-98.

Freeman, Curtis W. "The 'Eclipse' of Spiritual Exegesis: Biblical Interpretation from the Reformation to Modernity", *Southwestern Journal of Theology*, vol.35(Summer 1993): 21-28.

_____. "Can Baptist Theology be Revisioned?" *Perspectives in Religious Studies*, vol.24, no.3(Fall 1997):

273-302.

Grenz, Stanley. "Beyond Foundationalism: Is a Nonfoundationalist Evangelical Theory Possible", *Christian Scholar's Review*, vol.30, no.1(Fall 2000): 57-82.

_____. "Conversing in Christian Style: Toward a Baptist Theological Method for the Postmodern Context", *Baptist History and Heritage*, vol.XXXV, no.1(winter 2000): 82-103.

Jennings, Willie James. "Recovering The Radical Reformation for Baptist Theology: An Assessment of James Wm. McClendon Jr.'s Doctrine", *Perspectives in Religious Studies*, vol.24, no.2(1997): 181-93.

Kallenberg, Brad. "The Gospel Truth of Relativism", *Scottish Journal of Theology*, vol.53, no.2.(2000): 177-211.

Layman, David Wayne. "The Inner Ground of Christian Theology: Church, Faith, and Sectarianism", *Journal of Ecumenical Studies*, vol.27, no.3(Summer 1990): 480-503.

_____. "Evangelical Catholicity and Baptist Ecumenicity: A Response to 'Christian Identity in Ecumenical Perspective'", *Journal of Ecumenical Studies*, vol.27, no.4(Fall 1990): 773-81.

Lindbeck, George. "The Gospel's Uniqueness: Election and Untranslability", *Modern Theology*, vol.13, no.4(1997): 423-50.

MacIntyre, Alasdair. "The Logic Status of Religious Belief", Toulmin, Stephen. Ronald W. Hepburn, Alasdair MacIntyre. eds. *Metaphysical Beliefs: Three Essays*. London: SCM

Press, 1957. 169-211.

Moody, Dwight A. "Theology in the Renewal of Baptist Life", *Perspectives in Religious Studies*, vol.23, no.1(spring 1996): 5-23.

Morrison, John D. "Systematic Theology: Doctrine. by James Wm. McClendon, Jr", *Journal of The Evangelical Theological Society*, vol.41, no.4(1998): 668-70.

Mouw, Richard J. "Ethics and Story", *Reformed Journal*, vol.37(1987): 22-27.

Murphy, Nancey. "Theology: An Experimental Science?" *Perspectives in Religious Studies*, vol.15, no.3(Fall 1988): 219-34.

Myers, Ched. "Embodying the 'Great Story': An Interview with James W. McClendon",
http://www. thewitness.org/archive/dec2000/mcclendon.html: 2001년 5월 11일 접속.

Outler, Albert C. "Toward a Postliberal Hermeneutics", *Theology Today*, vol.42(1985). 281-91.

Scriven, Charles. "The Reformation Radicals Ride Again", *Christianity Today*, vol.34. no.4.(March 5, 1990): 13-15.

Sosa, Ernest. "The Foundations of Foundationalism", *Nous*, vol.14(1980): 547-566.

Stackhouse, Max L. "Ethics: Systematic Theology, Vol. I. by James Wm. McClendon, Jr", *Journal of the American Academy of Religion*, vol.LX, no.3(1987): 615-17.

Tilley, Terrence W. "Why American Catholic Theologians Should

Read 'Baptist' Theology", *Horizons*, vol.14(Spring 1987): 129-37.

_____. "Reformed Epistemology and Religious Fundamentalism: How Basic are Our Basic Beliefs?" *Modern Theology*, vol.6, no.3(1990): 237-57.

_____. "Reformed Epistemology in Jamesian Perspective", *Horizons*, vol.19, no.1(Spring, 1992): 84-98.

_____. "Religious Pluralism as a Problem for 'Practical' Religious Epistemology", *Religious Studies*, vol.30, no.2(1994): 161-169.

Werpehowski. William, "Ad hoc Apologetic", *The Journal of Religion*, vol.66(1986): 282-301.

Wood, Ralph. "James Wm. McClendon Jr.'s Doctrine: An Appreciation", *Perspectives in Religious Studies*, vol.24, no.2(1997): 195-99.

3. 미간행물

Erwin, Edward Hamilton. Baptismal Ethics in a Baptist Ecclesiology: Developments and Departures from the Theology of James McClendon, Jr. Unpublished Ph.D dissertation, Duke University, 1992.

· 저자 ·

김기현   · 약 력 ·
        한국외국어대학교를 졸업하고 침례신학대학교에서 종교철학과 현대 영미
        신학을 전공하여 박사학위(Ph.D)를 받았다. 경성대학교에서 강의하며, 월
        간 「복음과 상황」과 인터넷 신문 「뉴스앤조이」에 정기적으로 글을 기고
        하고 있다.

        · 주요논저 ·
        저서로는 「공격적 책읽기」(SFC)가 있고, 역서로는 레슬리 뉴비긴의 「포
        스트모던 시대의 진리」(IVP)와 민경식 박사와 공역한 「중·소형 교회 리
        더십」(대한기독교서회)이 있다. 현재 부산에서 수정로침례교회를 담임하
        고 있다.

맥클랜던의 반기초주의 신학

· 초판 인쇄   2006년 11월 30일
· 초판 발행   2006년 11월 30일

· 지 은 이   김기현
· 펴 낸 이   채종준
· 펴 낸 곳   한국학술정보㈜
           경기도 파주시 교하읍 문발리 526-2
           파주출판문화정보산업단지
           전화 031) 908-3181(대표) · 팩스 031) 908-3189
           홈페이지 http://www.kstudy.com
           e-mail(출판사업부) publish@kstudy.com
· 등   록   제일사 · · 5호(2000. 6. 19)
· 가   격   31,000원

ISBN   89-534-6002-6 93230 (Paper Book)
        89-534-6003-4 98230 (e-Book)